辽宁大学应用经济学系列丛书·青年学者系列

辽宁省社科规划项目《辽宁老工业基地振兴中的城市化经济运行研究》（L16BJY019）;《关于积极参与京津冀协同发展问题研究》（NNAC2016WT01）

辽宁参与京津冀协同发展

——新一轮老工业基地振兴的战略选择

齐 昕 著

中国财经出版传媒集团
经济科学出版社
Economic Science Press

图书在版编目（CIP）数据

辽宁参与京津冀协同发展：新一轮老工业基地振兴的战略选择/齐昕著. —北京：经济科学出版社，2017.9
（辽宁大学应用经济学系列丛书. 青年学者系列）
ISBN 978-7-5141-8376-4

Ⅰ.①辽… Ⅱ.①齐… Ⅲ.①区域经济发展-协调发展-研究-华北地区 Ⅳ.①F127.2

中国版本图书馆 CIP 数据核字（2017）第 212599 号

责任编辑：于海汛 程憬怡
责任校对：王苗苗
版式设计：齐 杰
责任印制：潘泽新

辽宁参与京津冀协同发展
—— 新一轮老工业基地振兴的战略选择
齐昕 著
经济科学出版社出版、发行 新华书店经销
社址：北京市海淀区阜成路甲 28 号 邮编：100142
总编部电话：010-88191217 发行部电话：010-88191522
网址：www.esp.com.cn
电子邮件：esp@esp.com.cn
天猫网店：经济科学出版社旗舰店
网址：http://jjkxcbs.tmall.com
北京密兴印刷有限公司印装
710×1000 16 开 15 印张 200000 字
2017 年 9 月第 1 版 2017 年 9 月第 1 次印刷
ISBN 978-7-5141-8376-4 定价：45.00 元
（图书出现印装问题，本社负责调换。电话：010-88191510）
（版权所有 侵权必究 举报电话：010-88191586
电子邮箱：dbts@esp.com.cn）

总　序

这是我主编的第三套系列丛书。前两套丛书出版后，总体看效果还可以：第一套是《国民经济学系列丛书》（2005年至今已出版13部），2011年被列入"十二五"国家重点图书出版物；第二套是《东北老工业基地全面振兴系列丛书》（共10部），在列入"十二五"国家重点图书出版物的同时，还被确定为2011年"十二五"规划400种精品项目（社科与人文科学155种），围绕这两套系列丛书还取得了一系列成果，获得了一些奖项。

主编系列丛书从某种意义上说是"打造概念"。比如说第一套系列丛书也是全国第一套国民经济学系列丛书，主要为辽宁大学国民经济学国家重点学科"树立形象"；第二套则是在辽宁大学连续获得国家社科基金"八五"、"九五"、"十五"、"十一五"重大（点）项目，围绕东北（辽宁）老工业基地调整改造和全面振兴进行系统研究和滚动研究的基础上继续进行探索，从而为促进辽宁大学区域经济学建设、服务地方经济不断做出新贡献。在这个过程中，既出成果，也带队伍、建平台、组团队，遂使辽宁大学应用经济学学科建设不断地跃上新台阶。

主编第三套丛书旨在使辽宁大学的应用经济学一级学科建设有一个更大的发展。辽宁大学应用经济学学科的历史说长不长、说短不短。早在1958年建校伊始，便设经济系、财政系、计统系等9个系，其中经济系由原东北财经学院的工业经济、农业经济、贸易经济三系合成，财税系和计统系即原东北财经学院的财信系、计统系。后来院系调整，将经济系留在沈阳的辽宁大学，将财政系、计统系搬到在大连组建的辽宁财经学院（即现东北财经大学前身），对工业经济、农业经济、贸易经济三个专业的学生培养到毕业为止。由此形成了辽宁大学重点发展理论经济学（主要是政治经济学）、辽宁财经学院重点发展应用经济学的大体格局。实际上，后来辽宁大学也发展应用经济学，东北财经大学也发展理论经济学，发展得都不错。1978年，辽宁大学恢复招收工业经济本科生，1980年受人民银行总行委托、经教育部批准招收国际金融本科生，1984年辽宁大学在全国第一批成立经济管理学院，增设计划统计、会计、保险、投资经济、国际贸易等本科专业。到20世纪90年代中期，已有西方经济学、世界经济、国民经济管理、国际金融、工业经济5个二级学科博士点，当时在全国同类院校似不多见。2000年，辽宁大学在理论经济学一级学科博士点评审中名列全国第一；2003年，在应用经济学一级学科博士点评审中并列全国第一；2010年，新增金融、应用统计、税务、国际商务、保险等全国首批应用经济学类专业学位硕士点；2011年，获全国第一批统计学一级学科博士点，从而成为经济学、统计学一级学科博士点"大满贯"。

在二级学科重点学科建设方面，1984年，外国经济思想史即后来的西方经济学、政治经济学被评为省级重点学科；1995年，西方经济学被评为省级重点学科，国民经济管理被确定为省级重点扶持学科；1997年，西方经济学、国民经济管理、国际经济学被评为省级重点学科和重点扶持学科；2002年、2007年国民经济学连续两届被评为国家重点学科；2007年，金融学被评为国家重点学科。

在一级学科重点学科建设方面，2008年应用经济学被评为第一批一级学科省级重点学科，2009年被确定为辽宁省"提升高等学校核心竞争力特色学科建设工程"高水平重点学科，2014年被确定为辽宁省一流特色学科第一层次学科。

在"211工程"建设方面，应用经济学一级学科在"九五"立项的重点学科建设项目是"国民经济学与城市发展"、"世界经济与金融"；"十五"立项的重点学科建设项目是"辽宁城市经济"；"211工程"三期立项的重点学科建设项目是"东北老工业基地全面振兴"、"金融可持续协调发展理论与政策",基本上是围绕国家重点学科和省级重点学科而展开的。

经过多年的学科积淀与发展,辽宁大学应用经济学、理论经济学、统计学"三箭齐发",国民经济学、金融学、世界经济三个国家重点学科"率先突破",由长江学者特聘教授、"万人计划"第一批入选者、全国高校首届国家级教学名师领衔,中青年学术骨干梯次跟进,形成了一大批高水平的学术成果,培养出一批又一批优秀人才,多次获得国家级科研、教学奖励,在服务东北老工业基地全面振兴等方面做出了积极的贡献。

这套《辽宁大学应用经济学系列丛书》的编写,主要有三个目的:

一是促进应用经济学一级学科全面发展。以往辽宁大学主要依托国民经济学、金融学两个国家重点学科和区域经济学省级重点学科进行建设,取得了重要进展。这个"特色发展"的总体思路无疑是正确的。进入"十三五"时期,根据高校和区域特色,本学科确定的目标是优先发展国家重点学科国民经济学、金融学,重点发展地方特色学科区域经济学、产业经济学、财政学和国际贸易学,协同发展重点支持学科经济统计学、数量经济学和劳动经济学,努力把本学科建设成为重点突出、地域特色鲜明、为国家经济建设和东北老工业基地全面振兴做出重大贡献、具有较大国际影响的一流学科。因此,本套丛书旨在为实现这一目标提供更大的平台支持。

二是加快培养中青年骨干教师茁壮成长。目前,本学科已建成长江学者特聘教授、"万人计划"第一批入选者、全国高校首届国家级教学名师领衔,教育部新世纪优秀人才、教育部教指委委员、省级教学名师、校级中青年骨干教师为中坚,以老带新、新老交替的学术梯队。本丛书设学术、青年学者、教材三个子系列,重点出版中青年教师的学术著作,带动他们尽快脱颖而出,力争早日担纲学科建设。与此同时,还设立了教材系列,促进教学与科研齐头并进。

三是在经济新常态、新一轮东北老工业基地全面振兴中做出更大贡献。对新形势、新任务、新考验,提供更多具有原创性的科研成果,具有较大影响的教学改革成果，具有更高决策咨询价值的"智库"成果。

这套系列丛书的出版，得到了辽宁大学校长潘一山教授和经济科学出版社党委书记、社长吕萍总编辑的支持，得到了学校发展规划处和计划财务处的帮助，受辽宁省一流特色学科和辽宁省2011协同创新中心建设经费共同资助。在丛书出版之际，谨向所有关心支持辽宁大学应用经济学建设和发展的各界朋友、向辛勤付出的学科团队成员表示衷心地感谢！

林木西

2016年国庆节于蕙星楼

内容摘要

　　随着经济发展和社会运行之间关联的日益加深，区域之间的一体化协同发展逐步具备实现的可能性，并且已经成为国内外区域和城市发展至关重要的高级化形式，得到国内外社会各界的热切关注。理论和实践表明，高质量、内部关联紧密的区域协同发展能够打破行政区划的束缚、优化传统区域经济和社会运行的旧结构、提升区域运行效率，进而实现质量相对较高的可持续发展，可以说区域协同发展模式适合于宏观经济正处于新常态运行时期的中国用于推进实现各层次的结构化改革这一进程。区域协同发展是国家政策的一个重要方面，诸多区域在这一战略下获得发展成效、协同因现实需要和建立并在运行中出现问题而优化。目前，在中国诸多推进协同发展的区域中，京津冀城市群和辽宁省是政策意义较为浓厚的两个区域，京津冀城市群一体化协同发展、辽宁老工业基地再振兴，特别是二者协同发展，对于疏解京津冀一体化协同发展过程中的城市功能转移、在辽宁老工业基地再振兴中培育全新的经济增长点、创造机遇具有重要的理论意义和现实意义。辽宁参与京津冀协同发展踏着战略的浪潮、迎着现实的需要，体现了区域协同发展战略在发展水平、类型和功能各不相同的大区域之间借力和融合的新展望、以现实两区域协同发展行为为起点的纵深思考和未来期待，故本书以辽宁参与京津冀区域的协同发展作为切入视角展开相关研究，以期为探索老工业基地振兴新路径、区域协同发展理论新应用贡献力量。

　　在参与京津冀协同发展的过程中，作为后来进入的区域，辽宁省面临诸多弱势，故充分分析自身的比较优劣势、比较融入成本与收益、在最大限度保障自身可持续发展的前提下有步骤和顺序的参与对于提升协同效率、为自身再振兴营造新机会极为重要。本书便是基于上述客观情况考察辽宁省参与京津冀协同发展的可能性，围绕着现阶段两区域协同进程的现状和区域协同发展能够融合的协同点，选择从产业协同、旅游文化协同、城市和城市群协同、科技创新协同几个方面，运用多种实证分析方法，分析两区域在上述方面实现协同的可能性。其中，产业协同要借助于区域之间存在发展梯度的产业部门通过承接、对接、合作等方式予以实现；旅游文化协同要靠合理整合旅游资源、创建跨区域的旅游品牌和不断推出精品路线来推进；城市和城市群的协同在更大程度上说是产业协同的载体和其发展到一定程度时的高级化表现形态，要借助于寻找恰当并具有综合性的关联基础，并充分关注各层级城市的承载力，通过层级不同的城市之间找到自身功能定位推进；而科技协同创新则是区域更层次协同发展的活跃性驱动力，要通过多元化产学研结合的形式推进。

总体来说，辽宁参与京津冀协同发展是一个复杂的处于初级阶段的系统性工程，体制机制创新、统一市场的建立，共同的利益分配尤为重要。打造产业共同体、精品旅游路线、绿色生态智能城市群和科技协同创新网络是其中要点所在。

目 录

第一章　绪论 … 1
　　第一节　辽宁参与京津冀协同发展的背景和意义 … 4
　　第二节　本书的研究思路与内容 … 16
　　第三节　相关理论和文献综述 … 26

第二章　辽宁—京津冀区域协同发展现状 … 44
　　第一节　辽宁与京津冀区域发展现状 … 44
　　第二节　辽宁与京津冀协同发展现状 … 56
　　第三节　辽宁—京津冀协同发展的现实需求和行动 … 65

第三章　辽宁—京津冀产业协同发展分析 … 79
　　第一节　辽宁—京津冀区域的产业互补性分析 … 80
　　第二节　辽宁—京津冀产业承接性分析 … 85
　　第三节　辽宁—京津冀产业合作分析 … 96
　　第四节　推进辽宁—京津冀产业协同发展建议 … 98

第四章　辽宁—京津冀旅游协同发展分析 … 106
　　第一节　辽宁与京津冀旅游资源概况及存在问题 … 107
　　第二节　辽宁参与京津冀旅游协同的整体思路 … 112

第三节　辽宁—京津冀地级以上城市旅游效率评价 …………… 116
　　第四节　辽宁—京津冀地级以上城市旅游品牌协同性评价 …… 123
　　第五节　辽宁—京津冀旅游资源整合路径 ………………………… 128

第五章　辽宁—京津冀城市（群）协同发展分析 ……………… 140

　　第一节　辽宁—京津冀城市（群）联动需求和关联基础 ……… 141
　　第二节　辽宁—京津冀城市关联性测度 …………………………… 149
　　第三节　辽宁—京津冀城市（群）协同发展关联基础 ………… 157

第六章　辽宁—京津冀科技协同（创新）发展分析 …………… 174

　　第一节　科技协同创新概念诠释 …………………………………… 175
　　第二节　辽宁—京津冀科技协同创新形式与存在的问题 ……… 177
　　第三节　国外科技协同创新案例及借鉴 ………………………… 183

第七章　辽宁参与京津冀协同发展机制与实现路径 …………… 190

　　第一节　产业协同发展机制与路径 ………………………………… 191
　　第二节　旅游文化协同发展机制与路径 …………………………… 205
　　第三节　城市群协同发展机制与路径 ……………………………… 210
　　第四节　建立科技协同创新网络机制与路径 …………………… 220

结语 …………………………………………………………………………… 222
参考文献 ……………………………………………………………………… 223
致谢 …………………………………………………………………………… 227

第一章

绪 论

在人类社会发展的演进历程中，经济的可持续性精明增长和社会的包容化发展无疑是各国在各个历史阶段中所不断追寻的永恒主题和较为高级化的演进目标。但经济社会可持续效率的提升并非线性的过程，而是不断试错与修正的动态复杂曲线演进过程，势必伴随着不可持续性发展和可持续性发展交替演进的现象。这其中，因经济社会发展的人本主观驱动性明显强于自然累积演变性，于是经常出现不可持续发展的阶段，不可持续发展状态是经济社会发展的常态，与之相对的可持续发展状态是经济社会发展的目标状态，常态围绕着目标状态上下波动。如果将经济和社会的演进状态划分为均衡状态和非均衡状态，那么在一定程度范围内运行的非均衡状态可能因符合国家和区域发展的阶段性需要或体现其不同禀赋区域自由成长的阶段性特征，而不会形成不可持续的趋势；相反，超出一定范围运行的非均衡状态在一定程度上将可能影响到可持续性。那么我们需要仔细思考和规划的问题便是采用什么样的办法能够动态性地不断地纠正过度偏离、甚至会严重阻碍经济和社会前进的"过度偏态"，主要表现为在现实中的为了单纯地追求经济和社会的发展速度、而暂时牺牲环境、资源、能源甚至部分地区和人民既得利益，环境的恶化、资源的枯竭以及区域发展的严重不协调，甚至世界性经济危机、温室效应、中等收入陷阱、后危机时代的机构性震荡等严重问题。出现这些问题的本质原因在于发展过程中忽略了协同性。针对不同领域出现的不可持续性问题或者可能出现的不可持续性的隐患，各国人民也逐步认识到经济和社会的发展并非依靠单一领域以牺牲其他领域或地区利益这种相对极端的非协调、非均衡的福利损失模式能够实现，而是应该依靠在经济发展、社会进步与环境保护之间，在国内不同的城市和地区之间、在国内与国外之间、特别是在不同领域之间能够寻找到多位一体协调发展的最优点，并积极促成与坚守以这个最优点为初始的最优化路径进行高质量的协同发展，虽然这条路径不一定是短期内经济效果最明显的发展路径，但却是能够在长期中得到可持续发展的最优选择。与之前的传统路径相对，这条路径的本质便是以协调和协同的战略思维走可持续发展之路。协调和协同的战略思维主张从宏观角度统筹规划、从中观角度承上启下地相互支撑、从微观角度精准关联，既关注宏观、中观、微观各层次的主体利益实现性，也关注由三层次组成的多维度整体福利的实现性，将经济和社会发展的自然属性和关联本质挖掘出来，超越了相对表象的人类规划路径，更为体现经济和社会发展基于其本质性需求的效率，已得到世界各国广泛的一致认同和实践运用。

在国内外的理论和现实演进中，有诸多领域的发展和运行运用到协同和协调战略思维并取得了诸多显著运用效果，特别是在区域协同发展的理论研究和现实探讨中，这种战略思维更加凸显出显著性的指导优势，近年来我们能够不断地发现世界发展格局中，以区域协同发展形态形成的发展组织越来越具有竞争力和可持续发展潜力，最为常见的形态便是产业和城市的集聚化。这种现象可以用区域经济学理论加以解释。在区域经济学科领域，重点研究的两大主题是经济区域（简称"区域"）和区域经济，前者主要指一国范围内在经济上具有同质性或内聚性、具有一定的共同利益，经济结构较为完整且在全国专业化分工中分担一定职能的地域空间，后者区域经济是指"一定地域空间内各种经济活动所组合的有机整体"，是一国国民经济的重要组成部分，是国民经济的"器官"或"子系统"，是具有区域特色的国民经济。基于这一角度观瞻，区域协同理论便被划分为两个层次，或者说从两个层面应用于区域发展，分别是不同区域作为地理单元在发展规模、区际关系、区域政策、区域联通等方面的协调与协同，以及不同区域内部经济社会和环境发展部门之间通过建立各种模式关系网络形成的协调与协同关系，这两者可能通过行政牵引或者通过市场引导形成关联，两者配合也就形成了区域协同或者说协同领域在区域方面运用的基本模式，并且因区域经济和国民经济存在着特殊关系，区域和区域经济的协同发展对于国家和国民经济发展效率的提升具有动力性的提振作用，因此，区域协同发展理论也成为现阶段我国突破宏观经济结构性缺陷、世界突破大范围低迷发展的重要动力性战略之一。因为区域协同发展战略不仅涉及发达区域之间的协同发展、还涉及发达区域与欠发达区域之间的协同发展，所以按照区域经济学中区域的基本表现形式即中心、腹地和经济网络而言，在协同发展组织中，较为发达的区域属于中心、欠发达区域属于腹地，二者之间的关联如果依托于经济网络而非完全行政力量形成，便是比较理想的区域协同发展模式，在这种模式中，对于欠发达地区或者处于发展欠发达阶段的地区就会形成新一轮发展的机遇、当然也存在挑战。现阶段我国处于政策热点建设和关注的协同发展区域有长三角城市群、珠三角城市群和京津冀城市群，特别是京津冀城市群的协同发展在近两年上升为国家战略体现了我国对于区域协同发展的全新理解。城市集群的形成对于周边地区会形成一定的虹吸或辐射效应，于是京津冀城市群周边一些区域如山西省、山东省、河南省、辽宁省等将此作为自身发展的契机，地方政府和社会各界研讨了积极参与京津冀协同发展的策略，形成了大范围的区域协同发展政策趋势。辽宁省作为老工业基地，与京津冀地缘相近、存在产业部门之间的互补性、具有在协助京津冀协同发展的过程中创造再振兴机遇的客观现实性，因此是否可以设想，老工业区域的转型或再振兴过程与区域内外的城市群协同发展过程相关联，可能成为区域协同发展战略的一个现实作用领域，也是加深全国区域协同发展、提振老工业基地焕发新活力的一种方式。

本书基于区域经济学科理论和协同发展理论，综合考虑世界各国发展演变过程中所经历过的协同发展事件共性、中国在当前新常态经济运行区间中的发展需要、现实政策热点和政府关注重点，以及理论界对于协同协调发展战略的相关研究应用、动向和创新，选择以区域层次为研究视角，借助于国内外区域层次中的各领域在逐步实现区域协同发展过程中的相关理论成果和现实经验，重点探讨区域协同发展战略在辽宁省与京津冀区域协同发展中的实践，以期为广大读者和政府部门了解区域协同发展在个别区域之间运行状态提供一定的资料和借鉴。

第一节 辽宁参与京津冀协同发展的背景和意义

区域协同发展是区域在经济和社会发展到一定程度并在各领域出现或即将出现一定关联时实现的一种高级化发展模式；以区域协同发展作为战略推进区域的可持续运行，既是区域之中各地理单元因关联不断深入所出现的现实状态，也是地区之间为了节约成本、提升整体收益的现实需要。然而，因地理单元之间的禀赋不同、利益分配机制不健全、行政区划、地区关联不深入、市场体系不完善等现实原因，推进区域协同发展和不断提升其可持续性存在诸多障碍，这既是影响区域协同发展质量的重要因素，也是在未来发展中亟待突破的关键节点。提出辽宁省参与京津冀协同发展这一研究主题，主要是基于一定的国内外现实发展背景。首先，在国内，宏观经济处于提质、增效、保增长的新常态运行时期，需要培育类型多元化的经济增长点、借助于多元化的增长动力、改善传统经济的运行模式和结构；区域作为经济发展的重要载体，其协同可持续发展能够为宏观经济跨越低水平中等收入陷阱提供多层次的支持。其次，通过区域一体化协同发展形成的城市群和都市带已经成为国内外区域的较高水平发展模式，日益成为助推宏观经济发展的新方式。最后，这是辽宁老工业基地再振兴和京津冀协同发展的双重客观需要。

一、相关背景

在国内诸多协同发展战略中，京津冀城市群协同发展一直以来是国家和社会各界所关注的政策焦点和时事热点。京津冀城市群作为中国第三大城市群，在其协同发展过程中虽然取得了诸多成效，但也依然存在着诸多掣肘因素亟待协调，包含首都区域功能疏解问题、因内部城市禀赋和发展阶段存在巨大差异形成的多方地区利益协同问题、利益分配机制和协同发展机制尚不完善问题等。东北老工业基地再振兴作为东北区域的协同性国家战略，自2003年正式上升为国家战略以来，虽然取得一定的经济增长成就，但也仍然存在着诸多不可持续的顽疾性因素；在新一轮再振兴中为取得更好的结构性调整收益，也需要培育新的经济增长点、尽可能多地创造发展机遇。这两个区域发展中所存在的结构性问题具有一个共同点，便是区域内部各层次和方面在发展之初较少考虑到协同性，因此出现了区域内部一定程度上超越合理运行范围的"非均衡"影响了可持续发展的效率，与此同时，这也是我国诸多区域中存在的普遍性问题。针对这一问题，将传统的非协同思维转化为协同思维至关重要，于是在现实中地缘接近、政策跟进的驱动下，辽宁省参与京津冀协同发展逐步走上日程。在这一过程中辽宁省如何定位自身、主动创造什么样的条件配合京津冀协同发展，上述考虑便成为本书所研究主要内容的最直接选题考虑。

(一) 结构化变革的需要

包括中国在内的世界诸多国家发展到一定程度都会出现各领域的结构性问题，结构既是检验一段时期内经济社会运行成果的一个重要指标，也是影响其未来运行效率的重要因素，对于结构及其转型升级的重视同属于行政和市场的关注视野，同样各国对于结构的调整因存在路径依赖、改革动荡、成本高昂等特点而较少出现大范围和短时间的举措。区域一体化协同发展是对以区域载体及其内部所包含的一切组成部分在演变结构和关系结构上的一种重组和整合，涉及行政和市场双重推力、各地理单元和各层次多重参与，在一定程度上避免了只变革一个领域的局限性和变革多个领域所可能发生的整体联动性失败，符合结构性变化的效率需求。高质量的区域一体化协同发展能够突破地区之间的行政藩篱和利益分配阻隔，能够使得各领域通过较为自然的分工关联建立更为紧密的内部联系，这一过程本身就是对于要素分配方式、各领域组织排列结构的完善和革新，也就是对于传统的行政区划、要素市场分割这种效率相对较低的旧常态的结构性冲击和修补。因此，可以将区域协同发展理解为突破传统经济运行结构的一种新动力。

世界上任何国家由衰落走向繁荣都是由经济、社会、环境等诸多子系统和要素由不协调逐步发展到协调的过程。从人类社会整体演进和短板原理的角度来看，推进并实现这一过程势必要求包含诸多层面的复杂系统在不同的发展阶段之中逐步将短板的劣势因素和掣肘方面转化为处于全体元素平均值或者以上的元素，也就是说推进经济和社会的可持续发展需要以整体性、突破行政界限的整体性思维和战略统筹这一过程所涉及的要素和单元。这就离不开经济与社会、环境之间，国别之间，区域和城镇之间，以及上述层次所包含的主客体之间以相对协调和谐的形式组合发展，有赖于提高各层次要素的组合运行效率。体现在一国经济和社会宏观发展的历程中，区域发展是其极为重要并具有承上启下作用的中观组成部分：宏观层次的可持续发展离不开区域内部以及区域之间的有序运行，区域所辖地区的可持续发展也离不开区域的协同运行，区域整体的内部实力和外部竞争力在协同过程中的优化往往也会提升宏观经济的发展质量。因此，具有较高水平协同性的区域发展是推进一国宏观经济可持续发展的重要保障和推动力量。

时值中国宏观经济进入提质、增效、保增长的新常态运行时期，国内的宏观、中观和微观各层次经济格局普遍呈现出相比于高速增长时期而言更为低速的换挡运行特征。在这一国内背景下，从要素到产业、从区域到城市、从政府到企业，宏观经济框架下的各个层面都在寻求、适应在平稳中能够求升的全新增长点、培育新的发展动力，以及转型升级的机制；与此同时，新常态也为各层次运行提出了与以往所不同的结构性发展模式转变需求。从区域和城市的角度来讲，一方面，传统因行政区划和市场分割所致的具有差别化的区域和城市发展状态本身就是一种旧常态化模式结构，在经济大调整的格局中，将再难以获得组合集群发展的收益；相对孤立发展的城市和区域将会导致要素流动障碍和产业链之间的低效搭建，也难以满足宏观经济结构整体调整的宗旨；另一方面，作为一切经济运行要素、组织、市场、社会、文化和体制机制兴起和作用的最主要的载体和领域，区域和城市之间的融合发展不仅能够为参与主体赢得转型效益、节约转型成本，更重要的是这种方式符合宏观经济转型时期"一盘棋联动"的战略部署本质，宏观经济运行客观要求区域之间能够形成协同发展的良性趋势。综合两方面，区域协同发展是新常态时期宏观经济复苏为城市和区域发展提出的新要求，客观地要求改变因行政化造成的区域分离这种低效的旧常态发展模式走区域协同发展之路。

（二）城市群成为新的增长模式

区域一体化协同发展是区域经济社会发展和地理空间结构演变的客观大趋势，很多学者认为区域已经成为真正意义上的经济单位，不断地参与着全球的竞争和发展。国内外理论和实践表明，可持续的区域协同通常以紧密的内在经济分工和构架为基础，能够促进城市集群和产业集群的形成，同时集群也是区域协同发展的重要表现形式，并且在协同效应、集聚效应和正外部效应的作用下，城市群会逐步发挥对于所在区域经济增长的集群式带动作用，最终成长为新的经济增长极。这主要是得益于城市群在集聚效应和扩散效应不断交替作用下形成和壮大，即它们通常具有要素高度集中的经济和社会集群模式，而集群或集聚本身就是外部性的一种重要表现形式，能够产生较大的发展收益，特别是当城市群发展到一定程度从而发展潜力和竞争力都较强时，就会向周边或相关地区溢出要素能量，从而形成由较高势能向较低势能的转移，继而带动周边或相关落后区域协同发展。这种势能差的形成和转移，往往借助于市场体系自发形成，因此效率一般高于行政计划强制执行。也正因为如此，相比于单一要素或者单一地理单元的发展而言，城市群的发展模式能够按照内部城市的比较优劣势重新组合，促进大中小城市的合理分工和功能互补，形成产业链、基础设施和公共服务共享平台、共同市场，从而提升经济增长的结构性收益。因此，城市群日益成为新的经济增长点。可以说城市群模式是区域协同发展战略的一个重要实现形式，也是推进这一战略过程中城市地理单元深度融合的重要表现，更是城市之间协同发展的高级形式。在区域经济学中，城市群又称为城市带、城市圈、都市群、都市圈，是指以中心城市为核心、向周围辐射构成的城市集合区域。这一区域具有在城市之间经济联系紧密、产业分工合作细致、交通与社会生活通达包容、城市规划和基础设施相互影响的鲜明发展特点，城市群内部的关联越密切、团结效应越高，越具有超越行政区划形成经济区域的优势，就越可能取得更多的组合发展收益。

随着经济和社会的包容性发展，城市群和都市带的发展已经成为带动大区域乃至国家发展的主流形式，世界发达国家基本都拥有具有强大发展潜力的高水平城市群，这些城市群通常既是区域发展的增长极，也能够对周边发挥半径较长、辐射范围较大的正向溢出带动效应，使得周边地区甚至跨国界的地区通过有形和无形的联系紧密地团结在城市群极点的周围，形成错落有致的多核心大区域集群。如英国以伦敦为核心的城市群、欧洲西北部城市群、日本太平洋沿岸城市群、北美五大湖城市群、美国东北部大西洋沿岸城市群和以上海为中心的长三角城市群，这世界著名的六大城市群发挥着重要的经济增长极活力。在我国，随着区域经济社会的不断发展，在政策和市场的双重驱动下形成了代表不同时代区域发展特色和需求的老中青三代城市群，分布于东、中、西、东北地区。长三角城市群、珠三角城市群、京津冀城市群、川渝城市群、山东半岛城市群、中原城市群、武汉城市群、长株潭城市群、辽中南城市群、关中城市群、海峡西岸城市群和西南城市群等都体现了不同程度的城市协同发展和推进区域经济增长的增长极功能。在这些城市群当中，位于辽宁省的辽宁中南城市群和辽宁沿海经济带与京津冀城市群地缘相近，因此从区域协同发展的角度来看，辽宁参与京津冀协同发展也是城市群协同发展的客观表现。存在一定互补性的区域之间协同发展，有助于借助发达地带的空间溢出效应来适度提升落后地区的综合发展能力，从而使得整个区域获得更为显著发展收益，这已在区域和城市经济的理论中、也在世界著名城市群或区域的发展经验中多次得到理论和实践的印证。

(三) 辽宁—京津冀两区域协同发展客观需要

辽宁参与京津冀协同发展问题是时下辽宁省委省政府所关注的热点问题，是助推辽宁老工业基地再振兴的重要契机，也是京津冀协同发展构建城市功能转移腹地的重要方向之一，在理论上符合当前两区域可持续发展的客观需求。

首先，在京津冀协同发展方面。京津冀都市经济圈主要包括北京、天津以及河北的十个地市，作为东北亚的核心区域，京津冀地区不仅是我国东北、西北、华北相交汇的"三北"地区重要的出海要道和交通枢纽，也是集中创新与技术研发、现代服务业、先进制造业、高新技术产业和战略新兴产业等多维领先元素于一体的重要基地，凭借全国 GDP 占有量 11%，社会零售品销售总额 10%，以及进出口总额 15% 的明显竞争优势，已成为带动中国区域经济可持续发展和新一轮通过科技进步、绿色发展、科技进步、制度创新等推动力实现城市群协同演进、走新型区域化道路的重要增长极。自 2007 年出台《京津冀都市圈区域规划》到 2015 年通过《京津冀协同发展纲要》，京津冀区域走向协同发展之路的过程中既有成绩又有阻碍；因京津与河北发展程度差异和禀赋差别而步伐缓慢，特别是为攻克首都功能疏解这一重大问题，京津冀协同发展成为国家和社会各界高度关注和热切推进的区域发展战略热点。京津冀协同发展是一个系统性工程，从过程的曲折性之中我们足以看出，协同的前提是要协调，协同可以说是高级阶段和运行目标，当前存在的最大困难是如何实现高水平协调。然而，对于经济发展所处阶段差别较大的京津冀域内城市，现阶段在政策方面给予各层次协调战略并不必然能够从根本上真正缩小经济、社会和文化等诸多方面的相对差距。这就意味着从区域发展开放性的角度而言，京津冀协同发展不仅需要区域内部有步骤地逐步协同，也离不开与区域外部相互关联地区的互通有无、协调联动，在京津冀协同发展的过程中应有更多的地区和城市参与和融入，从功能互补、强强联合等角度展开关联。为此，山西、河南、山东、内蒙古、吉林和辽宁省相继出台对接京津冀协同发展的行动对策，并逐步展开参与。初步形成了京津冀内部小协同，与上述省份大协同、推进共融市场和腹地建设的跨区域关系格局。

其次，在辽宁老工业基地再振兴方面。辽宁省作为共和国的长子有着实力雄厚的重工业基础和辽宁沿海经济带这一重点区域，与京津冀区域具有相对密切地理关联、历史关系和战略关系，自东北振兴以来为中国的经济增长奇迹贡献了巨大力量。随着传统结构性矛盾的激化，在宏观经济进入新常态运行区间、东北进入新一轮振兴阶段之际，辽宁省也步入再振兴发展之路。这既是挖掘和培育内生动力的漫长之路，同时也是凭借与京津冀毗邻而积极主动融入京津冀协同发展、内外并蓄地为本地创造更多机遇的重要契机。这也引起了党中央的高度重视，在《中共中央国务院关于全面振兴东北地区等老工业基地的若干意见》中提出"推动东北地区与京津冀地区融合发展，在创新合作、基础设施联通、产业转移承接、生态环境联合保护治理等重点领域取得突破，加强在科技研发和成果转化、能源保障、统一市场建设等领域务实合作，建立若干产业合作与创新转化平台，支持辽宁西部地区加快发展，打造与京津冀协同发展战略的先行区"。

虽然从区域协同发展的视角来看，京津冀区域的可持续协同需要包括东北老工业基地在内的诸多城市群作为腹地和支撑已成为客观事实，但也必须客观认识到，外来区域的参与具备一定的困难与挑战。辽宁参与京津冀协同发展，代表着要在两个禀赋相异且处于不同发展阶段的区域之间实现跨区域的协同运行，这项复杂系统工程需要两区域所辖城市在经济和社会的诸多方面在发展战略上达成一致的共识，在协同阶段的推进上进行统一的部署，在协同内容上进行合理化的安排，在对接点的选择上进行切实可行的操作。但市场经济体系下，对于区域协同的推进还应以市场化自发性为主、政策计划为辅助，这就需要两区域充分激活要素的市场化流动和市场性吸引力，使得能够在市场体系下建立关联。相比于辽宁省而言，京津冀作为中国第三大城市群，虽然内部城市的发展程度相差较大，但是整体综合发展实力和竞争力更强，而辽宁省整体综合发展实力和竞争力相对较弱,更因体制机制国有化严重的历史性问题而导致市场经济活力相对较差,通过市场性力量建立关联参与京津冀协同对于辽宁省而言,可以说包含着盘活自身市场的机遇与在竞争中失利的双重挑战并存。从机遇来看,可以通过借力于京津冀特别是北京和天津在二产和三产方面的绝对优势发展本省相关产业行业;从挑战来看,作为外来参与区域,在京津冀辽系统化的整体发展布局中,辽宁必须要得到京津冀政府和相关协同发展层次的认可,也就是说辽宁对于京津冀协同发展应满足不能将城市群整体发展和竞争实力拉下的最基本底线,这对于处于经济下滑期的亟待振兴的辽宁老工业基地而言无疑是极大的考验,也告诉我们在看到自身发展优势的同时,仍然存在着诸多弱势需要自身造血性提升;不提升本省发展实力就参与京津冀协同发展,一方面机会较少,另一方面即使暂时参与也可能形成的是地理性参与而非经济性参与,还会出现不可持续的隐患。因此,辽宁参与京津冀协同发展是有序的参与过程,更是以内向建设自身为长期坚持目标、并与外向参与交替发展的循序渐进过程,在这一过程中,明确自身的在各领域协同中的定位尤为重要。

二、时代意义

区域协同发展即不同的区域之间经济、社会、环境等各层次,政府、企业、市场、个人等各主体,人力、财力、物力等各要素,在交通、公共服务、政策制度、协调中介等各平台的助推之下,形成存在一定程度差异、但能够相互对接、补充和耦合的更大范围区域,并且该新区域的组合发展收益大于原组成区域单独发展收益的运行状态。在理论上,区域发展的协同程度将影响协同收益的大小,区域之间的协同创新为提升协同发展质量的基本动力。在理论上,区域协同发展通常伴随着地理单元之间通过主观政策支持或客观自然吸引从而不断地建立各种关联这一过程。在主客观作用下,地理单元之间通过建立经济、社会、环境、政策等各方面发展关联是走上协同发展之路的基础性关键环节,实现这一环节是通过行政力量还是市场力量将直接影响到区域协同发展的效果,若内在自发关联而仅依靠行政人为建立关联势必不可持续,当然也可能不会带来协同发展的高效成果。进一步基于理论和现实分析,区域之间如何建立以及建立什么样的关联继而形成更为高级化和多样化的协同发展模式,在很大程度上是现实发展客观选择的结果。表现为在现实中,随着社会包容性的扩容和生产力的发展、特别是交通的日益便利,各种类型的资源实现着在不同主体和相异地理单元之间的配置与流动,形成在农村与城市之间、国内和国外之间的双向流动,在集聚与扩散效应作用下,地理空间上的地区界线日益模糊,形成了发展内容和发展程度存在差异的寻求区域领域合作的局面。

(一) 理论意义与现实意义

在理论方面。区域协同发展的本质和核心目标是为了提高区域发展的质量和效率。国内外理论和实践表明,区域发展效率的提升有赖于在其所处的不同发展阶段,能够适时地采用与发展程度相适应的区域发展模式,也就是说与区域所处发展阶段所产生的经济社会需求和现状(不)相符合的区域模式,会提升(降低)发展效率,继而影响区域整体的发展水平。在区域发展的初级阶段,往往因经济和社会的发展水平相对较低,导致单一区域的发展不会和周边区域产生关联;而在区域逐步发展到高级阶段的过程中,区域之间的开放性逐步提升,因经济和社会发展水平提升所带来的需求增长,激发区域之间增强关联去满足可持续发展的需要。这种作为地理单元的载体与其中内容在发展潜力与能力上相对均衡统一的理性趋势,也成为推进跨区域之间协同发展的内在现实驱动力之一。这一驱动现象表现在现实中,因具有禀赋和发展条件的不同,所处于各异发展阶段的地区往往各自具有相异的发展特点和路径,因此对于区域发展模式的选择也应因地制宜,但是不可忽略的是这一过程不可避免地需要有针对性地考察区域发展需求。随着经济发展水平的日益提升,在由分别处于低级和高级发展阶段地区组成的现代区域网络中,地区之间要素的不断流动和往来,正在形成关系密切且附加以大数据互联网平台和成熟区域间大市场等为主要形式的多元化内部网络。这种网络的蓬勃兴起，在发达区域已经出现溢出从而形成极点（或者正在形成），使其成为极大的内部力量，来试图突破包裹在周围的以行政分化为载体的城市和区域界限束缚。这种客观需求使得区域和城市作为外部载体，若以行政化孤立单一的模式来发展，无疑越来越不符合经济和社会日益融合、区域网络日益复杂的内部结构。这就客观要求逐步提升城市和区域载体之间的往来关联度，发展的模式由单一化逐步发展为协调、协同一体化，并且在这一过程中，区域发展内外的演进速度和结构将得到相对程度的协调，进而提升区域发展效率。作为区域发展过程的高级阶段，区域协同发展因相比于其他阶段和形式具有更高的发展效率，而成为国内外一体化发展过程中不断追求的目标。这里的效率主要体现在如下两点：从成本和收益的效率角度分析，区域协同发展能够在一定程度上将由行政区划限制的区际资源和要素变为区际共享性资源和要素、由配置这些资源和要素的粗放化模式转变为相对集约化的模式，从而整合并提升区际资源的利用效率；从区域发展福利的角度分析，区域协同发展能够促进推出立足于全局发展观念的政策，有利于促进市场的公平竞争和转移支付、维持公平有效的市场结构和市场秩序。一般来讲，区域协同发展之所以比区域或者城市的单独发展具有更高的效率主要得益于地区间逐步形成的关联效应、学习效应、共享效应的日益深入，节约了发展成本并在一定程度上不断获得外部性收益，体现为规模经济、范围经济、城市化经济等促进了要素网络关联不断深入。高水平的协同发展相比于中等水平和低水平的协同发展而言效率更高，也即处于不同协同发展阶段的效率水平各异。

在现实方面。一般情况下，发达与欠发达的区域往往因中心区域辐射和带动作用的不足或者中心区域过度吸引优势要素而在地理空间上集聚分布，特别是在区域发展非均衡、城乡二元化严重的国家和地区体现得更为明显，这在一定程度上会影响到由二者共同构成的更大区域的发展质量，通过提升区域组合发展收益的方式对于上述这种情况来说，要想获得更好的发展成果就必须建立在高效组合而非简单叠加的基础上，使得区域之间因组合而获得更多的发展效应。在区域组合式发展的实践中，区域协同发展理念的提出为更大程度地提升组合收益指明了行动方向和政策导向，并且这一战略作为区域之间发展的高级化形式，其效果也得到了国内外高效运行的城市群和巨型城市带的佐证。例如，北美五大湖城市群、日本京阪神城市群、英国伦敦利物浦城市群、美国大西洋城市群，都属于区域协同一体化发展程度较高的城市群；中国长江三角洲城市群、珠江三角洲城市群的一体化协同程度次之，发展潜力和可持续发展的能力就相应减弱。与区域孤立发展对比而言，区域一体化协同发展是一种更为符合时代潮流和利益审美的地区关系，作为以城市和区域为载体并通过经济、社会、环境多元协同网络构建所形成的跨越行政区划的全新发展模式，是现代以及未来区域和城市提升组合发展收益的目标形式和必然路径，深受国内外社会各界所关注。区域协同发展因兼顾地区的外在载体与内在内容、地区之间的发展共性与个性、以比较优劣势为主要表现的互补性，最为重要的是突破行政区划并站在更高更广阔的视角，覆盖实体突破利益分配束缚、政府主体克服权利的"诺斯悖论"，而提升资源利用和配置效率。而地区发展效率的提升意味着在逐步发挥规模经济和范围经济的效应基础上能够优化空间结构，这种结构性的重构和蜕变对于全球经济、政治和社会格局的演化，特别是对于提振相对低迷的全球经济将会发挥重大作用，因此也成为区域关系演进所追求的长期目标。区域协同发展既是经济和社会发展到一定程度的客观要求，也是提升宏观经济发展效率的必要途径，对于中国推进结构性改革进程，世界和国内在诸多方面协同发展的经验值得我们学习，同时也赋予了国内推进区域协同发展的契机和时代背景。京津冀都市经济圈因地理位置的毗邻、资源、要素和经济发展阶段的互补性，与发展迅速的京津核心同落后的河北省内次级核心的并存性，越来越呈现出如不采取协同策略，则中心和次中心区域的可持续发展都将步入掣肘阶段，从而影响城市群整体实力成长和区域经济一体化。因此，京津冀协同发展逐步由区域性战略上升至国家战略，其中获得颇多成绩的同时也存在诸多影响区域内部协同的矛盾性因素需要在未来的发展中逐步化解。在与区域外部的"大协同"过程中,山西、山东、河南、辽宁等附近省份纷纷表示积极参与,这不仅为京津冀的"小协同"提供了广泛的政策施展腹地,更为上述省份提供了吸收先进和战略合作的优势机会。特别是对于亟待实现再振兴和供给侧优化改革的辽宁省而言,现实意义更为重大。突破"新东北现象"的再振兴之路既要挖掘和培育内生增长动力,又要借助于区域之间的优势溢出和优劣互补内外并蓄地为本地创造更多机遇的重要契机。除此之外,京津冀与区外多地区协同发展,以其作为核心城市群带动的腹地,对于增强中国北部发展力量、平衡南北关系和发展实力具有重要的现实意义。

(二) 辽宁在京津冀协同发展中的现实定位

区域协同发展意味着在经济和社会发展中几个区域相互配合或者一个区域协助其他区域;与此同时,区域协同发展也是区域之间助力与借力的双向协调,是一种区际关系不断调和的表现。相比于区域内部城市之间而言,区域之间的协同发展之所以较难实现,主要也是因为区际之间错综复杂的关系体系难以简单地用经济或社会指标就能量化和控制。在区域经济学中主要包括竞争或合作形式的区际关系在现实中有更为多样化的演变形式,因此辽宁参与京津冀协同发展更为重要的关键环节在于对自身的现实定位有一个合理化的充分认识,由定位决定在职能发展中的职能分工。

辽宁参与京津冀协同发展这一战略下,涉及辽宁、北京、天津、河北省,两省一市一首都。无论从行政级别来看还是基于经济社会发展所处阶段完善性以及能够获得机遇、区域竞争性影响力等方面综合考虑,这四个区域可以说形成了以北京为中心和天津为次中心、以河北省为外围和辽宁省为次外围的中心—外围性经济社会结构和地理空间格局,这便在一定程度上定位了辽宁省在现实中处于相对边缘的角色定位。与之同时,京津冀城市群协同发展战略从提出到正式上升为国家战略,该区域从以北京首都为绝对发展核心到转移首都功能、与天津、河北协调协同发展经历了相对较长的时间段、收获了成绩、可以说协同发展虽然还存在诸多问题但日渐成熟;与之相比,辽宁参与京津冀协同发展并没有上升为国家战略,这就意味着在区域之间机遇和资源的供求、配置、利益的协调方面在短时期之内还不能获得与京津冀协同发展所相媲美的待遇,这是辽宁省一个弱势所在;再者,在宏观经济处于新常态运行区间的背景下,东北三省经济迅速下滑,辽宁省经济增速近两年处于全国后列,想要争取到与发展相对较好的京津冀区域的合作对接机会显然不具有发展综合实力和潜力的优势,这也是辽宁省的一个劣势所在。在理论上,对于处于协同发展中相对弱势的区位来说,避免自身比较优势在大协同中与强势区位竞争的过程中流失,是对于协同发展效率的提升;而对于相对强势的区位而言,不因接纳弱势区位而影响原有的发展效率也是大协同的底线所在。所以在宏观上,辽宁参与京津冀协同发展这一过程与其说是辽宁在寻求提升经济发展质量的区域协同发展机遇,不如说应正确定位自身在这一过程中的配套和配合性角色,这也是区域协同发展的一种形式。这种形式的优势在于,可以在短时期内集中力量以发展本省经济为主线,以对外参与合作为增加本省经济发展机遇的筹码。从机遇的角度来讲,现阶段在现实中应更大程度地考虑抓住京津冀一体化协同发展中所释放出来的剩余机遇,再积极创造机会实现对接。

第二节 本书的研究思路与内容

辽宁参与京津冀协同发展是新常态下辽宁老工业基地再振兴时期所备受省委省政府关心和社会各界关注的经济社会热点问题,切实有效地推进这一过程最重要的是辽宁省应充分地考察和明确:"我们能够做什么""存在哪些短板""京津冀能够给什么""我们如何配合"这几个最为现实的问题。

基于辽宁省的发展现状和角色定位,准确估计自身实力、寻找与京津冀协同发展的契合点是推进其协同发展至关重要的一环,只有找到有针对性和对接可能的契合点,才能进一步打开协同并进的局面。然而,寻找契合点的过程并非凭借主观臆断,而是一个不断推理论证和实验的过程，既需要考虑到传统理论也需要兼顾到成功案例中所析出的或有契合点，更需要设身处地地深入考察和论证或有契合点成为真正契合点的可能性、同时比较自身完成这一任务的比较优劣势，以期尽可能高效地平衡争取机遇配合京津冀协同发展和自身可持续发展之间的关系。在长期地缘相亲、关联深入的发展过程中，京津冀内部已经找到并运行了诸多连接点、构建了诸多对接平台并辅助以相关政策和制度保障其一体化进程顺利进行，因此，辽宁参与京津冀协同发展这一后续行为，不仅要考虑到在现有发展的基础上京津冀内部关联点存在什么样的问题、有什么样的深入发展需求，还需要考虑到本省哪些方面能够满足这些需求或者说缓解这种问题。

一、本书的研究思路

辽宁参与京津冀协同发展，代表着要在两个禀赋相异且处于不同发展阶段的区域之间实现跨区域的协同运行，这项复杂系统工程需要两区域所辖城市在经济和社会的诸多方面在发展战略上达成共识，在协同阶段的推进上进行统一的部署，在协同内容上进行合理化的安排，在对接点的选择上进行切实可行的操作。从经济发展水平来看，相比于京津，辽宁相对滞后，但是相比于河北，辽宁又基本相当。因此，这两个区域之间的协同运行既涉及发展水平不同的城市在京津冀辽大区域中的功能和发展角色定位问题，也涉及以更为市场化和整合性的管理视角重新配置人力物力资源的问题，这就要考虑对于资源的占有、调动配置如何实现跨区域无障碍的共同利益最大化，对于地区间协同发展的利益分配如何更为公正合理、对于跨区域分工协作的成本如何更为节约。需要进一步考虑的是，仅仅地缘相近、并非具有长期发达市场联系、经济发展关联性处于初步建立阶段的两个区域之间能否具备区域协同发展的可能？怎样将这种可能建设起来、并向现实推进？又怎样将这种联系变得深度化与可持续化？怎样使这种协同模式能够升级优化并发挥经济发展效应？这些问题既是本书最初的现实思考，也是力求在一定程度上提出解决方案的现实问题。

　　首先，我们能够做什么？京津冀能够给什么？这是我们推进辽宁参与京津冀协同发展过程中需要首先明白的重要问题，特别是在辽宁省处于被动地位的背景下，更需要做到心中有数、准确规划。弄清楚这一问题的实质就是分析两区域的发展现状、找出比较优劣势、明确所涉及的城市在协同发展中的发展状态、城市和区域功能定位。京津冀区域是以行政单元命名并期望建立跨越行政壁垒的经济政治文化等各领域协同互补发展区域，该区域涉及三个层次的行政单位，在京津冀协同发展规划中最受瞩目的是京津冀三地的功能定位，它们分别着眼于政治、文化、国际交往和科技创新，金融管理、总部经济，并积极转移非首都功能和经济中心功能，担负着统领、辐射和成果的上层研发；天津拥有先进制造研发、发达的北方国际航运、金融创新运营中心，担负着成果制造和转化；河北省作为京津冀区域的大棋盘，现代商贸物流、产业转型升级、新型城镇化与城乡统筹、生态环境支撑，担负着成果的制造生产、绿色环境和生态资源的集聚地，也不乏石家庄、唐山、秦皇岛等具有专业产业特色发展定位的城市；因北京的非首都功能疏解的需求，北京已将诸多子项目和分项目转移至天津和河北，而河北也将一些总部转移至北京，天津则在二者中间担负起承上启下的衔接作用，与北京共同发展金融业，这一协同格局的形成以河北和天津首先借力于北京开始，现阶段也同时伴生着北京对于天津和河北的互补性区域发展和国际城市成长的诸多需求。因此在现阶段，京津冀能够给辽宁省的应该是需要转出的企业、项目，给予辽宁作为后方市场、制造业原料产地、制造工厂腹地、港口及农业腹地这样的机会。与之相对，当前东北地区处于再振兴阶段，辽宁省经济增长速度持续跌落、历史遗留下来的产业结构和经济结构转型升级等问题亟待调节、资源利用效率有待提升、经济增长的新型动力有待培育。辽宁省在这种发展状态之下，面对参与京津冀协同发展问题，在大方向上能够提供一定的装备制造业生产原料、组装和配送服务、商务、旅游、港口等领域的配套服务业；在与具体城市合作方面，为更大程度的提升资源利用和运行效率，辽宁省应明确在参与京津冀协同发展中的功能定位，在避免同构性的同时，能够承接和学习先进优势，并争取机会与发展水平相差不多的区域形成合作关联。辽宁省参与京津冀的协同发展并非首先以自身优劣势决定对接点，而是必须建立在京津冀城市功能定位的基础上、在京津冀辽的大棋盘中寻找定位，以更为高级的国家利益为着眼点，在不断地借力与助力中为自身的可持续发展创造机遇。

其次，保持协同发展目标的整体一致性。参与京津冀协同发展具有两方面的含义，一种是如前文所示，明确自身定位主动积极寻找机遇；另一种则是侧重于能够更好地融入京津冀协同发展，而主动提升自身在可能协同方面的发展潜力和竞争力、巩固比较优势，而在短期之内并不或者少有实质性的参与行动；比如在现实中，为能够提升与北京协同发展的可能性，将培育本省的合作或承接科技创新成果转移和转化能力，为提升与天津协同发展的可能性，将注重装备制造业转型升级、港口航运经济和金融中心建设，而为了更好地与河北合作，则将功能定位于共建商贸物流、资源共享和农业生态等方面的合作层面建设上。京津冀协同发展属于需要持续推进并在较长时间内才能收效的系统性工程，因此辽宁省的参与在短期目标、中期目标和长期目标各个层次与京津冀的协同目标保持相对一致，集中力量解决每一个阶段的重点问题。当前京津冀协同道路上最迫切需要解决的是北京非首都功能的疏解，在交通一体化、生态环境保护、产业升级等重点领域取得率先突破，在协同机制、要素市场和公共服务一体化方面创新改革。因此，现阶段辽宁省应在上述功能定位大方向的基础上着眼于在这些方面提升自身实力，以备在遇到对接、承接或者合作机遇时能够蓄势待发，扩大协同发展效应和两区域的共同收益，为能够高质量可持续的合作建立牢固的自身基础。

最后，结合当期工作重点和自身优劣势。目前在辽宁再振兴过程中，亟待转型升级产业结构、转型体制机制、增强市场经济竞争力、提升创新创业能力、推进新型城镇化建设，这些建设经济增长点的重点领域与京津冀协同发展具有目标的相似性和契合度，并可以从中借力。与此同时，辽宁省诸多城市已提上与京津冀协同发展的日程，在业务拓展、平台搭建、要素和产品的流通、人才的往来等诸多方面取得协同发展初步成效。这是辽宁省自身的比较优势所在,也说明协同发展的帷幕已经拉开。在未来的发展阶段,也应着眼于优势发挥和劣势提升、在巩固并完成重点的前提之下积极参与京津冀的协同发展,因为后者并不是本省发展的主业而是一个机遇,由此把握机遇的战略思维应坚定不移。

二、本书的研究内容

区域经济发展是多种影响因素相互作用的过程,区域协同发展是区域经济、社会、环境多领域多层次要素相互作用的综合性叠加过程,因此区域协同发展以影响区域发展的因素为基础,以区域之间的关联为保障。

(一) 影响区域经济发展的要素

根据区域经济发展诸要素的性质、特征和作用的不同,将其分为"区域性因素"和"一般性因素"两类(见表1-1)。一般性因素是国家和区域共有的增长因素,反映区域经济增长的共性特征。区域性因素是区域特有的增长因素,反映区域经济增长的个性特征。

表1-1　　　区域经济增长的一般性因素和区域性因素

学者(年份)	一般性因素	区域性因素
程必定等(1989); 陈栋生等(1993)	一般性因素包括:劳动投入量、资金投入量和技术进步	两种表述: 1. 区域性因素包括:区域资源配置的改善(区域产业结构优化);区域经济中心的发展(经济中心经济聚集能力和辐射能力);区域经济的组织与管理的改进(企业等微观组织与管理的改进、区域经济宏观组织与管理的改进、国家的区域政策); 2. 区域性因素包括:城市化水平、资源禀赋与配置、国家投资的区位偏好等

资料来源:程必定. 区域经济学 [M]. 安徽出版社,1989:301-317;陈栋生. 区域经济学 [M]. 河南人民出版社,1993:37-38

按此分类标准，也可将区域经济增长诸要素分为"供给面因素（生产要素）""需求面要素"和"作用于供、求方面的因素"三类（陈秀山、张可云，2003）。[①] 供给面要素包括劳动、资本和土地等；需求面因素包括私人的消费需求和公共的消费需求、私人的投资需求和公共的投资需求；作用于供、求方面的因素包括技术进步、空间结构、产业结构、基础设施体系、国家产业政策和区域政策、政治体制、社会体制、法律、意识形态、文化历史传统等。按此分类标准，还可将区域经济增长诸要素表述为六类（郝寿义、安虎森等，1999、2004）：[②] 自然条件和自然资源（恒常要素）、劳动力要素（资源）、资本（物质资本）、技术条件（技术进步、创新）、结构变化（产业结构变化、就业结构变化、企业组织结构变化）、制度安排（区域经济政策、体制、政策和法规、道德、伦理、观念和习惯等）。根据区域经济增长要素的区域来源，可将其分为"内部因素"和"外部因素"两类（见表1-2）。内部因素反映区域经济增长的潜力和自我发展能力，外部因素反映外部环境条件对区域经济增长的影响。

表1-2　　　　　区域经济增长的内部因素和外部因素

学者（年份）	内部因素	外部因素
于宗先等（1986）	内部因素包括： ·供给面因素（生产要素的供给）：劳动、资本、技术 ·需求面要素（消费与投资） ·区域空间结构	外部因素包括： ·区域间要素迁移（流动）：劳动的迁移、资本的流动、技术知识的传播 ·区域间贸易：区域间贸易障碍（区域间距离、区域间运输成本）、区域间需求（区域外部对本区域财货之需求）
陈栋生等（1993）	内部因素包括：区内生产要素的供给、消费和投资需求、区域的空间结构	外部因素包括：区际要素流动、区际商品贸易、区域外部需求、国家区域政策

资料来源：[台] 于宗先. 空间经济学 [M]. 联经出版事业公司，1986：140-142；陈栋生. 区域经济学 [M]. 河南人民出版社，1989：37.

[①] 陈秀山，张可云. 区域经济理论 [M]. 商务印书馆，2003：155-156.
[②] 郝寿义，安虎森等. 区域经济学 [M]. 经济科学出版社，1999：120-142；郝寿义，安虎森等. 区域经济学（第二版）[M]. 经济科学出版社，2004：134-153.

根据区域经济增长诸要素与社会生产过程的相关程度，将其分为"直接影响因素"和"间接影响因素"两类（陈栋生等，1993）。[①] 直接影响因素即"生产的因素"，是指直接参与社会生产过程的因素，包括劳动力、资本和技术。直接影响因素对区域经济增长起着决定性的作用。间接影响因素即指通过直接影响因素对社会生产过程间接发生作用的因素，包括自然条件和自然资源、人口、科技、教育、经营管理、产业结构、对外贸易、经济技术协作、经济体制和经济政策等。间接影响因素一般通过改善生产条件、劳动力和生产资料的质量来影响区域经济的增长。

（二）影响区域协同发展的因素

影响区域协同发展的因素以区域经济的协同发展为物质基础、区域载体的协同发展为实现基础、科技创新为动力基础、区际政策平台建立为保障基础。区域协同发展的要素特征存在于区域发展的要素中，需要区域内部要素和外部要素同时配置整合。影响区域及其协同发展的要素中存在着区域之间对接的结合点，辽宁参与京津冀协同发展作为一个研究特例也同样具有区域协同发展的一般性特征，一般影响区域协同发展的因素在这个特例中也具有规范性的研究价值。辽宁参与京津冀协同发展是短期之内在原本相对成熟的京津冀体系内部寻找或者创造可能形成互补性的环节，这一过程在推进初期可能面临进展缓慢、核心环节和收益相对较少的局面，但在长期则可能成为推进辽宁省经济全面可持续发展的重要动力，所以辽宁省应以遵循上述定位为导向，根据自身比较优劣势来主动挖掘和培育融入的契合点。因此本书将基于上述内容，论证辽宁参与京津冀在区域协同发展几个主要的核心对接区域即产业、科技、文化旅游、城市和城市群协同等方面的优劣势和可能性，找出契合点和相应的实现思路，如图 1-1 所示，这也构成了本书的核心内容。

[①] 陈栋生等. 区域经济学 [M]. 河南人民出版社，1993：37.

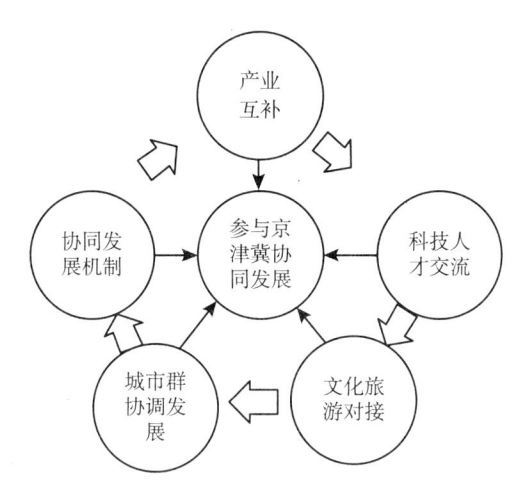

图 1-1　辽宁参与京津冀协同发展内容思路构成

（三）研究内容概述

基于上述研究初衷和研究思路，本书主要构建了一个辽宁参与京津冀协同发展的理论研究体系，在这一体系中，产业协同、旅游协同、城市协同和科技协同是核心基础，打造产业共同体、打造协同旅游品牌、打造利益共享城市群和科技创新网络是实现路径，协同创新是不断推进的动力、协同机制是重要保障（如图1-2所示），这种协同发展模式不仅适用于辽宁与京津冀区域，对于寻求协同发展的其他区域也具有一定适用性。

本书基本内容分为相互关联以下几部分：绪论部分主要阐述辽宁参与京津冀协同发展的国内外背景、理论和现实意义；相关理论和文献综述。通过区域协同发展提升地区运行效率是国内外区域发展的必然趋势，不断融合的经济和社会网络客观需要区域之间相互关联、互通有无，突破行政区划界限形成更为有效的区域关系。辽宁参与京津冀协同发展符合宏观经济新常态对于区域关系旧常态的突破，有利于双方破解各自可持续发展中的难题，特别有利于辽宁老工业基地寻找再振兴的动力机遇。前者为后者提供成果转化和资源供应的腹地和平台，后者为前者提升产业结构、技术和市场转型升级的契机和学习通道。首先，主要从紧密相关的区域关系理论、协同理论、区域协同发展理论等几个大方面展开。辽宁参与京津冀协同涉及理顺区域关系，在经济、科技、环境、社会、文化等诸多内容方面，在城市和区域载体方面，在市场等诸多平台方面以及在政府和企业等诸多参与主体方面共同发力。其次，通过概述辽宁与京津冀协同发展的现状和可能存在的问题，从中找出可能的发展契合点。按照两区域的比较优劣势、发展现状和国内外区域协同发展的经验，选择以产业协同、旅游协同、城市和城市群协同，以及科技创新协同几方面作为契合点。所以主体内容部分涉及辽宁与京津冀在产业、旅游、科技创新、城市和城市群等方面的发展现状、融合机制以及实现路径。基于产业梯度理论寻找产业协同发展的对接点，阐述辽宁和京津冀产业协同的互补性、承接性、合作性；认为辽宁在第二产业和第三产业方面分别具备绝对优势的天津和北京产业发展的互补性、承接性和合作性，并提出了运用各产业行业部门中的比较优势参与京津冀产业协同的相关策略。构建基于城市文化旅游协同品牌的角度寻找旅游协同发展的对接点，分析了京津冀辽所辖地级以上城市的旅游综合效率和上述城市之间的旅游品牌协同评价，从中提出整合文化旅游资源的相关思路。从城市区位比较优劣势、城市辐射力和市场潜力，以及城市化和城市群构建的角度寻找城市群协同发展策略。从产学研模式、产业集群创新和区域协同创新三个角度探讨辽宁与京津冀在科技协同创新方面的有利条件和不利条件。最后，在总结上述实证分析结果的基础上构建协同发展机制，包括创建产业共同体、打造精品旅游协同发展品牌、打造利益共享城市群、打造科技协同创新网络等。内容体系如图1-2所示。

本书的研究内容是基于区域关系理论和区域协同发展理论探讨现实问题的基础性应用型研究。对于现实问题的研究往往应脱离理论的束缚并更加贴近实际，因此研究的难点并不再于运用哪种模型，而在于选择哪种简单易行的办法就能够找到更符合实际现状并且切实可行的辽宁与京津冀对接突破口。对于这一问题的把握，因为两区域在不同方面协同发展的对接点各异，所以采用的研究方法和研究重点也应各异，并且研究所得出的结论还应在未来一段时间得到检验，这种时间滞后性也增加

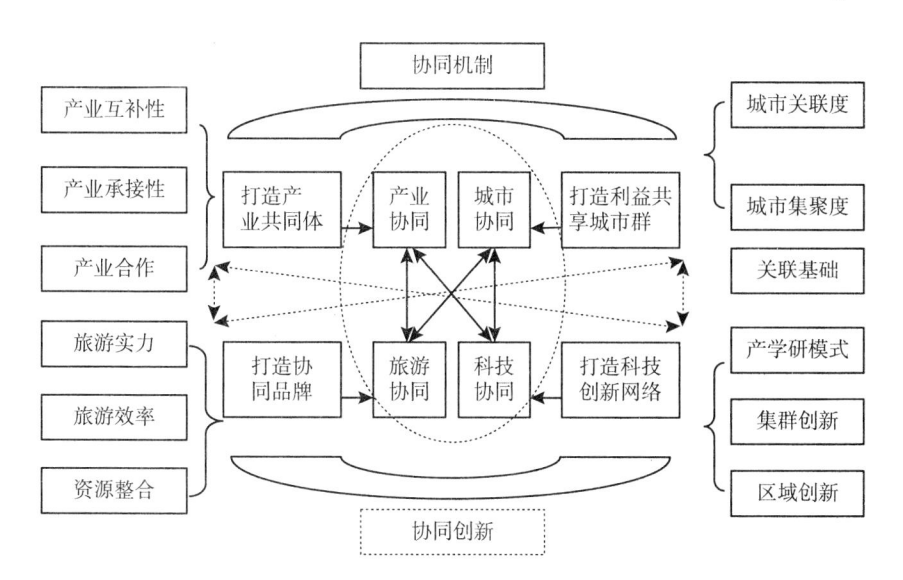

图 1-2　辽宁参与京津冀协同发展思路

了对于研究可行性评估的难度。除此之外，辽宁参与京津冀协同发展尚且处于初级阶段和理性探讨论证时期，诸多对接行动和市场平台的构建刚刚起步，所具有的统计数据相对有限和滞后，相关研究成果相对较少，也就是说本研究的研究重点将更多倾向于以辽宁省为主体、理性探讨对接的可能性和或有路径，因此对于这一问题的研究也因现实局限而暂时处于探索性阶段，无法像区域协同发展较为成熟的珠三角和长三角城市群一样，采用验证而不是探索的方法评估协同发展的效果，这也是书的不足以及在后续研究中应该细致入微的所在。本书的创新点在于其研究视角，对于跨区域协同特别是通过区域协同发展的方式振兴辽宁老工业基地。辽宁参与京津冀协同发展，包括京津冀内部的小协同和京津冀—辽的外部大协同两方面的含义，二者既有京津冀协同在前、辽宁融入次之的先后顺序，又不乏因京津冀协同需要转移功能并形成对外联系、因而需要辽宁积极融入并切实提升再振兴能力的时空同步演进性。也即这两个地理单元的融合需要建立在充分考察二者比较优劣势的基础之上，分要素、企业、产业、城市、经济主体、制度、文化、市场等多层次化开展联动，是一项需要长期坚持突进且不可急躁冒进的复杂性系统工程。这其中因本书的研究主体为辽宁怎样主动融入京津冀协同发展，则将主要分析辽宁的比较优劣势、与京津冀的协同现状、存在障碍、突破路径，更多的是立足于借力于京津而与河北互助发展的视角，在京津冀—辽宁这一大理论区域构建相关的中心—外围结构，有利推进以京津为核心的中心区域形成良性辐射。这在辽宁老工业基地振兴和京津冀协同发展的相关文献研究成果中都较为少见。

第三节 相关理论和文献综述

区域协同发展并非仅仅涉及区域经济协同的单一性问题，而是关系到区域经济、政治、社会、环境等多方面内容协调于一体的综合性过程，由此，现实中的区域协同发展也具有多元化的重要理论基础。围绕上述几个方面并针对后文将要研究的几个主要相关问题，将从协同理论、区域协同发展理论、协同中的区域关系、梯度理论、协同机制理论等几方面进行理论与文献的简要梳理。

一、协同理论

在区域经济学中，区位之间的距离是影响区域亲疏远近关系的核心变量。辽宁与京津冀在地理上并非处于相同的板块结构之中，两区域的协同发展初始也并没有诸多实质性的关联，对于这种类型的两区域建立联系实现协同发展一般会基于协同论的理论基础。基于协同论的角度，相互不相关联的两个区域在长期稳定刺激的作用下，也可能产生关联从而实现协同性区域发展。协同论也称为协同学或协和学，是建立在多学科基础上兴起的系统科学的重要分支，1971 年由著名物理学家哈肯（Hermannn Haken）提出协同的概念，并由其在 1976 年完善协同理论。该理论以系统论、信息论、控制论、突变论，以及结构耗散论为基础，主要研究远离平衡态的开放系统，在与外界进行物质或能量交换的情况下，如何通过自身内部协同作用，构建时间、空间和功能上的有序结构。协同论认为，同时存在于宏观经济大环境中的属性和特征千差万别，诸多个系统彼此之间存在着既相互影响又相互合作的紧密关系，主张以全局和整体的视角来规划和协调要素的发展进程和要素之间的关系。协同理论的主要内容可以概括为协同效应、伺服原理、自组织原理三部分。其中，协同效应是指协同作用所产生的结果，即在复杂开放的系统中由大量子系统相互作用而产生的整体效应或集体效应。这种效应的产生主要因为协同作用广泛存在于千差万别的自然系统或社会系统中，协同作用是推动系统有序结构形成的内驱力。当在外来能量作用下或者物质的集聚状态达到某种临界值时，任何复杂系统的子系统之间都会产生协同作用，这种协同作用能够使得系统在临界点发生质变而产生协同效应，从而使得系统由无序变为有序，继而从混沌中产生某种稳定的结构。伺服原理是指系统在接近不稳定点或临界点时，系统的动力学和突现结构通常由少数几个集体变量决定，这时系统其他变量的行为则由这些少数变量来支配和规定，即快变量服从慢变量，少数变量支配子系统的行为。自组织是指系统在没有外部指令的条件下，内部子系统之间能够按照某种规则自动形成一定的结构或功能，具有内在性和自生性特点。在一定的外部能量流输入的条件下，系统会通过大量子系统之间的协同作用形成新的时间、空间或者功能的有序结构。

  协同论在理论层面上阐述了区域协同发展的形成过程和内在机理。首先，协同论说明辽宁参与京津冀协同虽然处于不同的发展阶段和地理空间，但即使区域之间的关联性在短期内相对较小，也能够通过各自分别与外界进行物质和能量交换，促进资源能量在自由或计划的条件下重新配置，刺激区域内部形成协同，继而不断地传导至区外，能够形成跨区域间某种形式的稳定结构，因此这种协同发展具有理论上的可能性，应从全局性战略布局的视角来规划和协调要素的发展进程和要素之间的长期关系。其次，在辽宁逐步融入京津冀协同发展的过程中，初期可能存在因各方面平台发展不健全而出现的无序或简单对接现象，但通过构建区域内部的联系和集聚状态，并给予一定的政策支持和协同机制，能够推进协同作用形成协同效应。这种协同效应随着某指标的集聚发展达到临界值，将会发生突变，激发无序状态的结构和功能重组，从而逐步变得有序。例如当辽宁与京津冀产业协同形成一定的集聚规模时，就会带动整个京津冀辽大区域逐渐向着有序的方向发展。或者说区域之间通过逐步融合而成为更大的区域这一过程，体现着地区层次的外部经济特征，是由经济、社会、城市等各层面集聚形成的集合体，大区域稳定结构的形成离不开集聚经济的外部效果。再次，在现阶段，辽宁与京津冀协同发展的进程取决于具有核心作用的几个子系统的发展速度和水平，如产业协同、科技协同、旅游文化协同和城市发展协同等重要变量的发展进程，也可以说京津冀辽大区域协同发展是各子系统协同发展的综合结果，短期内在某种程度上可以用某一子系统的发展水平来衡量，例如用区域之间联系相对较多的产业协同来衡量，这也是本研究选择探讨这几方面的原因之一。最后，辽宁融入京津冀协同发展在地理空间关系上，将打破原来京津冀协同发展中以北京和天津为中心、河北为外围的空间关系，形成以北京和天津为中心，辽宁和河北为外围的新结构，这一过程有赖于各地理单元内部的核心变量由相对孤立的点状发展过渡到线状和网络发展，这一过程具有一定的内在性和自生性特征，是由各个地理单元和行为主体自身发展需要所产生的自然结果。应用协同发展理论，学者们做了诸多方面的研究，主要涉及产业协同、区域协同、区域与城市协同等，都为辽宁参与京津冀协同发展提供了理论基础和现实依据。

二、区域协同发展理论

区域协同发展是协同理论在现实中区域发展层面的重要应用点。将协同发展的视角定位于区域层次，区域协同发展是一种涉及全方位、多层次、多视角并且内容极为丰富的概念。实现区域协同发展既需要从纵向的角度推进区域自身发展，同时还需要从横向的角度实现区域间和区域内的协调发展，在发展速度上的相对同步性、在发展内容上的相互合作、支持、互补、依赖和促进。其中，区域经济的协同发展是区域之间其他要素协同演化的基础。形成区域之间的协同发展不仅需要区域经济之间的协调，更需要以此为基础搭建相应的信息、人才、科技、文化等协作平台，并以相应的协同政策和机制加以推进和保障。区域协调发展是实现协同发展的重要基础和伴随现象，因此国内对于区域协同发展相关问题的研究也会基于区域协调的视角。经济学家对于区域协同发展的研究由来已久，从德国经济学家杜能的《区位论》开始对区域经济发展的长期研究，继而法国经济学家佩鲁的增长极理论、梯度转移和点轴开发理论、网络开发理论与圈层结构、大推进理论和平衡发展等，对于区域协同发展的着眼点随着现实发展状况和需求的不断改变而逐步演化。

按照区域协同发展的程度和所经历的由低级到高级的一般性发展道路，区域协同运行主要有三种发展模式。首先，区域均衡发展模式。典型的理论基础是主张发展中国家或地区在政府主导下的基础设施和轻工业等产业部门中同时大量投资以获得发展外部性的大推进理论，我国对于该模式的运用主要集中于新中国成立到改革开放前。国家为了通过保持各个产业之间平衡发展的关系来促进区域之间平衡发展，主张资源分配和生产力布局侧重于落后地区从而追求理想的均匀且无差异的平等和平衡，以缩小地区经济差异为直接目的，是水平相对较低的传统区域协同发展理论。其次，非均衡发展模式。典型基础理论有增长极理论强调产业部门、城市或区域中具有非实践性的焦点或者极，每一个中心都会形成对周边区域起到吸收作用或者扩散作用的场域，这些场域之间和极点之间形成关联，带动区域经济发展；倒 U 型发展理论和钟型发展理论，强调产业部门、城市和区域随时间发展会形成具有阶段性变化的成长期、成熟期、稳定期和衰落期等。这种发展模式建立在区域经济发展具有不平衡性的基础之上，认为产业之间或者区域之间发展的短期均衡由一系列不平衡发展形成。进而区域和产业发展所需要的资源配置不应无差别平均分配，而应有差别和重点的选择配给，率先集中优势力量发展具有较大关联效应的产业部门和资源禀赋相对较好的发达地区，并以其为重点和核心扩大和引导对其他部门的资源配备，通过优势地区的发展辐射，支持和带动欠发达地区实现共同发展。我国在"六五"到"八五"期间就采取该发展模式，优先发展东部沿海地区，虽然取得了一定的成绩但也造成了产业同构、地区差异扩大、地方保护主义乱象增多等问题，影响了区域经济协同发展的质量。再次，非均衡协调发展。在党的十六大报告中，促进区域经济协调发展被再次强调。为更好的处理区域共同发展过程中的效率与公平关系，区域发展政策方面开始以注重适度倾斜与协调发展相结合来保持地区和产业直接的协调发展。主要包括地区间政策和资源分配的投入实行地区倾斜与个别需要区域的补偿相结合；适度地区专业化和必要地区专业化相结合的产业发展方式；适度的地理集中与必要的地理分散相结合的经济活动空间分布。这三种模式对于区域协调发展的包容程度依次加深，越来越适合于不同区域的可持续发展需要。辽宁参与京津冀协同发展便是建立在非均衡协调发展这一理论背景下，主张存在禀赋差异的区域按照各自的比较优劣势在不均衡的情况下达到某些层面的协调状态。

根据相关理论和实践，学者们主要基于区域协同发展的含义、影响因素、协同发展的程度、机制以及发展策略五方面展开研究。在区域协同发展的含义方面：大多数学者认为区域协同发展是指区域之间通过建立经济、政治等方面的各种联系，实现由行政分化到相互依存、依赖、相互开放、共同发展从而缩小区域和城市间的发展差距并将其限制在一定范围内的过程，如（覃成林，1996）进一步认为区域之间通过协同发展最终能够实现各个地理单元各自的可持续发展。从这个角度来看，辽宁参与京津冀协同发展对于两个区域自身而言，是不断突破自身非平衡和非协调"瓶颈"的过程；对于区域之间而言，也是相互依赖、相互开放并且在共同的努力下实现可持续发展的过程。有学者将区域协同发展理解为区域经济的协同发展，认为区域经济的协同发展是实现区域协同发展的重要基础，没有经济的协同可以说就没有城市和区域的实质性协同，也就无法实现深层次的可持续性协同。区域经济、政治、环境等因素的协调发展都可能是实现区域协同发展的重要方式,如徐现祥(2005)认为通过落后区域经济增长赶超上发达省区进而实现基本趋同是实现区域协同的方式;再如(曾坤生,2000)认为区域协同发展包括人口系统、区域产业结构、区域资源环境、区域社会环境等多系统协调运行;在某种程度上,这种协调可以通过公共服务均等化予以推进(陈耀,2006)。从这一角度来理解,辽宁参与京津冀协同发展最为重要的基础性环节便是经济协同,实现这一环节通常需要推进产业和市场协同发展,除此之外,在人口、环境、公共服务、文化、科技、发展战略等方面的协同也是提升协同度的重要目标。随着一体化协同进程的逐步推进,可能每一个时间段能够进行的协同内容各不相同,比如在初级阶段注重以产业一体化为主的经济协同,中级阶段注重基础设施和公共服务协同,而高级阶段则注重文化、信仰和核心价值观的协同,上述需要在协同的发展战略和机制下通过构建多样化的协同发展平台予以实现,协同的软硬环境是保障、科技创新和人才是重要的推进力量。在区域协同发展的影响因素方面,资金、人力资本、区位、历史和文化等都是重要的影响区域协同的传统因素,而信息、科技、生态环境是已经兴起的新因素,随着区域联系的日益加深,传统因素的影响力度正在不断下降,而新因素的影响力度在不断上升并且通过传统因素发挥作用(陆大道,2003)。这些因素既是推进区域协同发展的突破口和融合点,往往也因它们自身快速发展的同时相应的区域协同平台没有充分建设而成为短时期内影响区域协同发展进程的掣肘因素。在京津冀辽协同发展的过程中,对于上述因素的全面观察和审视显然不可缺少,充分分析上述因素在地理单元之间存在的差异并以之作为突破口也是现状研究中最为基础的重要组成部分。

在测度协同发展程度方面,学者们采取的方法存在差异。有的以不同地理单元中的人口、资源、环境和社会协调程度代表协同发展程度;有的采用国家发改委宏观经济研究院(2003)的研究成果进行测度,指标体系主要包括:区域人均可支配收入方面的协调程度、区域人均可享有基本公共产品和公共服务方面的协调程度,以及地区发展保障条件方面的协调程度。由此可见,对于区域协同发展程度的度量多半集中于区域协调程度,这主要是源于学者们对于区域协同发展内涵的不同理解,也可以看出区域协同与区域协调具有不可分割的内部联系。在京津冀协同发展过程中国家提出过协调发展,也恰巧印证了这种内部关联。一般情况下,协调可以认为是协同的初级阶段,只有区域之间和各区域内部的城市之间能够充分协调,才能调动区域协同发展的积极性、协调利益分配关系、产业生产进度、要素地区间配置、公共服务跨区域供给等诸多方面能够在超越本地理单元的范围内、跨越空间界线进行关联是推进进一步协同发展的重要环节;与此同时,协同发展是协调发展的高级阶段,更加注重对大区域整体化布局战略和实现模式的把握与构建,可以说没有协调的协同必将延迟实现,而没有协同的协调也不能实现更好的整合从而推进区域或者全国经济更高效地发展。目前京津冀辽协同发展正处于初级阶段,现阶段的任务更大程度上应关注于协调层次。主要体现在了解京津冀和辽宁双方的比较优劣势,辽宁省在行动上根据自身的比较优势与京津冀保持一致,例如某些科技领域的创新和园区建设、公共服务配给完善、旅游文化品牌建设、传统优势制造业转型升级、资源型城市转型升级方面,这也是在为协同发展创造与之融合的机遇。

在协同发展机制和战略方面。区域协同发展有赖于区域之间的市场、企业和政府三者之间的协调与协同,三者在不同地区的协同发展过程中发挥着不同的作用。其中,市场机制是推进协同的最基本机制,市场机制健全能够促进资产和资金的快速流动和合理配置;在市场运行成本过高的前提下,企业作为基本的经济单元对于市场具有替代作用;而面临市场的外部性,需要借助于政府力量予以调节。因此,区域协同发展在更大程度上有赖于市场、企业和政府三者的合理分工和协调运行,制定协同发展机制也应根据不同地区的自然状况,在兼顾各机制主体发展状况的同时协调三者关系区域协同发展战略是在协同发展过程中切实推进实现的具体化措施和实现路径。对于这一方面,学者们一致认为,要素和商品市场化、区域产业协调发展、区域空间结构优化是指定区域协同发展战略涉及到的几个方面。辽宁参与京津冀协同发展包括发育程度不同的区域市场和从属于三次产业的众多企业部门、地方政府和中央政府等诸多层次经济主体。

三、协同中的区域关系

推进区域协同发展，离不开理顺区域之间的关系，这也是提升协同效率的关键一环。区域协同发展是跨越行政区界限形成的全新区域关系，是对传统老旧区域关系的全新整编，这一区域关系转型升级的过程势必动态地涉及对于传统关系的充分认识和对区域内部城市关系的整合，从而推进区域之间增强自主联系这几个阶段。根据区域中地理单元的组成与空间形态，我国现代协同中的区域关系在地理单元层面分为区际关系、城市关系，在空间形态上主要体现为中心—外围关系，在发展程度上形成梯度关系。推进区域协同发展的关键在于正确认识并处理好这几方面关系。

（一）区际与区域关联的建立

在区域协同发展过程中，区际地带对于关联不同的区域起到至关重要的作用。区际是区域之间的行政或经济交接地带，也是能够接收到关联区域共同辐射的政策叠加地区，在理论上，区际地带中的要素流动往往会更为迅速和频繁；但在现实中，因存在区际平台的缺失和复杂的区际利益关系往往导致这一地带难以为区域协同发展做出应有的连接性贡献。在区域经济学中，区际关系通常包括竞争、冲突和分工，它们统称为区域之间的竞争合作关系。相比于区域竞争和冲突，在某种程度上区域分工在国内研究中相对多见，并且被认为是顾全大局、赋予理性的区际发展模式。然而，在地理单元的地方政府治理观念、价值利益取向和发展水平各异的演进现状之下，区域协同在初期和市场高级化发展时期更有可能遇到的是区域冲突和竞争，这种关系如果在一定程度范围内，能够促进区域的良性发展，但如果超出一定范围并出现恶性的竞争和冲突，则会严重地影响区域的可持续发展。在现实中，区域之间的关系演变往往因受到区域以及区域市场发育程度、市场体系健全程度等影响具有动态演进的特征，因此不能简单地判断竞争和冲突就是不良的关系、分工就是优秀的关系。基于这个角度，如果区域之间的竞争和冲突在更大比例上是由市场原因而非行政原因所致，可以认为是区域相对蓬勃发展的标志之一。一些学者认为（王泽强，2008；柳庆刚，2012），普遍发生于区域中的无序竞争和冲突现象主要是因为政府的过度干预，他们中的大多数主张通过制定相对刚性的统一发展规划的方式来促进产业跨区域结构调整来解决区域冲突问题。以实现长三角城市群的协同发展为借鉴（宋巨盛，2003；朱耀人，2003），解决产业同构和无序竞争可以通过建立一个跨区域管理结构，由其根据资源禀赋和地理单元比较优势指定产业优势互补、错位竞争的发展规划。（陆玉麟、董平，2013）认为，以平等协商和行政规划的强制性手段，并不是推进一体化协同发展的最佳选择。构架国家内部良性区域分工，必须承认地方利益、协调各个地方利益，从而形成共赢的国家利益，这需要基于区域竞合理论基础，在协调区域冲突的基础上求得自愿性而非行政性的区域分工。由此可见，辽宁—京津冀协同发展的关键在于将地区之间相对割裂的市场、原本不发达的市场体系和政府利益关系抽象地统一整合起来这就应加大力度逐步寻求市场化的自愿分工路径从而加强区际联系，以更为自然的市场化联系促进区域之间的吸引，进而将现阶段的冲突和竞争顺其自然地转化为地区之间以市场选择为基础的分工协作关系。在推进区域协同发展过程中，理顺不断变化的区域关系关键在于建立区际联系。一般来讲，区际联系是包括区域间经济、政治、文化等多方面的联系网络，是指相关区域在商品、劳务、资金、技术和信息方面的交流，及在此基础上发生的关联性和参与性经济行为。其中，空间相互作用理论认为，只有当区域之间存在对某种要素的供求关系、可达性好并且没有或者少有干扰机会时才会发生空间相互作用。区域分工理论认为，由于各区域存在经济发展条件和禀赋差异，因此在资源和要素不能完全自由流动的情况下，为满足提高经济效益的实际需求，各区域会选择发展具有比较优势的产业在区域之间产生分工。当分工逐步深化从而造成区域经济发展专业化倾向突出、区域竞争加剧继而加深区域之间的相互依赖程度时，便出现了区域合作。由此可见，辽宁—京津冀协同发展应重视建设能够平滑区域要素相互作用的平台和市场环境，激发各地理单元之间的空间相互作用，才有可能进一步实现深入的分工和合作。区域之间可能产生的关联如图1-3所示。

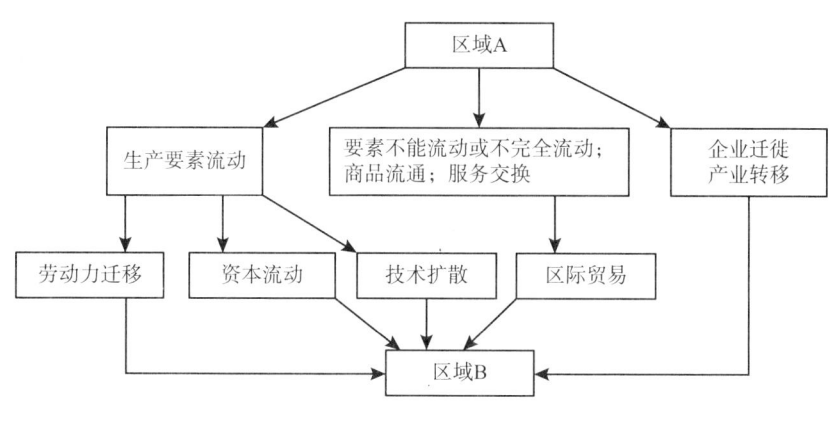

图1-3 区际关联形成示意

(二) 区域中的城市关系

城市是区域经济学中的重要研究对象，可以说区域经济学中所研究的区域可以呈现为各种规模特征的地理单元，包括行政划分单位和经济划分单位的各层次地理单元。县级市、地级市、副省级城市和省会城市可以被看作行政级别依次增加的四类区域，这些级别的地理单元任意组合划分也可以被看作区域，根据克里斯塔勒的中心地理论，高一级地理区域通常会具有低一级地理区域的全部或者大部分发展特征。基于这一角度，我们不难发现，随着城市的发展和城市化过程的不断深入，区域的发展越来越表现为城市和城市化演进的特征。在地理单元构成方面，区域协同发展有赖于城市协同的实现，这一过程往往起始于在不同区域内部的城市之间建立关联，例如一个区域的中心城市通常为这个区域经济和社会相对集聚和发达的增长极，那么这个区域与其他区域之间的关联，可能产生于这个城市与对方区域的城市构成初始关联，继而过渡到关联发出区域的次中心城市与接收区域的次中心城市之间。可以说区域协同发展也是城市协同发展的一种高层次表现形式，并因城市之间协同程度的加深而逐步加深。并且在这一过程中，所属城市与隶属区域的关系变化相互影响着双方各自的形态结构。一方面，城市和区域的关系往往受到受物理邻近性的影响，在演进中最终表现为一组由不同职能和规模的邻近城市所组成的、具有严格和完整的结构的城市等级序列（沈丽珍等，2011）。另一方面，随着交通通达度的不断提升和互联网大数据的普及应用，城市之间的关系格局也被重塑，信息流能够清晰地表征由于城市职能和发展特征不同所导致的城市区域关系的外在差异性（曹子威等，2013）。与区域协同发展相伴随的城市和城市群的发展越来越被国内外社会各界所关注，并已成为极为重要的经济发展集群形式。这表明，在辽宁—京津冀协同发展过程中，也应从城市协同和城市群构建的城市功能定位与分工视角着手，充分注重各类信息网络流的建设，通过城市之间的辐射和吸引，实现对于区域协同发展的实质性转变；与此同时，区域协同与城市协同相辅相成，处理好二者之间在发展中的速度和结构关系，协同城市和区域发展的利益点和进程至关重要。

（三）中心—外围关系

中心—外围理论的演进主要经历了弗里德曼的古典阶段和克鲁格曼的新经济地理阶段。

1. 弗里德曼古典"中心—外围"理论的基本内容

（1）区域均可分为中心区和外围区。中心区是社会经济活动的聚集区，一般指城市或城市集聚区。这类区域工业发达，技术水平较高，资本集中，人口密集，经济增长速度快。围绕中心区分布并受其影响的区域被称为外围区，包括上过渡区域、下过渡区域和资源前沿区域（见图1-4）。中心区是创新变革的发源地，资本、技术和政策上都具有明显的优势，可发展那些受原料区位变化影响较小的服务业和高科技产业。中心区政治机构集中，处于稳定发展和支配地位。由于核心增长区的繁荣大大刺激了相邻区域的发展，投资不断增加，资源利用和农业发展的集约化程度不断提高，人口迁移量不断上升。与外围区域相比，环绕核心区的周围区域显示出经济上升的趋势，形成上过渡区域。而下过渡区域多位于偏远的农村，还包括原料枯竭、老工业向衰退方向变动在内的区域，该区域的农业呈停滞状态，产业结构老化，效率低下，粗放型经营生产方式为主，人口向外迁移。资源前沿区域是指那些富有待开发的资源，对区域发展有极大潜在价值的区域，一般位于两种过渡区域之间。中心区与外围区之间存在着一种密切的社会经济联系，共同组成一个严整的空间系统，亦即结节性区域。

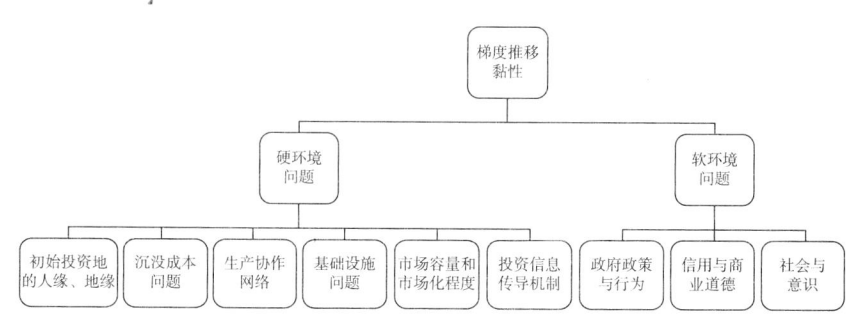

图 1-4　梯度推移黏性因素示意图

资料来源：魏敏，李国平. 基于区域经济差异的梯度推移粘性研究 [J]. 经济地理，2005，25（1）：33-37.

（2）中心区和外围区的相互作用。一方面，中心区从外围区集聚生产要素产生出大量的创新（材料、技术、社会和文化体制等）；另一方面，这一创新又源源不断地从中心区向外扩散，引导外围区的经济活动、社会文化结构和聚落类型的转换，从而促进整个空间系统的发展。同时，这两类区域之间还存在着决策的传播、移民的迁徙和投资转移三种基本的空间作用过程，各种空间作用的力度也不均衡。中心区对外围区所具有的支配和控制地位可描述为六大反馈效应：①从外围区净获得资源的支配效应；②因各种要素增长、潜在相互作用增强和创新速度提高，给中心区带来的信息效应；③因创新机会多且预期成功率高而使创新者向往中心区的心理效应；④因转变价值观念、行为方式和组织机构，而有利于创新出现的现代化效应；⑤因一种创新的产生而引致其他创新出现的连锁效应；⑥因扩大规模经济和降低创新成本引致更多创新性产业配置的生产效应。在成功的经济增长过程中，上下过渡区、中心区和资源前沿区四种空间子系统的边界将发生改变，并使空间关系重新组合，这一过程将按照一定的秩序进行，直到实现完全的空间经济一体化。（3）区域经济空间结构演化具有阶段性。区域经济增长的同时，必然伴随着区域经济空间结构的变化，这种变化历经前工业化阶段、农业社会阶段、工业化阶段、后工业化阶段四个阶段。各阶段都反映了中心区域与外围区域关系的变化特点。经过四个阶段的演变，由最初的区域不平衡逐步形成功能各异的城市集群系统。

2. 新经济地理学学派的"中心—外围"理论模型

中心—外围模型是克鲁格曼在新贸易理论研究基础上发展起来的。克鲁格曼认为，在中心—外围结构形成过程中，垄断竞争厂商根据其在不同区位的获利能力决定生产区位，而其生产区位的决定将产生三种不同的经济效应。（1）市场通路效应（又称需求关联或后向关联）。一个厂商从其他区域迁往本地将使本地劳动力需求增加，当劳动力可在不同区域流动时，将吸引劳动力流入并使本地需求增加，本地需求的增加将使本地厂商的利润增加，继而又进一步吸引更多厂商进入，进一步产生需求关联。这一过程将循环反复，通过一个积累循环过程实现聚集经济。（2）生活费用效应（又称成本关联或前向关联）。一个厂商从其他区域迁往本地使本地厂商数量增加，而在一个厂商数量增多的区域，消费者需要从区外购入的商品种类减少，从而支付的贸易成本下降，这意味着本地生活费用下降和实际工资水平提高。工人受吸引而大量流入，引起劳动力供给增加和本地名义工资下降，使得厂商生产的平均成本和边际成本下降，本地厂商利润增加。厂商利润的增加又进一步吸引更多厂商进入，并进一步产生一个不断自我强化的循环累积过程。（3）市场挤出效应（又称竞争效应）。一个厂商从其他区域迁往本地使本地厂商需求减少和边际收益下降，这使本地厂商利润减少或亏损，厂商为获得正常利润而降低工人的名义工资。在其他条件不变时，这使本地对工人的吸引力低于其他地区，劳动力从本地流出，产生一个不断自我强化的循环累积过程，从而抑制了集聚。当本区域需求关联和成本关联所产生的向心力大于市场挤出效应所产生的离心力时，经济活动趋向于在本区域集聚，所有制造业厂商被吸引到本区域，本区域发展成富裕的中心区域，而其他区域发展成贫穷的外围区域；当本区域需求关联和成本关联所产生的向心力小于市场挤出效应所产生的离心力时，经济活动趋向于扩散，各地形成类似的生产结构，经济趋于收敛。向心力和离心力都会随着贸易成本下降而减弱，但离心力减弱程度更大，这使中心—外围结构形成呈现出突变的特征。当贸易成本较高时，离心力大于向心力，厂商生产区位变化并不能改变两个区域对称的生产结构。但随着贸易成本下降，离心力比向心力减弱更快。当贸易成本下降到某一临界水平时，向心力超过离心力，集聚发生，所有制造业厂商被吸引到本地，两个区域内生为工业化的中心和非工业化的外围。

由于古典"中心—外围"理论与新经济地理学派的"中心—外围"理论产生的时代背景不同，前者更多的是借鉴熊彼特的创新理论、佩鲁增长极理论以及刘易斯二元结构理论，在极化空间的理论假设中分析区域经济空间结构的演变，其动力机制是极化和扩散效应，具有空间的接近性、区域性、闭合性特征；而新经济地理学在全球化视角下，利用国家竞争优势理论、空间竞合理论，通过同质空间的假设，构建空间结构和空间组织模型，分析空间结构的演变规律以及其动态平衡与协调发展，具有空间自由性、可分离性、开放性特征。总之，两种分析框架都说明经济发展过程中，在区域结构上必然形成"中心—外围"这一空间结构模式。

目前，核心边缘理论主要应用于解释城市与乡村的关系、国内发达地区与落后地区的关系、发达国家与发展中国家的关系。以中心—外围理论为基础的中心—外围关系，在现代逐步融合的区域与城市关系中得到越来越明显的体现。在区域发展走向一体化协同的过程中，往往伴随着区域之间、区域与城市之间空间关系的转化，在这种转化中区域之间的关联逐步密切，并形成了以经济社会发展程度为主要衡量标准的中心城市和外围城市、中心区域和外围区域结构。这种长期非均衡演变趋势中的经济系统空间结构，在中心区通常表现为发展条件优越、经济效益较高、从而处于能够更好地吸收资源并在达到一定程度时向外辐射进而带动周边地区发展的增长点或增长极地位；而外围地区则发展条件相对较差、经济效益相对较低，往往处于资源被吸引、接收来自极点辐射的相对从属和被支配地位，现在的省会城市和城市中心商务区与周边城市或者周边地区便是行政体制下中心—外围关系的具体范例。中心—外围关系的形成主要源自经济发展对于要素区域间流动与重新配置的导向和自然选择。在区域的经济发展初期，往往因行政强和市场弱而导致中心与外围的二元结构相对明显，并体现为一种区域空间上的单核结构，随着经济发展的逐步高级化，单核结构逐步衍生出区域空间经济结构中的经济集聚"点"，它们主要表现为城市和城镇中的潜在发展能力，随着经济联系的逐步加强，信息网、物流网、基础设施网、市政服务网、市场交易网、产业连锁网、商贸服务网、社会保障网等逐步形成，不同的"点"和"网"关系，构成相异的空间经济结构。辽宁参与京津冀协同发展在现阶段的城市空间关系上主要体现为，综合实力强和具有比较优势的城市处于中心点状态，如北京和天津，发展水平相对次之的城市处于次中心点状态，如唐山、石家庄、保定、沈阳、大连，这些中心城市之间正通过比较优势的空间溢出和市场关联的日益完善，在政策的驱动和合作的推进之下，形成对于各自所在区域或强或弱、影响半径或长或短的区域内或者区域外辐射与被辐射，在这一过程中，各种类型链接中心城市与外围城市的网络正在形成或者正在构建。极大限度地通过市场化的手段促成相关网络和平台的形成，是京津冀辽大区域在多中心、多层次外围并存的空间经济关系中加速协同一体化的必要途径。

(四) 区域梯度关系

区域协同发展的过程中还需要借助于由于存在区域发展差异而形成的区域梯度关系,特别是要关注产业在区域之间的梯度转移现象。区域产业梯度转移理论以汤普森提出的工业区生命周期理论为基础,区域梯度理论源自于赫克曼和威廉姆斯的不平衡发展理论。在工业区生命周期理论中,汤普森认为,判断一个工业区生命周期阶段的指标主要有:①区域内的劳动力成本、地价、税收、机器厂房的新旧程度和企业的管理技能等生产要素特征;②区域内产业结构中占主导地位的产业竞争力;③整个区域在市场竞争中所处的地位。他以美国的新英格兰地区(包括美国东北部的康涅狄克州、缅因州、马赛诸塞州、新罕布什尔州、罗得岛州和佛蒙特州)为例,剖析了该地区从年轻到年老的演变发展过程。第一阶段为年轻阶段。处于年轻阶段的工业区,技术创新或技术引入活跃,经济增长迅速,市场急剧扩张;区域的比较区位优势明显,生产成本低,资本、科技人员和管理专家等来自区外的生产要素净流入量大;年轻阶段的工业区具有明显的市场竞争优势。第二阶段为成熟阶段。当工业区发展至成熟阶段,区际竞争渐趋激烈;工业区仍保持比较区位成本优势且对其他区域而言处于主导地位;区域内企业在区外设立分厂,具有专业知识和管理经验的人员被输往区外,区内生产要素输出量大。第三阶段为老年阶段。处于老年阶段的工业区,其原有的成本优势丧失殆尽;市场明显转移;厂房与机器过时,税收剧增,土地的过度使用造成拥挤现象;技术和管理人才外流;原有新兴产业沦为衰退产业。处于老年阶段的工业区若不及时地调整产业结构并再创新,则会丧失活力演变成萧条区。区域梯度理论源自于赫克曼和威廉姆斯的不平衡发展理论,由区域经济学家克鲁默和海特等在20世纪60~70年代创立。该理论认为,地区之间区域经济发展水平所存在的差别和由低水平向高水平过度的空间变化过程,广泛地由梯度表现出来。我国学者对于梯度概念界定的代表性观点如表1-3所示。

表1-3　　　　　国内区域经济学学者关于"梯度"概念界定的代表性观点

学者	视角	基本观点
刘再兴	综合空间分布差距	梯度是指事物的空间分布在一定方向上呈有规则的递增或递减现象。是否存在着梯度分布，取决于是否存在着梯度差。梯度差即扩散地区与接受地区在经济水平、技术水平、人才知识水平、社会文化环境等方面的综合差距
周起业	区际经济发展水平差别	梯度被广泛用来在地图上表现地区间经济发展水平的差别，以及由低水平地区向高水平地区过渡的空间变化历程
刘茂松	区际经济发展水平差别	梯度是指产业布局一般都是由中心地向周围辐射，导致经济技术水平逐级递减而形成的地区间经济发展水平的差别
陈秀山 张可云	区际经济发展水平差距	区域梯度是区域间经济发展差距在地图上的表示。若将全国各个区域的经济与技术发展水平在地图上标出，然后将数值相同的点连接成线，就会得到一张区域经济梯度图
武友德	区际经济发展水平差异	梯度是指地区间的经济发展水平差异，以及区域经济从低水平阶段向高水平阶段过渡的空间变化过程。任何一个区域，都不同程度地存在着内部经济技术发展不平衡问题，客观上形成一种空间景观差异

资料来源：刘再兴. 论梯度理论——兼评《论中国工业布局的区位开发战略》[J]. 经济问题，1988（6）：2-8；周起业，刘再兴，祝诚，张可云. 区域经济学 [M]. 中国人民大学出版社，1989：122；刘茂松. 反梯度推移发展论 [M]. 湖南人民出版社，2001：21；陈秀山，张可云. 区域经济理论 [M]. 商务印书馆，2003：333；武友德，潘玉君等. 区域经济学导论 [M]. 中国社会科学出版社，2004：167-168.

在各区域因自然条件、经济基础和社会环境各异而导致的不平衡发展过程中，经济的发展水平和潜力按照水平高低形成梯度排列，并会基于这种空间排列形成空间推移。反映在产业梯度方面，区域经济的发展取决于其产业结构的状况，而产业结构的状况又取决于地区经济部门，特别是其主导产业在工业生命周期中所处的阶段，产业结构的优劣是区域经济盛衰的主要因素。如果一个区域的主导专业化部门主要由处在创新兴旺阶段的部门组成，说明这个区域经济实力雄厚，为高梯度地区；如果一个区域的主导专业化部门主要由处在成熟阶段后期或衰退部门组成，则这个区域经济处于低梯度地区。区域梯度产生并能够逐步推移，主要发源于高梯度地区源源不断的创新，这种创新与落后产业所在的低梯度地区形成落差，并随着高梯度地区相对成熟产业和技术扩散向地梯度地区转移，由此形成由高至低的梯度转移推进格局。在现实中，这种梯度转移主要通过两种方式实现，由创新源地由近及远向与其经济联系比较密切的临近城镇转移的局部范围推移和由创新源地按照城镇登记系统、跳跃式向全国或者更广阔的地域转移。进一步地，在动态表征方面，区域梯度推进过程也是极化效应和扩散效应共同作用的结果，这一过程同时使得经济高度向极点集中的同时扩散并带动周边地区发展。高梯度地区往往会因具有相对强大的科技实力、便捷的交通和通讯联系以及完备的基础设施和协作条件、丰厚的资本等并发挥经济效应和乘数效应来推动本地发展，在极化效应的驱动下，区域经济便会进一步向高梯度地区集聚。与此同时，扩散效应使得那些处在较低发展梯度上的国家与地区的经济可以得到较快发展。但一般这种梯度的转移过程会存在一定的黏性因素，影响这一过程的进化速度。如图1-4所示，这些要素也是产业梯度转移或区域梯度转移中应充分关注的领域。因辽宁与京津冀在区域内部的经济、社会等诸多方面自然地形成了梯度差异，所以在形成协同发展格局的过程中会频繁地出现区域梯度转移的现象，这也是地理单元之间相互融合的一种重要途径。

第二章

辽宁—京津冀区域协同发展现状

辽宁参与京津冀协同发展是在发展禀赋、拥有资源、所处发展阶段、内部关联密切度各不相同的两个区域之间建立经济和社会发展联系的系统性工程，诸多内外部环境和平台需要逐步建立在社会成本与收益充分权衡的基础之上；与此同时，为了能够建立更为高效和能够实现可持续发展的高质量地区关联，市场与行政力量密切配合至关重要，立足于辽宁省，了解自身和对方发展现状对于准确定位自身在京津冀辽大区域之中的角色和职能分工大有裨益。

第一节 辽宁与京津冀区域发展现状

动态性地了解辽宁省与京津冀区域的发展现状是研究辽宁省如何参与京津冀协同发展的基础性重要环节。特别是在宏观经济新常态运行的背景下，两区域的发展现状和存在问题除历史遗留之外也发生了诸多新变化。

一、辽宁区域发展现状

（一）自然状况与城市格局

1949年，辽宁省曾具备非常雄厚的重工业基础、装备制造业发展水平位于国家前列，成为富甲一方的高速发展潜力地区之一，是中国重要的老工业基地，也是东北地区最为发达的省份。辽宁省所辖14个地级以上城市，地理面积14.8万平方公里，人口约4 391万人，以沈阳和大连为核心城市，并分别以之为极点形成具有一定辐射范围的城市群即沈阳经济圈和辽宁沿海经济带，并由这两个城市群中的一些主要城市形成辽中南城市群，形成辽宁省经济社会发展的核心地带。作为东北经济区和环渤海都市圈的重要组成部分，辽宁中部城市群（沈阳经济圈）处于东北亚区域的中心地带由沈阳、阜新、铁岭、辽阳、营口、本溪、抚顺、鞍山八个城市组成，是东北地区最大的城市群和发展程度最高的经济核心区，也是东北亚地区较为少有的密集都市集中区，更是全国最为重要和具备发展潜质的经济区之一。该区域具有东北地区最大的铁路交通枢纽和四通八达的高级公路网络、国际航空港拥有7 500万吨以上的吞吐量，具有较好的原材料工业、装备制造业、石化工业、国家精细化工和催化剂产业发展和水资源、农业资源、矿产资源存储的比较优势；产业互补性和关联性相对较强，形成矿产、能源开采和运用、冶金、机械装备制造等产业发展链条。该城市群是以沈阳为中心，通过与周边城市的吸引和辐射建立起多方关联形成的区域经济共同体，是辽宁省内协同程度相对较高的城市群。但该城市群内部的产业链条发展程度基本处于由产业部门中的企业地理集中特性向产业集中特性转化也即产业部门集聚向产业链条构建的转型时期，产业链条内部的价值链尚未构建全面，产品附加值相对较低；与之相似，辽宁沿海经济带主要在港口、外贸、金融领域重点发展，与辽宁中部城市群产业关联度相对较低，形成了各自发展的局面，因此辽宁省的主要城市与城市群分工效率相对较低、城市群协同格局相对松散，形成一定程度上的分块化"孤岛经济"特征。

（二）区域经济发展现状

1. 经济增速

从2003年至今，辽宁省在东北振兴的政策推动下得到了一定的发展，成为东北三省中发展优势最强的省份。然而近两年随着宏观经济步入新常态,辽宁省经济增长速度位居全国后位,经济增长乏力、诸多亟待调整的结构性问题逐步浮现出来。在经济增长方面,如图2-1所示,从2000~2013年辽宁经济增长率均在全国平均水平之上,尤其是在2003年中央提出振兴东北老工业基地之后到2013年辽宁经济增速平均处于10%左右,在2007年时最高达15%,2000~2012年一直是全国经济增长的排头兵。在2008年和2009年经济有所下滑,2010年经济增速再次增至14.2%,从2010年之后开始一直下滑,最终滑落到全国平均水平之下,尤其是从2013年之后,2014年经济增长率为5.8%,低于全国平均增长速度1.5个百分点,2015年辽宁省经济增速为3%,低于全国平均增速6.9%的3.9个百分点,成为全国31个省市经济增长率最低的一个省份,在2016年上半年经济增速为-1.0%。辽宁经济出现了"断崖式"下滑。

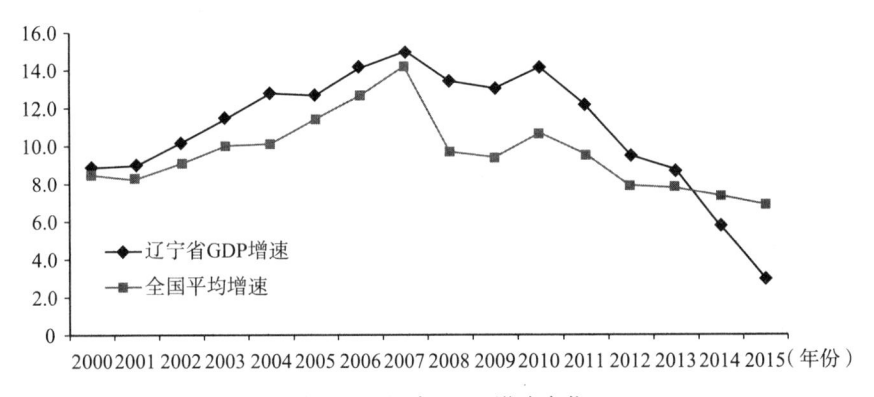

图2-1 辽宁GDP增速变化

资料来源:《中国统计年鉴》。

2. 产业结构

如图2-2所示,辽宁省生产总值一直在增长并在各次产业结构方面发生了不同的变化,第一产业的产值变化很平缓,第二产业的产值变化同全省总产值的变化趋势基本相同,第三产业的产值一直再增加。其中,第三产业产值在2015年超过了第二产业的产值,已经实现了"三二一"的发展形式,但这在一定程度上只能说明正是因为第二产业的萎缩导致第三产业超过第二产业,并不是第三产业增长过快或者发展质量的快速提升超过了第二产业、或由于第二产业已经发展到一定水平导致其需求极大地激发了第三产业的发展壮大,可以说辽宁整体经济出现下滑和第二产业的萎缩直接有关。在第二产业内部,重化工业出现产能过剩,第三产业中的房地产业也出现库存过多的过剩问题,因此透过三次产业发展数值和趋势的表现去观察内部的本质,提升三次产业质量和优化结构的问题仍然是辽宁省再振兴的首要难题。依靠装备制造业、重振装备制造存量优势,借助于京津冀的产业的优势进行互补,大力发展现代服务业、特别是生产性服务业,使之成为促进传统装备制造业转型升级的重要推力尤为重要。

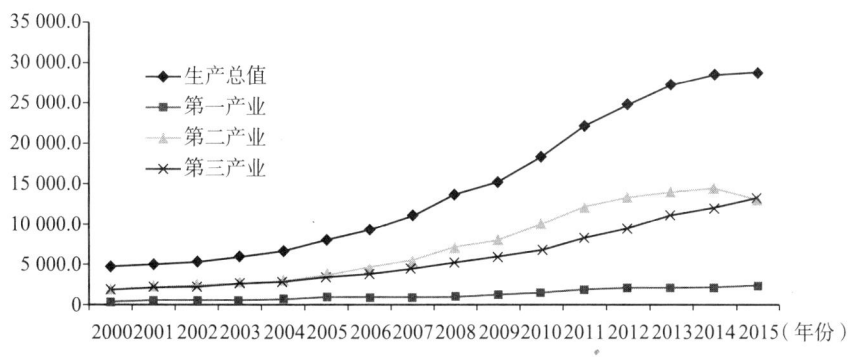

图 2-2 辽宁省生产总值及三大产业的产值变化趋势

资料来源:《中国统计年鉴》。

3. 各要素投入和使用状况

在劳动力方面,辽宁省就业人数近三年呈总体上升趋势,变化幅度相对较小。从劳动力的人口结构来看,16~64岁阶段人口比重最大占70%以上,这也是辽宁省劳动力所处的年龄范围;但是随着人口红利流失和老龄化时代的到来,在16~64岁劳动力适龄人口比重变化不大的情况下,辽宁省65岁及以上人口比重不断增加,对于未来辽宁经济发展会产生一定制约作用。在资本方面,辽宁省实际利用外商直接投资额基本保持逐年增加的态势，有个别年份如1999年、2004年、2005年以及2014年出现了负增长。整体来说，增长率波动较大，增长最快的时期是2006年，增长率达到66.85%。自2006年起，增长率呈现逐年递减的情况并且下降速度较快。从横向上看，FDI主要投向制造业和房地产业，而交通业、科学研究等行业则投入较少，构成了房地产产能过剩的一个原因。从纵向上看，2004年制造业、房地产业及建筑业三个行业就占据了80%以上的比例，外商投资范围十分狭窄；2005年起增加了信息传输、计算机服务和软件业这样的新兴行业，之后还有租赁业、居民服务业等，但是到2010年外商投资行业仍然相对较小；2011年电力、燃气行业占比2.3%并且2012年增加到10.5%。总之，辽宁省FDI行业分布逐渐趋于合理，但是科学研究、技术服务行业占比仍较小。固定资产投资规模偏小并有所缩减，从资金来源看，国家预算内资金所占比重最小，平均保持在4%左右，国内贷款占比相对较高，保持在13%以上，自筹投资是绝对主力，比重达到70%以上，其他投资的比重在逐年减少。在技术方面，研发投入与全国水平相比明显落后；企业科研投入在大中型工业企业中，科技经费支出很少，仅占营业务收入的1%，尤其近几年更是有下降趋势，企业缺乏创新意识，同时新产品开发的经费支出增长速度有所放缓。科学技术在财政支出中所占比重约2%，明显少于教育、社会保障及城乡社区事务支出。这也是导致辽宁省传统产业难以快速转型升级、整体科技创新水平较低、创新创业的市场行为在传统体制下难以发挥出活力的重要原因之一。[①]

（三）辽宁区域发展存在的主要问题

在宏观经济发展进入新常态期间，辽宁省区域经济运行也进入新常态，暴露出诸多结构性问题，导致东北现象在新常态下转化为"新东北现象"，这些现象表面看上去是外需不足、投资拉动减弱、但实质上是没有解决好的传统产业发展困境和老工业基地深层次矛盾的集中爆发，

---

① 《中国统计年鉴》。

以及长期以来缺少对于产业协同发展、省内外区域协同发展的关注与重视。主要表现为以下几个方面。

第一，产业结构不合理，工业增加值降低，产业结构升级缓慢。规模以上工业增加值呈现负增，固定资产投资也持续减少，税收下降幅度明显，地方政府到期债务数量庞大、债务压力大。在整体产业发展格局上，辽宁省经济发展重视重工业，重工业行业集中体现了产能过剩。传统地以消耗原材料为主要特征的粗放型发展模式，面临着丰富物质基础在不可持续性开发和利用条件下的资源枯竭"瓶颈"、生产工艺和基础设施都出现老化，导致产业链和价值链处于业态演变的低端时期，严重影响了产业发展的效率。以钢铁产业为例，近年来钢铁国际市场价格持续走低，辽宁省钢铁产量却不断提高。虽 2015 年实现降产，可是辽宁省以重工业带动经济增长的产业结构依旧表现为大型国企处境困难、盈利微薄，所以目前辽宁省去产能、弥补创新短板、进行产业结构优化升级势在必行。但因省内产业分工结构较为相似并且缺乏高级附加值的带动，因此产业结构的优化升级应考虑转向省外协同发展。第二，投资边际效益降低。由辽宁省政府和社会资本进行的合作项目，投资针对的依然是基础设施领域，这在一定程度上拉动了目前辽宁经济发展的需求动力，但也给经济发展带来了不利影响，如政府持续扩大的投资规模会导致投资边际效益下降、难免重复建设，从而削弱投资的实用性和经济性等。这就需要展开公私合营的运行方式，充分引进市场竞争者。第三，传统工业日渐式微，辽宁省传统工业的生产方式落后于时代发展的步伐，再加上土地资源紧张、环境污染严重等不可持续性问题，使得新兴企业避而远之。第四，对外开放水平低。辽宁省作为沿海工业大省，与日本、韩国相邻，是整个东北地区对外发展的窗口，产业特征和区位优势明显。但在长期发展演化的过程中，经济的外向程度不高。外贸依存度长期低于全国外贸依存度水平，自 2003 年以来呈持续下滑趋势到 2013 年已下降到 26.14%。近年来出口和进口的 GDP 占比整体呈下降趋势。第五，体制积弊阻碍市场活力有待释放。辽宁老工业基地是我国进入计划经济体制最早、退出最晚、执行最彻底的省份，曾为共和国的工业发展和经济增长做出过巨大贡献。但在当前的经济转型发展、增速换挡、结构调整时期,其体制机制弊端集中显现出来。资本形成总额对辽宁省经济增长贡献率仍最高,拉动也最大,消费在近年来逐渐下降,而货物和服务净出口对 GDP 的贡献则长期为负。辽宁省当前的经济增长主要靠政府投资拉动,消费基本保持稳定,体现产业国际竞争力的货物和服务净出口则没有实现对经济的有效拉动,经济增长的内生动力明显不足。第六,高技能人才稀缺。根据统计,目前辽宁省技术工人约为 419 万多名,其中高级技工约占 18.8%,技师以上约占 3.27%,这一比例超过了全国的平均水平,但是与发达国家的比例却有较大差距。[①] 一直以来,受传统观念束缚和社会认知偏差的影响,在生产一线工作的技术工人不但不被人们所重视甚至受到大家的鄙视。一方面技术工人学历水平明显较低,从事复杂工种的能力较差,容易被市场淘汰,另一方面也影响到了企业自主创新能力的提高。第七,在全省的城市化发展方面,辽宁城市化出现了整体速度高与质量低并存、发展后劲不足,个体区域间发展非均衡、小城镇问题多的现象等问题倾向,与新型城镇化的发展初衷出现偏颇。这严重影响了新型城镇化作为辽宁省"十三五"时期"六个增长点"之一的动力效应的发挥,也为以其为载体的其他增长动力的发挥造成严重负面影响。

二、京津冀区域发展现状

(一) 自然状况与城市格局

京津冀都市经济圈由北京、天津以及河北省的石家庄、唐山、秦皇岛、保定、廊坊、沧州、承德、张家口、邢台、邯郸组成。这些城市地跨三个省市,包括首都、省会和计划单列市、普通地级市三个行政级别,常住人口约 10 800 万,国土面积约 12 万平方公里,在产业内容

---

① 《中国统计年鉴》。

上主要以汽车工业、电子工业、机械工业、冶金工业、高新技术产业、金融业为主,是中国主要的高新技术和重工业基地,也是中国第三大城市群和增长极。多年以来,京津冀一体化协同发展一直是国家和社会各界尤为关注的热点问题。从1982年在《北京城市建设总体规划方案》中提出构建双重"首都圈"设想至2014年上升为国家战略再到《京津冀协同发展规划纲要》获批,京津冀一体化进程一直在提速、区域合作机制和平台正在加快形成、政策配给逐步完备。京津冀区域所辖的京津和河北10个地级以上城市在城市分工、资源禀赋和经济发展所处阶段上存在较大不同。从产业结构层次来看,京津冀整体处于"321"结构,第一、第二和第三产业京津冀占全国比重分别为7%、10%和12.6%。其中,北京形成"三、二、一"的现代化产业结构,现代服务业和科技创新具有显著的绝对优势,处于后工业化发展阶段。天津第二产业比重大,第三产业接近第二产业,第一产业比重很小,处于工业化发展中后期,具有港口、制造业、金融等多方发展绝对优势。河北省由相对较多的地理单元组成,处于工业化初级向中级过渡阶段,第二产业比重大,第三产业和第二产业与第一产业差距没有北京那么大,差距比较小,并且省内城市比较优势和发展水平存在差异。石家庄和唐山分别为南部副中心城市和东北部副中心城市,主导加强京津功能分工和配套协作,石家庄市确定铜冶、上庄、冶河和岗上四个新市镇,以及良村开发区、化工园区、信息产业基地、装备制造基地和空港工业园五个产业园区来推进新型城镇化建设;石家庄市具有强大的交通实力,是全国高速公路、高速铁路网、普通铁路网、民用和军用航空枢纽,具有多个产业基地如半导体照明产业、卫星导航产业、生物医药产业、服装皮革产业和动漫产业基地,在电子信息、医药、装备制造、循环经济、纺织服装、文化创意、商业、科技服务、精品钢、会展业均具有全国范围的比较优势。张家口和承德具有生态优势和文化旅游优势,在旅游资源、农业资源、矿山资源、风能水能资源等方面具有绝对优势。秦皇岛具有滨海资源优势,是打造服务首都的特色功能城市,邯郸是晋冀鲁豫中心城市等。唐山作为河北省的经济中心,拥有门类齐全的工业体系,包括钢铁、冶金、陶瓷、机械制造、精密仪器和海洋化工等,同时还是重要的航运物流中心、世界级新型工业化基地。

(二) 区域经济发展现状

京津冀包括北京市、天津市和河北省。河北省环绕京津,是京津地区的腹地。据北京市统计局、国家统计局北京调查总队发布的京津冀协同发展相关报告称,2015年京津冀三地GDP为69 312.9亿元,占全国的10.2%。京津冀地区是我国的政治、文化中心和近代中国的经济中心,是高新技术产业、装备制造业和重化工业基地,是我国参与国际经济交流与合作的重要门户之一。

首先,城市经济联系逐步加强。京津冀区域主要城市经济联系增强。自"十一五"以来,河北省与京津两市在经济社会的部分领域联系逐渐增强,是京津重要的物流腹地和物资供应地。河北人口密度相比京津低很多,具有突出的腹地空间和土地成本优势;随着京津冀交通一体化合作的加深,区域一体化交通运输保障体系逐渐成形。河北省工农业区位优势突出,主要工农业产品产量位于全国前列,在京津地区有较高市场占有率。京津冀通过加强旅游市场合作开发,推动旅游规划衔接,联合开展景区联票、项目招商和宣传促销等活动,旅游市场一体化进程加快。但仍存在着中心城市与非中心城市之间的经济发展不平衡,产业结构差距大,二元经济结构突出等现实问题。其次,产业转移初步形成。从城市间转移来看,北京是我国首都,天津是我国四大直辖市之一,它们的产业发展拥有的人才资源、资金、技术资源等来满足构建产业结构的需求,拥有较高的产业结构层次,并对周边地区经济发展产生较大的影响。北京、天津以项目为载体,主动合作加强。河北面向京津地区大力招商,优先发展高新技术产业和环保产业,并成功吸引了一批京字头、国字号的战略合作伙伴。从产业层次转移内容来看,基于农业产业链的角度,京津冀三地具备了一个较好的初步合作;在工业方面,不管产业链上下游的角度还是产品价值链的角度,三地都有互补态势;产业转移方面存在的问题主要包括产业转移范围不够、产业转移层次不高。再次，交通网络逐步完善。在交通方面，京津冀地区现阶段已经达成了比较良好的合作，在该地区内，已经形成比较完善的"三小时交通圈"，和国省干线相连的高速公路数量多达35条，在港口吞吐能力上，该地区的港口吞吐量达到7.5亿吨，占全国港口吞吐量中的16%。最后，资源环境问题日趋严重。以PM2.5为代表的大气污染加剧。京津冀区域各地区的污染物在不同的气象条件下彼此扩散、叠加。京津冀区域城市间大气污染相互影响明显，相邻城市间污染传输影响极为突出。以北京为代表的大中城市PM2.5都出现爆表现象。北京周边的石家庄、保定、邢台等多个城市的空气质量均为差。水资源供需矛盾突出。京津冀是典型的资源性缺水地区，在多年的发展过程中，京津冀地区始终受到缺水的严重困扰和水荒的威胁。水是京津冀地区发展的重要制约因素。海河流域水污染问题非常严重。目前，海河流域是全国污染程度最高的流域，污水排放量远超于水体纳污能力，该流域有超过2/3的污水无法得到处理。环境一体化协同发展成为京津冀区域协同发展的重要目标之一。

（三）京津冀区域发展存在的主要问题

京津冀都市圈内部的协同发展是多地区政治、经济、体制机制等多重因素中和作用的复杂性系统工程。在京津冀都市圈协同发展的过程中，经济区划和行政区划不相协调一直伴随并在一定程度上影响了区域一体化协同发展的质量和可持续进程。虽然京津冀协同发展作为国家战略取得了一定的成绩，但仍然存在着诸多问题亟待解决。首先，在京津冀都市圈内，作为两大核心城市的北京和天津在一定程度上存在产业同构问题，这两个城市的同构产业部门集中在电子、机械、冶金和医药制造等，并且在协同发展过程中直接导致两地在资源、能源、项目和市场方面的激烈争夺。在这一争夺过程中也伴随着京津市场潜力的不断加强和市场经济的逐步激活，吸引了物质、政策和公共服务资源的配置和流向集中于京津。与此同时，河北省经济社会发展相对落后、省内也在一定程度上出现产业内容的同构，并且在参与京津竞合发展的过程中无力涉足，对于资源和政策优惠的吸引明显较弱，反倒出现了被京津吸收并且日益下滑的空心地带，如环京津的贫困小城市带。区域合作制度或政策优惠在城市之间配给非均衡、京津和环京津贫困带的城市之间二元化显著等问题，严重影响了城市群的可持续发展和国际竞争力的提升。其次，京津冀区域内部还没有形成具有创新能力和发展潜力的产业链和产业集群，金融、信息服务和现代制造业的产业链延伸比较欠缺、产业跨区域合作较难。与此同时，京津的领先发展使得两地城市病、社会问题和环境问题激增，特别是北京亟待转移诸多城市功能，这一时期的产业链断裂特别是河北省的发展能力暂时无力高质量地承接来自京津的转移，而京津也涉及转移后对本地经济社会可持续发展的接续影响，这种困境降低了京津冀可持续发展能够落实到实处的质量和效率。再次，因经济发展水平和开放度存在的极大差异，京津冀都市圈形成了京津为大中心、河北省内又分为次中心和三级中心的城市发展非均衡空间格局。因此，一方面京津冀协同以京津辐射河北和河北借力于京津冀为长期的基础性发展模式，另一方面也存在着河北省逐步参与并融入京津冀协同发展，通过省内中心城市对省内次中心城市间接带动的发展次序问题。最后，促进一体化的体制机制尚未形成。行政体制障碍突出。京津冀区域带有相对明显的政治属性。长期以来"京津冀"内部地区由于行政地位的对立，导致区域经济协同发展的局面难以形成，行政区经济封闭的旧有格局依旧有较强的影响力，体制性障碍、行政功能已成为京津冀区域经济一体化进程中的主要难题。生态补偿机制尚未建立，多年来，河北张家口、承德等地区为京津提供丰富的水源，但上下游之间现有的生态补偿机制不健全，从而加剧了上下游之间的矛盾。虽然过去北京、天津给予了河北省很多的援助补偿，但这些援助补偿都不是以水资源补偿的名义，而是以其他项目来体现的，这些补偿多属于临时性并不能弥补冀北地区的损失，同时这些援助并不固定，没有形成长期有效的机制，城市的综合发展福利有待提升。

三、辽宁与京津冀区域存在的共性问题和个性问题

通过前文分析可知，辽宁省和京津冀的区域发展存在一些共性问题和个性问题，为协同发展提供了一定的现实基础。

在共性方面，两区域一个是新中国的长子、重要的重型装备制造业老工业基地，一个是中国的首都、老工业基地，二者在产业方面均具有相对完整的工业体系和相对较好的工业基础，但内部产业链和跨区域产业整合性均相对较差。同样因传统工业的发展时间、原材料、区位、劳动力和市场相对固定，两区域也因此具有相对较为浓重的计划性、政府性色彩。因区位原因所致，两区域的经济综合实力相比于国内外发达区域而言均不是很强，区域内部的协同发展机制和共同市场均尚不完善，区域内部存在同构性问题、区域对外辐射和关联性相对较差。由此可见，在以产业为代表的经济发展方面，辽宁和京津冀的产业发展都普遍面临着区域内部协同性和协调性较弱、实力相对较强的大产业带动性和地区辐射性较差、发达城市与欠发达城市的产业之间发展水平不均衡、产业同构等问题。在社会和城市化发展方面，也都普遍存在着基本公共服务分布不均衡，城市化质量相对较低的问题。在城市和城市群发展方面，大城市极化发展并没有产生相应强大的周边辐射和带动作用，城市群内部的城市发展差距相对较大、城市发展的现实状态相对复杂。在环境方面，两区域由于城市发展质量相对较低，均出现了不同程度的资源枯竭和环境恶化等可持续发展隐患。

在个性方面，除具备传统工业发展优势以外，京津冀区域在第三产业方面、科技创新方面也具备辽宁省所不具备的优势，前者产业结构体系相对健全，并且区域内部对于各次产业发展所需的原材料人力物力供应、销售市场相对能够自给自足，能够具备对于传统工业基础优化升级和发现现代化第三产业的配套优势，从而形成相对完善且封闭的城市群体系；与之相比，辽宁省产业结构优势相对单一，主要集中于传统装备制造业，域内发展第三产业和科技创新的配套实力相对较弱，因此需要

不断培育新的经济增长点并借助于域外的优势力量完善域内发展在动力方面的欠缺和不足。从区域一体化协同发展程度而言，京津冀一体化协同发展程度和区域内城市的智能分工程度因产业类型和发展亮点相对齐全而显得相对完善，国家也给予相应的发展资金、政策、机遇和平台；与之相对，辽宁省内的辽中南城市群区域内部协同发展程度相对较高但并未与省内其他城市产生互动，辽宁省基本形成以沈阳和大连为中心的两个协同区域模式，但这两个区域之间或者双中心对对方协同区域之间并未形成联动性的辐射，双中心的辐射范围仅限于自身周围，辐射半径较短、辐射场域较小。

正是因为辽宁与京津冀两区域存在诸多发展的共性，才可能为辽宁省提供参与京津冀协同发展的机会；也正是存在诸多个性，并且个性中存在比较优势，才可能为京津冀接纳辽宁省参与提供有利的条件，才存在两区域寻求协同发展的可能性。两区域在各自发展中出现的共性和个性问题要求辽宁省充分重视，同时也为其积极参与京津冀协同发展提供了发展方向。

第二节 辽宁与京津冀协同发展现状

一、区域协同发展概念界定

区域协同发展是国家在区域发展层次长期提倡和坚持实施的战略导向，也是区域长期可持续发展的高级化形式。区域协同发展是一个多维度、多层次的复杂概念，这种发展模式不仅需要全方位、多层次、多视角地从纵向角度实现区域自身的发展，而且还要从横向角度考察区域间和区域内的共同发展，也即各区域在经济和社会的发展过程中要在发展速度和发展内容上相互依赖、互相支持、相互合作、相互促进，以期实现协调发展。基于不同的研究需要、现实理解和政策导向，它不仅包括纠正区域之间因禀赋差异导致的严重非均衡状态，从而使得区域之间的发展差距逐步缩小；也包括区域内部的经济、社会、环境、文化等子系统之间在不以牺牲其他子系统可持续发展权利的基础之下能够相对协调的兼顾发展；还包括不同区域和区际关系的演变，区域经济增长等。但基于国家提出推进区域经济协同协调发展的战略初衷和推出的一系列政策措施来看，区域协同发展主要是为解决区域之间在经济方面的非平衡和非协调发展问题，同时这也是其他方面协同发展的重要物质基础。因此，为研究需要，本书定义区域协同发展是在协同理论的指导下，区域内部以及区域之间以产业协同牵动经济协同为物质基础、人力资源和科技创新协同为原动力、文化旅游协同为软实力、城市化和城市（群）协同为主载体、各领域平台搭建和政策协商为保障，促进区域内部和区域之间缩小发展差距、以市场为导向突破行政区划、以一体化城市群发展和产业链构建为大思维，推进区域之间和区域内部的城市之间有步骤和针对性地完善区际竞合关系，实现经济、社会、环境在不同地理单元之间有差别的协调发展的过程。

  推进区域协同发展的过程不可能一蹴而就，因此，区域协同发展不需要也基本不可能达成各地理单元整齐划一地去做同一个项目、走同一个步骤，而应因地制宜地根据各地自身的比较优势，在共同市场中寻找适合于自己的角色和功能定位。这时，全局的理念、全域化的市场、开放有序的制度和能够参与的平台显得至关重要。在协同发展初期，协调地理单元之间的行动，并在由初期向中期和成熟期过渡的过程中逐步减少行政协调资源配置和城市功能定位的力度、增加市场协调性，是推进不同区域协同发展的必经之路。区域协同发展也存在质量上的区别，分为高水平的区域协同发展和低水平的区域协同发展，前者在一定程度上因更注重培育地理单元在各层次之间的内在关联或者指定区域协同发展战略步骤更为依据区域之间自然联系而相对更为具有可持续发展的潜力，也即这种类型的区域协同发展属于可持续型，反之，后者则相对不可持续。在区域协同发展过程中，区域经济的协同发展因本质性地内生并贯穿于地理单元发展的始终而成为诸多协同关联系统中最重要的系统,区域之间的社会系统和环境系统及其内部子系统的协同发展都以区域经济系统的协同发展为物质基础和服务目标。

二、辽宁—京津冀区域经济协同发展的理性测度

理论和实践表明,推进区域协同发展,特别是多个发展程度和禀赋不同的地区融合与协同发展,需要基于一定的协同基础,而了解地区之间在协同发展方面的初始差异状态和发展趋势,是创造并完善协同基础的前提条件。从物质这一狭义层面来讲,推进区域之间协同发展的本质在于推动区域经济的协同发展,与此同时,区域经济的协同发展也是区域协同发展的重要协同基础和驱动力,可以说如果区域之间的经济运行无论在内容、数量、质量还是发展速度上均达到了非均衡协同,也就意味着两者在市场、经济体系、经济关联、经济要素等方面都有着极为密切的联系,那么这两个区域将具备内涵上成为协同发展共同体的可能;理论和现实研究中也通常将区域协同发展理解为区域经济的协同发展,或者说通过密切经济往来推进区域协同。从这个角度来说,辽宁参与京津冀协同发展最重要和具有实质性的环节便是通过各种渠道推进两区域的经济协同,这就需要首先了解两区域经济发展的现有协同程度。

(一) 两区域经济协同发展程度测度

通常在理论上评价区域经济发展的协调程度,实质上是对区域之间经济发展是否协调的分析和判断,而区域经济协同发展通常包括在区域开放条件下,区域之间在经济联系、经济依赖以及经济互动上的日益密切、加深和正向促进,从而实现各区域经济的均衡可持续发展和缩小区域经济差异。按照这一内涵标准,判断区域经济发展是否协调主要有3条标准:区际经济联系、区域经济增长,以及区域经济差异。

首先,根据空间地理模型,地理位置相对靠近的区域之间会在一定的属性指标上表现出较强的相似性或者相异性,通常用 Moran's I 系数来测度和表示区域属性变量之间的空间关联。Moran's I 取值范围为

[-1,1]，当其绝对值接近于1时，说明不同地理单元的属性变量空间自相关性较强，关联程度较高，而偏离于1越接近0则说明属性变量的空间自相关性相对较差或者没有空间联系，[0,1]说明属性变量之间具有空间正相关特征，也即具有相同属性特征的地理区域在空间分布上相对集中，[-1,0]说明属性变量之间具有空间负相关的特征，也即具有相异特征的属性变量在地理空间上相对集中。运用Moran's I系数来衡量辽宁和京津冀两区域的经济空间联系，计算式为：

$$I = \frac{\sum_{i=1}^{n}\sum_{j=1}^{n}W_{ij}(Y_i - \overline{Y})(Y_j - \overline{Y})}{S^2\sum_{i=1}^{n}\sum_{j=1}^{n}W_{ij}} \quad (2.1)$$

其中，$S^2 \frac{1}{n}\sum_{i=1}^{n}(Y_i - \overline{Y})^2$，$\overline{Y} = \frac{1}{n}\sum_{i=1}^{n}Y_i$，$Y_i$表示第i地区的观测值为人均GDP，n为地区数，W为空间权矩阵。则Moran's I>0，表示区域之间的经济增长呈正相关关系，从而区域经济的空间联系相对紧密，越接近1说明这种联系越强；反之，则表明地区之间的经济增长呈负相关，区域经济的空间联系相对较弱，数值为0说明完全不相关，为-1说明地理单元之间的经济发展存在完全掣肘的负面影响。其次，用区域经济增长率变异系数测度区域经济增长状态，表达式为：

$$\beta t = \sqrt{\frac{1}{n}\sum_{j}(y_j - \overline{y})^2}/\overline{y} \quad (2.2)$$

其中，βt表示t年n个区域间GDP增长率的变异系数；y_j为j区域的GDP增长率，j=1，2，…，n；$\overline{y}$为n个区域GDP的平均增长率。在变异系数越大的区域，经济增长的相对差异往往越大，也说明地区之间的经济增长正向促进作用较弱，也即一个区域的经济增长不能带动周边区域的经济同向增长。再用区域经济增长水平变异系数测度区域经济状态差异，表达式为：

$$V_{uw} = \sqrt{\frac{1}{n}\sum_{j}(x_j - \overline{x})^2}/\overline{x} \quad (2.3)$$

其中，x_j为j区域的人均GDP，j=1，2，…，n；$\overline{x}$为各区域的人均

GDP 的平均值；n 为区域个数。最后，用平均赋权法将所测度的区际经济联系、区域经济增长、区域经济差异值合并成一个反映区域经济协调发展水平的综合指标。记为：

$$U = \exp\{(z - z')^2 / s\} \tag{2.4}$$

其中，U 表示区域经济协调发展度；z 为某个年份区域经济协调发展的实测值；z′ 为区域经济协调发展的期望值；s 为标准差。区域经济协调发展度的取值范围是 [0，1]，数值越趋近于 1，说明区域经济协调发展水平越高。选取 2002~2015 年《中国城市统计年鉴》中京津冀和辽宁省地级以上城市的 GDP 和人均 GDP 值，通过公式（2.1）~式（2.4）计算得出辽宁和京津冀区域经济协调发展程度如表 2-1 所示。

表 2-1　　　　辽宁—京津冀区域经济协调发展程度结果

年份	京津冀 Moran's I	beta(t)	V	U	辽宁 Moran's I	beta(t)	V	U
2014	0.363	0.630	2.532	0.608	0.287	-1.650	1.849	0.182
2013	0.386	0.411	1.871	1.000	0.294	1.009	1.880	0.607
2012	0.385	0.239	1.890	0.987	0.271	0.414	1.864	0.947
2011	0.310	0.150	2.200	1.000	0.260	0.228	1.797	0.999
2010	0.314	0.153	2.975	0.665	0.267	0.238	1.829	0.995
2009	0.246	0.449	2.862	0.585	0.299	0.530	1.831	0.905
2008	0.344	0.361	1.823	0.989	0.270	0.239	1.669	0.998
2007	0.291	0.330	1.756	0.951	0.266	0.274	1.633	0.998
2006	0.266	0.269	1.748	0.912	0.250	0.245	1.558	0.982
2005	0.256	0.782	1.723	0.993	0.236	0.970	1.517	0.876
2004	0.236	0.295	1.704	0.890	0.224	0.373	1.497	0.989
2003	0.215	0.120	1.690	0.770	0.193	0.331	1.401	0.948
2002	0.192	0.247	1.700	0.839	0.184	0.789	1.371	0.993
2001	0.193	0.471	1.794	0.975	0.151	0.910	1.253	0.997

资料来源：2002~2015 年《中国城市统计年鉴》。

如表 2-1 所示，在观察时间段内，辽宁省各年度的空间自相关系数普遍低于京津冀各年度的相关数值，这说明京津冀所辖地级以上城市的经济增长关联度要强于辽宁省，也即其中某一城市的经济增长对周边城市的经济增长具有正向的促进推动效果强于辽宁，区域内部经济发展和与之相关的经济社会活动关联性更强、更为紧密，这与京津冀区域在现实中实施多年的区域协同协调发展战略和城市群发展战略，辽宁省除辽中南地区以城市群为战略发展相对较好外，其他城市之间因同构性强于互补性或者发展因差距相对较大而出现区域协同性较差的情况密切相关。两区域各年度的空间自相关系数均为正数，说明这两个区域内部的地级以上城市的经济增长具有不同程度的同向发展规律；其中，京津冀和辽宁分别在2009年和2010年达到相对较低的数值，都在到2013年上升并达到第二阶段的最高值，并在2014年减小。在经济增长的变异系数方面，辽宁省各年度的经济增长变异系数普遍大于京津冀，这说明辽宁省内地级以上城市的经济增长相对差异比京津冀内部要大、协同性相对较低，并且两区域在近两年均有扩大趋势。在经济发展水平的变异系数V方面，京津冀区域数值大于辽宁省，说明京津冀区域的经济发展水平相对差异较大。在区域经济的协调发展程度U方面，京津冀的协同发展程度数值在各年度大于辽宁省，说明两区域在多数年份都没能实现区域经济的协调发展，但是京津冀区域在2011年和2013年两年在数值上基本实现了区域经济的协同发展，两区域的这种协调程度在2014年均有所降低。上述共同说明，两区域的区域经济发展具有较强的空间正相关性，但是因区域内部的增长和发展差异相对较大，导致区域经济协同发展的程度相对较低，京津冀内部的协同程度明显好于辽宁省内部的协同程度，这既在一定程度上为两区域之间的协同发展带来了障碍，也在一定程度上带来了机遇，对于区域内部存在的差异应给予充分认识，有步骤地平抑内部差异是推进区域经济协同发展的必要途径，这与上一问题对于两区域现实发展状况和存在问题的分析结论基本相符。然而，一定程度范围内的内部差异也是与外部区域形成互补性的一个前提条件，两区域在平抑内部差异的同时，可以与对方寻找互补性。上述同时也启示我们，以协同发展的思维将两区域融合进入一个更大的区域内有利于平均两区域内部差距较大的发展状态，但这种平均对于发展水平相对较好的京津冀而言可能是一种边际损耗，而对于发展水平处于劣势的辽宁省而言则既可能是一种边际提升，也可能因过度参与而在短时期内造成边际损耗。

中国区域逐步以城市群的战略模式发展为大势所趋，长三角、珠三角和京津冀是带动中国区域腾飞和反映中国区域经济社会发展综合实力的重要单元，其中，长三角和珠三角的发展水平之所以要好于京津冀主要是因为两个城市群内部逐步通过市场化的手段构建了相对深刻的密切关联，主要表现在分工相对合理的产业链条、市场平台、要素流通体系、责任承担机制和利益分配机制，而京津冀在这方面虽然通过一体化协同发展战略正在逐步走上正轨，但仍然与长三角和珠三角存在较大的差距。并且因中国行政化人为划分了政府之间和职权范围，也对区域之间的市场一体化产生了一定的阻隔，因市场关联加深而逐步增强协同性的城市群会在行政区划和地方政府利益分割的大环境下削弱协同发展的社会福利、反而增强城市群之间因空间距离而导致的弱关联性，使得城市群的发展模式收益点在城市群内部而难以辐射扩散到城市群之间，形成城市群间更大的市场范围和能量场、进而增强城市群的辐射力、极化效应以及城市群外部关联、共享信息、市场和资源为城市群内部带来凝聚力。因此，城市群作为以城市为主要单元的区域协同发展形式，其发展质量的高低和可持续发展的能力不仅取决于城市群内部的各层级城市之间的协同发展程度，还受到该城市群与区外区域或者区外其他城市群的协同互动程度，推进城市群之间的协同发展同样必要。这也就是说辽宁参与京津冀协同发展涉及城市群之间协同问题，而现实是京津冀内部和辽宁省内部城市关联相对密切，城市群的发展相对闭塞，两区域之间缺少联通，因此，作为处于关联性和发展程度相对弱势的辽宁省，参与京津冀协同发展的关键除了准确定位自身弱势区位中的比较优势之外，重点还应该构建能够打通两区域之间的通道。

（二）两区域协同发展差距测度

进一步测度辽宁和京津冀在社会经济发展细分领域的协同发展差

距,也就是两区域经济协同发展在细分领域的差距。在区域经济学中,通常用在变异系数基础上延伸出来的"威尔逊系数",这种加权变异系数来测度各个区域内部组成单元之间的差异,它通过描述具有相同性质的属性值数列与该属性值单元平均值之间相对差异的大小,也即单元值与均值之间的离散程度衡量区域的协同发展差距。测度指标的威尔逊系数值越小,表示地区之间的该属性指标的相对差异越小,协同发展的基础相对较好,反之则表明属性指标在地区单元之间的差异越大,为实现协同发展可能需要加以更多的调节。相比于其他测度方法而言,利用威尔逊系数进行衡量协同发展基础的近似计算更为简单和容易理解,所包含的信息量也较为充分,计算如公式(2.5)所示。

$$V_u = \frac{1}{x'} \times \sqrt{\sum_{i=1}^{n} \frac{(x_i - \bar{x})^2 p_i}{p}} \qquad (2.5)$$

其中,V_u表示背景区域的威尔逊系数,x_i表示背景区域内的i地区某属性变量时点数值,$\bar{x}$表示背景区域内所有地区该属性变量的年度算术平均值,p_i表示背景区域内i地区的年末总人口,p表示区域内所有地区该年度的年末人口总和,x'表示背景区域某属性变量。基于数据可得性和便于统计分析等原因,为在相对开放而不是封闭和割裂的环境中测度协同发展的基础,将比较区域中的京津冀城市群选取北京、天津和河北全省地级以上城市,辽宁则选取辽宁全省的地级以上城市,选取2005~2014年《中国城市统计年鉴》中全市口径下的国民生产总值、居民储蓄存款余额、社会零售品消费综合和固定资产投资额指标,为平抑地区之间的差距和便于衡量发展程度,分别计算上述指标的人均数值。并将这四类指标归纳为收入水平、经济增长潜力、市场发展水平三类,用以衡量区域经济发展中的经济增长质量和增长数量。其中,人均GDP、人均居民储蓄存款余额指标用于衡量区域内地区之间的收入差距,人均固定资产投资用来衡量区域内地区之间的经济增长潜力,而人均社会零售消费总额用来衡量区域内地区之间的市场发展程度。测度结果如表2-2所示。

表2-2　　辽宁—京津冀城市群四项指标的威尔逊系数结果

年份	人均GDP		人均居民储蓄存款余额		人均社会零售品消费总额		人均固定资产投资额	
	京津冀	辽宁	京津冀	辽宁	京津冀	辽宁	京津冀	辽宁
2004	0.506	0.036	0.603	0.018	0.566	0.029	0.536	0.026
2005	0.498	0.020	0.617	0.027	0.592	0.021	0.486	0.027
2006	0.490	0.019	0.617	0.017	0.575	0.020	0.432	0.026
2007	0.481	0.019	0.587	0.016	0.559	0.020	0.404	0.025
2008	0.481	0.019	0.578	0.034	0.538	0.021	0.356	0.024
2009	0.453	0.017	0.575	0.017	0.521	0.020	0.332	0.020
2010	0.441	0.017	0.567	0.041	0.507	0.020	0.345	0.019
2011	0.424	0.017	0.558	0.019	0.479	0.024	0.346	0.022
2012	0.425	0.016	0.544	0.032	0.462	0.019	0.308	0.034
2013	0.427	0.017	0.520	0.015	0.441	0.035	0.286	0.028

资料来源：《中国城市统计年鉴》（2005~2014年）。

表2-2结果显示，从人均GDP和人均居民储蓄存款余额的威尔逊系数可以看出，京津冀的区域经济发展差异明显大于辽宁省，并且在2004~2015年期间，京津冀和辽宁的人均GDP差距基本呈缩小趋势，经济发展趋向于收敛，说明京津冀内部有发展相对较好的极点城市北京和天津，而辽宁省内部虽然具有沈阳和大连双核心，但与省内其他城市的经济发展水平相差并不大；在人均居民储蓄存款方面京津冀差距也逐步缩小，而辽宁省却呈现出差距大小不定的波动性变化趋势。这说明京津冀内部存在的城市单元经济增长潜力差距显著大于辽宁，但是这种差距随着京津冀城市群协同战略的展开在逐渐缩小。表明区域协同发展战略对于缩小区域差距方面能够发挥一定的效果。这从京津冀和辽宁的自然发展现状中可以看出：在京津冀城市群中，北京和天津形成双核心结构，河北省围绕京津冀曾形成二元结构较为凸显的贫困小城市带，在河北省内部又因存在自身发展禀赋相对较好的城市，而使得河北省内部的经济发展出现非协同。进而从产业发展程度和进程来看，北京的产业发展处于后工业化时期、天津处于工业化后期而河北处于工业化中期；在经济发展内容方面，北京和天

津、天津与河北存在同构并且协作力度较差的现象。而辽宁省虽然经济发展水平不如京津，但在产业发展特别是重工业发展方面存在自身的传统优势，能够在积极参与京津冀协同发展的过程中发挥比较优势、借力弥补比较劣势从而形成互补。辽宁省除沈阳和大连作为区域经济金融中心发展相对具备比较优势之外，其他城市的发展禀赋、潜力和水平相差不多，因此区域内部经济社会结构分化相对简单，在融入京津冀协同发展的过程中在产业方面可以考虑整体参与。在市场发展和经济增长潜力方面，京津冀呈现出差异逐步缩小的变化趋势，而辽宁省呈现出先降后升的大体走势，说明在市场发展和经济增长方面，近两年辽宁省出现一定的超越平均值的显著优势区域，或者说经济增长潜在动力，从而为与京津冀协同发展提供了相对的比较优势。

第三节　辽宁—京津冀协同发展的现实需求和行动

一、辽宁与京津冀协同发展的现实需求

从辽宁和京津冀两区域的发展现状中，我们可以看出，两者想实现区域内的协同发展都有赖于与区域外城市或者城市群的合作，只是按照发展程度和区域内协同分工的程度来看，京津冀寻求区域外部协同发展的迫切度和需求度明显低于辽宁省。一方面，京津冀需求与区域外部协同发展主要是为了扩大京津双核心的辐射领域、适度向比河北更合适的地区转移首都功能，并在此过程中希望有区域能够与河北形成互补、在不损失京津发展福利、不增加京津发展成本的前提下推进河北更为快速地发展起来，弥补京津冀协同发展中的短板。对此，2013年8月，习近平总书记在北戴河主持研究河北发展问题的讲话中提出并于此后多次做出重要指示，要推动京津冀协同发展，强调要想解决好北京的发展问题，必须将其纳入京津冀和环渤海经济区的战略空间加以考虑而不能孤

立起来，应以打通发展的大动脉的思维，更为广泛地在保障天津和河北更好发展的同时激活北京的要素资源，打破"一亩三分地"的狭隘思维，通过统一规划，描绘首都经济圈一体化的发展蓝图，实现资源共享、产业对接、优势互补，将京津冀打造成为中国经济的"第三极"。①

另一方面，辽宁寻求参与区外协同发展主要是在省内经济发展低迷的背景下寻求新的经济增长点、培育新的经济增长动力。目前在全省的经济发展方面，重工业化仍然为主体，虽然现代信息技术创新和网络大数据已经得到了一定程度的发展并与传统汽车、机床等行业实现了一定程度的融合，但占比例较大的传统优势重工业与新鲜血液的融合，向着工业4.0迈进形成高端制造业产业链的路途仍然遥远。支持传统装备制造业转型的资本和产融结合的促进发展相对不足，对于产业转型的现代核心技术和管理体系仍然不占有；第三产业中的现代服务业发展水平和与制造业的结合水平相对较低。全省城市协同发展能力相对较差，沈阳和大连两个核心对于位于各自周边的城市辐射和带动能力相对较强，而对于对方周边的城市辐射和带动能力相对较弱，并且人才流失严重，人口福利几近消失。因此，辽宁省更多的是向外寻求技术、人才、市场、资金。在与辽宁省毗邻的区域中，京津冀是唯一具有实力的大城市群，并且区域内部具有丰富的技术、人才、市场和资金等优势资源，而且有着向外辐射潜能的现实需求，符合辽宁寻求区域协同发展的现实需求。

二、辽宁参与京津冀协同发展的现实阻碍

虽然京津冀区域内部的协同发展存在着诸多问题、与区外联系和辐射力度也相对较弱，但因地缘相近，在经济结构发展次序和水平上具有一定的互补性，特别是从首都经济圈上升为国家战略开始，京津冀协同发展具有一定的政策配给和执行的连贯性，因此具有区域整体性。与之

---

① 人民网. 人民日报, 2017年4月14日。

相对，辽宁省内部除辽中南城市群外，其他城市之间的协同发展性相对较弱，区域整体观念和布局的战略性相对较差，这就会为其主动参与京津冀协同发展、满足对方的需求带来诸多现实阻碍。

首先，全省整体经济发展水平较差、二次产业同构性较强，整体参与有困难，需要从部分城市的配合性融入开始。京津冀协同发展的目的在于提升京津冀区域的整体竞争力、有效疏解北京的非首都功能。因此，京津冀区域在满足域内城市功能合理分工和定位的基础性上，可能转出的一方面会是具有绝对优势而在区域内部没法带来与之相适应或者更高的市场经济收益的部分，另一方面则可能是非首都功能转出北京而在京津冀区域内部无法消化需要转出域外进行消化的部分；对于前者，需要寻找具有一定实力能够承接的平台进而使得优势的溢出的过程中不至于转化为劣势并在转入地区能够获得一定的收益，而对于后者则更为需要发展实力具有一定差距的相同转出内容或者不同转出内容的对接性平台；面对这两者，前者更可能实现强强联合，增加转入方收益的同时反馈给转出方，而对于后者，则可能出现机遇性的收效，也可能拉低地区发展能力。因此，在区域协同发展的过程中，具有比较优势的区域更愿意向同样具有比较优势但内容略不相同的区域进行利益增进型输出，而更愿意向具有比较劣势的区域单纯性输出福利盈余。辽宁省在参与京津冀协同发展的过程中，因整体实力相对较差，便会处于后者的地位，更大程度上只能接收京津冀的福利盈余型输出，并且在这一过程中，在初级阶段构建对接平台的并非全省整体而是在全省中与转出部门具备一定对接比较优势的城市部门。而京津冀具有绝对优势的产业部门如果向辽宁福利性辐射，辽宁省是否具备可靠的承接平台和制度保障还需要考虑。比如，在京津冀具备绝对优势的技术创新和人才方面，辽宁省主导传统装备制造业急需技术创新和相关人才，但是京津冀的技术创新多半覆盖在战略性新兴产业，这与辽宁省所需存在一定的偏差，因此即使以项目合作的形式引进，辽宁省也在一定程度上只能在短期内处于产业链的低端，这种情况下对于现阶段的新常态运行势必存在成本大于收益的隐患。而京津冀功能疏解性辐射如果因环境污染或资源需求而转移分支机构，则可能对辽宁老工业基地再振兴带来一定的负面效应。

其次，两区域并非地缘相近到在一个行政区域或者市场区域内，仅几个城市相连，大大增加了交通成本，这就使得以实物性转移和运输为主要内容的项目在两区域之间跨区域建立势必要花费掉极大的发展成本、并且耗时较长。

最后，尚不存在稳定的共同市场、缺乏实际的保障机制。区域协同发展是将发展禀赋存在差异的城市进行统筹规划、分工定位的过程，因中国区域存在行政区划大于市场区划的特殊性，我国多数地区的区域协同发展计划性大于市场性，被动性大于主动性，在一定程度上影响了区域协同发展的质量、效率和可持续性。然而这种行政驱动虽然建立于行政区划的基础上、但因并未充分考虑到地区之间的差异与互补性、职能性而不能简单地按照行政区划的规模来规划义务责任、统筹分配收益，阻碍了区域协同发展的进程。辽宁与京津冀两区域内部尚不存在高质量的共同市场，搭建区域间共同市场就更为困难，与此同时，在两区域内部存在实力等级研究相差悬殊的市场体，与北京相比，其他城市基本都处于北京的市场辐射之中，而北京处于首都行政地位、天津和大连处于副省级城市地位、石家庄和沈阳处于省会城市地位，京津冀辽大区域内部因行政级别地位的多样性和复杂性为利益和责任等保障机制的制定和实施带来了较多障碍。特别是区域市场分割削弱了区域协同发展的基础，与之附加行政区划复杂性，容易造成两区域融合的"肉融骨不融"的两张皮局面。

三、现阶段辽宁参与京津冀协同发展的行动

辽宁参与京津冀的协同发展从本质上讲是两区域现实发展的客观需求，辽宁参与的主动性大于京津冀需要参与的主动性。其中，京津冀协同发展战略从提出到逐步完善并上升为国家战略，对比辽宁省而言获得了更多的国家关注和政策给予，在协同发展的各方面平台和发展程度方

面相对成熟。而辽宁省域内的协同发展仅仅在东北老工业基地振兴的政策背景之下，通过城市群和经济区的建设来推进，得到国家层次的关注度和政策给予相对较少，省内城市之间的协同发展程度相对处于较为年轻的阶段。

在理论上，对于具有多层次发展水平城市构成的河北省，辽宁应分清其主要城市发展水平的优劣，寻求合作共赢。具体来看，唐山工业体系包括钢铁、冶金、陶瓷、机械制造、精密仪器、海洋化工等，是东北亚重要的航运中心和物流中心、世界级新型工业化基地。可以与辽宁沿海经济带的在海洋化工和航运方面展开合作。石家庄在国家卫星导航、动漫产业方面可以与辽宁省实现对接。唐山、沧州在装备制造业方面都具有聚集效应，特别是在钢铁、建材、石化等重工业行业具备和辽宁合作、共同承接天津现代装备制造业转移的可能。廊坊在汽车制造业、电子制造业上都具有发展优势和发展潜力，可与辽宁的电子软件外包、汽车制造业深度合作。曹妃甸、秦皇岛具备较为完备的工业体系，钢材、建材、汽配等工业以及依托港口优势的港口运输业发展较快，可以与辽宁省营口港、丹东港、大连港、锦州港等实现港航经济发展对接或共同谋划。张家口和承德的农业资源和畜牧业资源也相当丰裕，具备了发展现代农业的现实基础，辽宁朝阳可以通过加大特色农产品加工业打造力度、畜牧业品牌和质量优势占领北京高端乳制品市场，大力发展无污染的绿色农副产品供应。引进京津中高端技术人才，加强与京津农业信息互通互传。在现实中，由于存在诸多障碍，辽宁参与京津冀协同发展正处于合同式初级阶段，主要采取了以下行动，这些行动的效果还需要在未来的发展中评估。全省主要围绕着自身的比较优势寻找对接合作点，在不断提升以第二产业传统化向高新技术化改造的过程中寻求对接合作的机会。辽宁省政府报告中提出，辽宁省要加强与中科院的合作，建设沈阳材料国家试验区、洁净能源实验室、机器人与智能制造创新研究院，重点扶持沈阳新松产业园、大连金州新区国家智能装备产业带和支持鞍山发展银行智能装备等，许多城市做出了行动部署或已经开始初期对接行动。

（一）辽宁朝阳融入京津冀协同发展战略

目前，朝阳市以大力实施改革创新驱动、工业强市、现代农业富民、文化旅游牵动、生态立市"五大战略"为抓手，稳步推进北方矿产资源精深加工基地、北方汽车（纯电动车）及零部件生产基地、北方新能源新材料生产基地、全国重要的绿色农产品生产销售基地、国内外知名的文化旅游目的地"五大基地"的建设。朝阳正向北方矿产资源精深加工基地迈进。朝阳矿产资源富集，已探明有益矿藏53种，镍、锆、锰、钒、钛、金等有色金属资源丰富。其中铁矿保有储量4.4亿吨，锰储量东北居首位，钼储量东北第二位，膨润土储量亚洲第三位，是全国黄金八大主采区之一。朝阳有色金属产业积极推进，积极引进钒渣、钛渣和铁粉等深加工企业，推动有色金属资源尽快实现就地转化增值，新都黄金搬迁改造、东方锆业核级锆等项目持续推进；粉末冶金持续优化，双塔金麟、喀左金河、建平旗盛等一批企业完善技术工艺，利用新技术搞精深加工，以集约替代粗放，生产附加值较高的粉末冶金产品，探索利用高纯铁粉做压制件深加工；钢铁产业稳步发展，钢铁产业凌钢、鞍钢朝阳公司两大钢铁企业积极实施差异化品种开发战略，开发国内短缺的关键钢材品种，不锈钢产业加快发展，不锈钢生产项目即将开工建设。朝阳正凭借先天的矿产资源优势，通过发展精深加工，与京津冀产业良性互动、共同促进产业升级。

朝阳不断做大做强北方汽车（纯电动车）及零部件生产基地，拥有两个整车和两个改装车的生产资质、一大批汽车重要零部件生产企业和一款优质新能源电池产品并且正按照全市汽车产业"三七六五"总体规划，一手抓传统汽车，一手抓新能源汽车。加快推进三个汽车及零部件产业园区、七大系列汽车产品、六个主要汽车零部件产品链、五大汽车制造及改装企业发展。新能源汽车生产基地项目规划已出台，与力帆集团等国内著名新能源企业合作，低速电动车、乘用车、物流车、改装车等项目持续推进。朝阳市加快新能源汽车推广应用的实施意见和支持电动汽车产业发展的优惠政策正在制定中。一汽凌源的轻卡已经出车并对外销售，重卡推进步伐加快。各类汽车零部件企业包扶力度加大。上海飞和整车组装、浪马轮胎扩能、华兴万达和顺达丁基内胎等项目合作进程加快。由凌源市经济技术开发区与航天投资控股有限公司达成的凌源凌河整车生产项目投资合作框架协议正式签订，项目占地1 000亩，总投资20亿元，于2016年4月开工建设，两期达产后可形成整车及底盘合计10万辆生产能力，实现产值50亿元。朝阳与北京理工大学等高校、科研院所合作，为新能源汽车产业发展提供更有力的人才、技术及研发保障。①

朝阳正在向北方新能源新材料生产基地迈进。朝阳市有较好的风能、太阳能、生物质和油页岩资源，还有立塬新能源、百纳超级电容器、航天长峰电源等一批具有核心技术的高新技术企业，在新能源产业具有巨大的发展潜力。目前，朝阳大力推进风能、太阳能、生物质、油页岩等新能源的深度开发利用，加大风电项目和太阳能项目指标争取力度，进一步扩大新能源产业规模，不断落实国电热电联产、中电投光伏发电等项目，推动新能源电池、超级电容器、半导体元器件等新能源设备的发展。同时大力发展以天翼国基为代表的金属新材料产业，扶持以华潍膨润土、九通摩擦材料为代表的膨润土、紫砂、玻璃、石灰石等非金属新材料产业。朝阳的新能源新材料产业已初具规模。朝阳已成为全国重要的绿色农产品生产销售基地。朝阳农产品质量上乘，朝阳全域通过了国家绿色无公害认证，日光温室规模全国第一，是中国北方最大的反季节蔬菜和鲜切花生产基地，年产反季节蔬菜519万吨、花卉8亿多枝、绿色小杂粮5亿斤，同时我们还是全省畜牧业大市，肉、蛋、奶产量分别达到了69万吨、50万吨和20万吨，这些产品覆盖京津冀市场并远销欧盟、北美、香港等20多个国家和地区，其中60%的蔬菜销往京津冀，朝阳蔬菜在北京新发地农产品批发市场的份额已经超过山东寿光，并呈逐年上升态势。② 2016年以来，朝阳现代农业发展力度加大，绿色小杂粮、高端畜产品、特色林果业发展强力推进，农产品质量安全

---

①② 《辽宁统计年鉴》。

工程、设施农业扩量提质增效工程和节水滴灌工程建设强力推进。农产品加工园区建设全面提速，园区配套功能进一步完善，冷链物流建设力度进一步加大，一大批园区项目实现了落地。新加坡燕山湖农业开发项目今年4月签约，总投资达到40亿元；农业产业化龙头企业的孵化工作不断加强，庄小米、盖老大、本色有机、五丰蜂蜜等一批企业呈现出良好的发展态势。朝阳正逐渐成为京津冀最丰富、最可靠的绿色优质"菜篮子"。

朝阳正致力于成为国内外知名的文化旅游目的地。朝阳文化资源极其厚重。化石文化、红山文化、佛教文化、三燕文化闻名中外，历史上朝阳是世界上第一只鸟起飞、第一朵花绽开的地方，是5500年中华文明曙光初现的地方、享有"中华文明圣地"之誉，是东北亚佛教文化的传播中心，前燕、后燕、北燕在此建都百年，文化旅游资源开发拥有得天独厚的优势。同时朝阳生态环境非常优异。朝阳七山一水二分田，森林覆盖率为42.7%，林木绿化率为48%，2014年全年空气质量优良天数达到了294天，有国家A级以上旅游景区21处，重点景区、特色项目建设全面推进。[①] 北票化石文化创意产业园将在5年内建成东北最大、全国闻名、世界知名的玛瑙及古生物化石文化产业园区及景区，打造"远古迪士尼乐园"。凤凰山旅游景区全力打造5A级景区；鸟化石国家地质公园产业园区积极推进龙鸟大街改造和古果大道建设等项目；牛河梁红山文化旅游产业开发区"申遗"工作稳步推进。朝阳正积极主动融入京津冀地区和蒙吉黑等省区，充分发挥朝阳旅游资源独特优势，构建旅游一体化发展合作新机制，把朝阳逐渐打造成国内外有影响力的旅游目的地城市，让朝阳成为北京乃至京津冀地区的"后花园"，并以旅游带动投资、消费。

（二）东戴河融入京津冀协同发展战略

辽宁省绥中县东戴河气候宜人，境内和周边的碣石景观、秦始皇行

---

① 《辽宁统计年鉴》。

宫遗址、长城群等人文旅游资源颇为丰富，这些优势都让投资职业者对东戴河的发展前景乐观。在区域规划上，辽宁省已将东戴河新区定位于"海岸中关村、生态新城区"，计划江永10~20年的时间建成一座人口超过50万人、财政收入超过百亿元的新城区。届时，东戴河新区将是一个以新兴产业为支撑、依靠创新驱动发展的国际化现代生态滨海新城。在产业支撑方面，东戴河新区签约企业已经达到300多家，其中相当规模的企业从北京中关村转移而来。可见辽宁参与京津冀协同发展过程中，京津冀产业优势的转移方向一般都会关注辽宁省的比较优势，特别是资源优势和环境优势。东戴河凭借环境优势和技术优势将会成为辽宁参与京津冀协同发展的重要战略支点，京津的产业和人口转移也都可能使得东戴河从中受益。根据新区定位，东戴河目前已经完成了中关村科技成果产业化基地"四合一"规划初稿，完成北京语言大学东戴河国际教育中心的项目签约。

（三）大力建设港行经济、为海事对接铺路

辽宁省海事推进口岸大通建设，提升服务质量、推进港行经济发展。大连市和营口市对海事综合信息平台升级改造，推进船舶污染相关作业网上审批系统建设，实现船载危险货物无纸化申报审批。在加快海运业结构调整方面，完善完善船舶登记质量管理体系，规范船舶登记行为，提高船舶登记效率。促进船舶抵押和融资租赁等航运金融业发展，支持大连市申建自贸区并协助争取国际船舶登记政策试点。截至2014年11月30日，2015年辽宁海事局已办理船舶所有权登记357艘次，船舶抵押权登记66艘次，新增船舶63.1万总吨，37.3万净吨；完成拆解老旧船舶4艘。在服务重点涉水工程建设方面，辽宁海事主动为大连星海湾跨海大桥、营口仙人岛30万吨级航道疏浚、盘锦港30万吨原油码头工程等重点涉水项目建设，提供码头设施选址、施工作业安全、海上交通组织等方面的技术支持与监管服务。[1] 开展沿海港口工程未批先建

---

[1] 《辽宁统计年鉴》。

专项整治活动，规范水运工程建设，促进港口有序、健康发展。制定并实施了《辽宁海事局水上水下活动现场核查、监督检查管理办法》和《涉水工程通航安全审核指导书》，提高了海事依法履职能力和服务水平。

（四）金融外贸对接方面

在培育外贸创新领域方面，辽宁省着力发展服务贸易，包括争取大连市成为国家服务贸易创新发展试点城市，支持沈阳市申请成为国家服务外包示范城市，培育25个特色出口基地，制定辽宁省重点服务出口领域指导目录等内容。北京市积极创建中关村协同创新投资基金，由中关村发展集团联合河北保定、张家口、承德、邢台、邯郸、天津宝坻、静海、辽宁葫芦岛等14家地方政府和金融机构共同发起设立。基金总规模100亿元，是国内首支以京津冀为重点、合作区域最多的协同创新投资基金。该基金采取母子基金双层架构，"1+1+N"模式，即1支母基金下设1支协同创新子基金，重点投向科技金融、新三板等项目，N支面向各合作区域的协同发展子基金，重点投向创客空间和当地优质产业项目等。基金通过政府资金引导，吸收社会资本参与的方式，放大政府资金使用效能，并依托中关村发展集团在投融资领域丰富经验，实现市场化管理和运作，促进区域协同，打造创新形态，助推产业升级、实现共赢发展。天津银行作为主银行发起联合15家区域银行，启动建立环渤海区域内的首个中小银行合作平台——"环渤海银银合作平台"，平台立足于环渤海地区，辐射全国、面向中小银行，倡导成员展开同业合作。目前成员行已经覆盖辽宁省，在同业授信、流动性互助、债券分销、代理业务等多个领域展开了合作，同时引入"互联网+"运作理念，通过搭建互联网平台，实现平台间同业合作的网络化，提高成员信息交流的安全和高效，促进业务开展，目前该系统已经进入开发阶段。

四、辽宁参与京津冀协同发展体系

在协同论中,辽宁参与京津冀协同发展是基本不存在相关联的两区域通过建立关联、搭建平台和制度牵引与保障,逐渐实现协同的复杂过程。这一过程需要牵动两区域各层次力量和要素,有步骤、有方法的进行,因此需要构建合理的协同发展体系,并在推进的过程中不断改进和完善。我们需要系统地规划辽宁能够参与京津冀协同发展的体系,这就需要弄清楚辽宁和京津冀发展现状、二者内部协同发展的现状、二者之间协同发展的现实需求和实际行动进展状况,前文便是遵循这样的逻辑找出二者在发展中存在的共性和个性问题、协同发展存在的问题,以及辽宁参与京津冀协同发展的现实行动和部署规划进展状况,辽宁在进一步融合中存在的现实困境等。

(一) 区域协同发展的一般理性经验

在理论上,区域之间的协同发展离不开经济、社会和环境、离不开整体重构后重新定位智能分工。经济是协同发展体系中的物质基础,经济关联的建立、稳定和深化是区域之间突破行政藩篱、具有效率并且具有可持续发展能力的自然保障;经济领域的相关联不管体现在经济运行中的哪个层次、哪个环节,都有着其他领域所无法替代的重要性;产业结构的优化、产业链的横向纵向延伸、产业集群和共同体的运行是经济运行中最为基础的显性"骨架",通过产业领域各种形式的联通,能够带动区域之间产生与成本利益有关的市场性关联;多层次市场的产生促进了人才、资金、产品和技术的多方面流动,随着市场体系的完善和竞争性效率的提升,要素在区域之间自主流通;有形的流通伴随带来无形的流通,区域之间的有形和无形共享网络和平台逐步建立。在跨区域经济体系发展的过程中,社会结构逐步由行政区划的桎梏性和稳定性变得灵活,社会资源的配置逐渐随着经济关联的完善而不断地提升效率,社会性福利提升,而区域之间能够建立关联的底线或者是评价标准也一般地服从于从注重结合体的经济效益向兼顾社会效益兼顾去转化升级；最终结合体区域在经济分工逐步完善和社会福利提升的环境下，需要考虑到可持续发展质量问题，重构的结合综合体需要考虑资源在区域内外的流动和配置能否可持续地满足存续发展的深层需要和效率需求，环境保护、资源节约再利用、循环经济等得到社会广泛关注。区域在经济、社会和环境三大领域的和谐发展需要每一个层次遵照共同体的发展利益进行规划和保障，每个层级和地理单元不断地提升自身的创新能力和发展实力必不可少，这就少不了科技创新、特别是区域共同体的科技协同创新，能够在兼顾个体发展能力的同时，保障性地将创新个体关联起来，既能够在一定程度上降低创新成本，也能够兼顾整体利益。由此可见，在一般意义上，区域之间的协同发展少不了经济、社会、环境三大层次的协同，少不了个体创新和协同创新，也少不了制度和机制的充分保障。

（二）辽宁参与京津冀协同发展的或有关联领域

然而在现实中，因存在着诸多现实性阻碍、也因处于初级阶段，辽宁参与京津冀协同发展在现阶段所能够考察实现的关联领域或许没有那么理性和完美。要想相对进一步细化这些领域以便于操作，就需要我们在参考区域协同发展一般经验的基础上，明确现阶段京津冀能转移什么，辽宁能承接什么，怎么承接。

首先，作为经济一体化的内部基础，以产业结构转型升级和城市间产业链整合为重要内容的产业一体化，是京津冀协同发展的重要基础和抓手。如何通过企业和产业平台构建、金融财政政策和市场化调节以及便利的交通，将河北省相对丰富的第一产业和重工业资源合理引导至京津发展对于原材料的需要中；将北京的智库资源和科技创新引导至河北产业转型升级中；将天津的金融商贸资源辐射至河北，对于河北省能否脱离边缘化从而顺利成长为京津协调发展和城市功能转移的承接腹地至关重要。其次，建立互利共享的社会基本公共服务、基础设施、社会保障和公共福利，是京津冀一体化协同发展的外在保障。这将有利于北京在主动转出产业和城市功能的过程中,河北和天津更为有效地经营转入的城市功能和产业、安置随之转移的人才和流动人口,缓解城市之间和城市内部城乡之间、特别是环京津贫困小城市带二元化矛盾。再次,优化生态环境、构建京津冀绿色发展体系,是一体化协同发展的长期条件。这不仅包括自然生态,更包括政治、文化、社会和环境建设。在内部基础、外部保障和长期条件的多重调解之下形成转型升级各城市产业、搭建城市间产业链和科学市场,合理分配城市功能、大中小城市在城市群中和谐发展的良好格局。在京津冀协同发展的相关规划中,北京表示"十三五"时期将重点推进京津冀医疗体系一体化建设,天津表示将重点推进三地科技创新共同体建设,打造科技产业一体化,加快建设未来科技城京津合作示范区、滨海中关村科技园和京津中关村科技城等重要项目,以期在积极承接北京优质创新资源转移和成果转化的同时服务于河北省发展。河北的工作重点则放在推动京津冀服务业一体化,积极承接京津的现代服务业转移。这为重点培育什么、能够转移出什么提供了一个大体的方向。在转移过程中,京津冀地区考虑最多的会是将相比于域内转移能够在域外获得更高收益的项目或者能够节约生产成本和社会成本的项目转移至域外。从这一方向考虑,收益更高的项目往往会转移至更为具有绝对优势和发展实力的区域,以达成强强联合,这其中的主体或者主干项目除非在行政性强制的条件下往往不会轻易转移;而后者节约总成本的项目要么会转移至靠近资源富集地、要么会转移至欠发达的人迹罕至地(具有污染等负面特征的社会项目)。因此,京津冀在现阶段能够对辽宁转移出的项目将会较多集中在资源密集型和非首都功能,如第二产业中的重工业上游原料采集、下游装配和低端组装服务等。

立足于辽宁省的发展视角,辽宁省主动参与京津冀协同发展,在产业方面有利于传统重型产业的转型升级从而激发传统优势再现新活力;在制度和市场方面创业创新,学习北京和天津的先进制度和理念;在文化人才交流方面,与中关村以及知名科研院所、大中院校互通有无,增加东北地区人力资源储备等,辽宁省融入京津冀也是东北再振兴对其提出的客观要求。辽宁省能够承接来自京津冀的转移主要集中在具有比较优势且与两区域发展相关联的项目，或者对于辽宁经济社会发展有益但不至于增加社会成本、损耗社会福利的项目，并且在这一过程中，主业仍然是提升本省发展质量。对此，在第二产业特别是装备制造业和港航业方面将成为比较适合的承接领域。由此，辽宁参与京津冀协同发展体系以产业对接和承接为物质基础，以优势资源为主要内容，以城市和城市群协同为基本载体，以技术创新为推进力量，以协同机制平台为基本保障，下文便围绕这几方面展开，对辽宁省已具备现实行动的方面做检验性讨论，对尚未展开行动的方面进行战略性构想。

第三章

辽宁—京津冀产业协同发展分析

　　随着生产力的提升和经济社会的不断融合，区域内部的城市之间以及区域之间的一体化协同发展越来越表现为区域产业的一体化协同发展，这也意味着区域一体化必然伴随着产业要素及其空间布局跨越地理行政障碍的重新融合和排列，产业的合理布局和适度地联动发展是关键。这主要是因为，产业是城市化经济和区域经济运行的重要载体和物质基础，产业之间通过设立企业、构建产业链，调剂人、资金、物等要素往来，牵动着产业的实体布局、在城市中的布局从而在空间上带动城市布局和城市之间的关系随之演化。在产业由成长、成熟到衰败的生命周期运行过程中，会因业务往来、属地、原料采集、产品销售等与其他产业形成类型繁多的关系状态，这其中比较普遍的关系是竞争和合作，在多数情况下竞争中存在着合作、反之亦然，二者相互伴生。与竞争关系不同的是，产业基于关联内容存在互补性所形成的产业互补关系，是产业之间达成合作意向从而实现协同发展的重要纽带。与此同时，产业协同是城市、城市群和区域协同的重要驱动力和实现载体，也是实现经济、社会、文化、城市、公共服务等多领域协同的重要基础。形成产业协同发展的过程因产业禀赋、所处地理单元禀赋不同，并且涉及产业链跨地理单元的一体化构建，极大程度地牵扯到地理单元载体在发展目标、发展进程和战略规划方面的协调统一，因此这一过程既相对独立又有着深广的经济社会关联，显然并不能一蹴而就。

根据理论和现实经验，区域之间实现产业协同发展多源于行政计划性和市场自发性，并且随着市场经济的逐步完善，市场自发的产业协同越来越显示出无与伦比的优势。形成这种自发协同多起源于区域之间的产业因具备互补性而初步形成关联以及开展融合项目的需求；随着联系的逐步加深，出现产业规划系统内部特别是同一产业或者行业部门跨区域间发展水平的高低差异，便会形成产业要素的扩散和集聚，处于高低发展水平的产业之间实现跨梯度的转移和承接；从另一种视角来看，基于产业梯度的转移和承接其实也是一种产业间合作，除此之外，这种合作形式也多发地出现于发展水平相差不多的产业部门和企业之间；在上述三个阶段并行的过程中存在着相互渗透和因发展需要而出现的新一轮其他企业之间的互补、承接和合作，在这一过程中经济社会运行中的各层次主体会形成并建立提升上述产业行为的理性平台和实现途径，最终实现具有网络效应并且能够兼顾地区和产业双向协同的产业共同体。下文便依次分析辽宁—京津冀产业协同的互补性、承接性、合作性、构建产业共同体和相应的产业协同一体化发展建议。

第一节　辽宁—京津冀区域的产业互补性分析

产业是区域经济的基础性物质组成部分，同次或异次产业部门空间格局、地理位置和结合状态的变化越来越成为引领区域经济形态演变的主导力量，成熟的产业结构、高效集约的空间布局和发展方式能够为区域经济发展带来非凡的动力；特别是产业跨区域形成的产业关联和产业网络，意味着区域经济和所辖区域中最为核心的内容已经缔结关联，具备了能够形成一体化协同格局至关重要的基础，区域之间能否实现协调可持续发展，很大程度上取决于是否具备或者能否构建具有内部自然联系的产业网络。在形式多样化的产业自然关联中，产业之间的互补性是最为显著的吸引力，产业之间因为互补性的存在而相互吸引、形成相对稳定的关联。

一、产业互补性的概念界定

为方便研究，现定义产业互补性是指不同地理单元在三次产业之间和三次产业内部的各行业部门之间在发展水平上具备多元化的比较优势和比较劣势、在经营内容上具备形成产业关联的条件、在发展阶段上具备所处阶段不同，在所处市场关系和功能定位上存在差别，在所处地理单元的经济社会发展水平上存在一定差距，在同一区域内部的不同次产业之间或者不同区域之间的同次产业不同产业部门之间形成运营内容一定程度上的耦合，具备上述条件中的几个或者之一，便称为产业之间具有互补性。产业互补性的确认往往通过市场发现机制，在市场机制相对健全的情况下，当一个产业部门因横向或者纵向的发展需要而发出信号时，便会由同次或者相异、本地区或者区外的互补产业部门发现，双方经过协商和契约形成具有地位平等合作性质的产业组织、形成具有总分合作性质的产业组织，或者这一过程由一个具有相对比较优势的产业部门主动设立分支机构性质的产业部分用于经营基于地理区域差别的互补性业务；而与之相对，在市场机制相对欠发达的区域或者时间段内，行政会对这种互补发展进行规划，虽然形式上减少了信息搜寻和资源调配的成本，但也会损失掉一部分由于市场竞争自发吸引结合形成的福利。在现实中，前者由市场自发吸引发展的产业互补从而形成的集群组织如浙江义乌、温州的小商品产业集聚、长三角城市群中上海和其他组成城市之间的分工、苹果手机跨国生产线等，后者由行政牵引发展起来的产业互补比如建国初期东、中、西部和东北地区对于重工业、轻工业发展的分配。现如今在区域一体化过程中的产业互补性关系的建立既不可能完全依靠市场发展机制、也不可能完全依靠行政搭建，而更有可能的是处于两者之间，产业互补关系的市场化程度在一定程度上代表着这种关系的稳定性、能够对区域协同发展作用的针对性和存续的可持续性。但是，在不具有产业互补性的区域之间建立这种互补性、并且依赖于它带动区域之间互补功能的转变继而促进区域一体化协同发展，在形成初期就必须借助于行政力量，在逐渐发展的过程中更大程度地借助于市场力量打破行政对于资源的分割和考核制度的障碍。

二、辽宁—京津冀产业互补性分析

京津冀因历史因循和地缘上的亲近，能够在更多方面以更为细化层次实现融合，现阶段表现为北京和河北的互补性更强，而与天津的竞争性更强。辽宁省因只在部分城市上与京津冀地缘接壤，因此更大程度上只能通过诸多自由于地理静止要素之上的可移动要素之间的融合来推进实现地理区域的对接和融合。从这个角度来讲，相比于行政区划和相应的制度安排，产业配置和相对灵活化的空间布局模式牵动着资金、物流、人口、人力资本、教育、公共服务、文化、市场随之转移和安置，也必定成为辽宁融入京津冀的重要渠道。在辽宁参与京津冀协同发展从而推进产业协同发展形成的进程中，最为关键的基础性环节便是寻找两区域所辖城市产业之间的互补性，既包括不同城市同次产业之间的互补性，也包括城市与自身所包含的各次产业发展的互补性。分析产业互补性之所以重要，是因为不同次产业之间或者不同区域的产业之间只有发展程度、要素禀赋、经营内容等诸多方面存在差异并且存在耦合发展的可能，才可能进一步发生联系、形成产业链条；城市与内部产业发展的互补性增强也能从一定程度上推进城市发展；分析不同城市各次产业或者代表产业的互补性，能够从一定程度上掌握和进一步明确城市之间是否具备实现协同发展的基础条件。

我们通常所说的产业互补在理论上包含两种含义：其一，运营内容在横向的同次和异次产业之间存在差别和供求需要、在纵向的上游和下游之间存在供求需要，而这种需求通常不侧重于质量上的差异；其二，产业部门在发展水平、所处发展阶段、发展速度和数量级上存在差别，可能会出现合作、兼并形式的互补。在经济发展的总量方面：2015年辽宁省 GDP 同比增幅为 3%、河北、天津、北京依次分别为 6.8%、9.3%、6.9%，从体量和增速来看京津冀的宏观经济发展水平在现阶段优于辽宁，存在宏观经济发展的互补性。在产业结构方面：2015 年京津冀三地农业、工业、服务业产业构成比为 5.5∶38.4∶56.1，与之相对，辽宁省三次产业占比分别为 8.3%、46.6% 和 45.1%，其中第二产业产值同比下滑 0.2%、第三产业产值同比上升 7.1%，可见辽宁与京津冀在三大产业的结构方面也存在互补性。在各次产业内容方面：北京的金融、科技、信息等行业保持较快增长；天津的航空航天、电子信息、生物医药等八大优势产业发展持续向好，优势产业增加值占全市工业的 87.9%，同比增长 9.4%；河北金融业增长 15.9%，高于服务业平均增速 4.7 个百分点，形成京津冀产业的比较优势；与此同时，辽宁面临第二产业增长乏力、第三产业增长动力不足的现状，传统装备制造业固有的比较优势逐步消失，京津冀的产业优势能够从一定程度上弥补辽宁的产业劣势。更进一步具体分析各次产业总量和所包括的行业增加值情况。表 3-1 表明，北京、天津、河北及辽宁的人均生产总值分别为 106 497 元、107 960 元、40 255 元、65 354 元。其中，北京和天津人均生产总值是河北的两倍有余，辽宁比河北稍微好一些，但与北京和天津的差距还是很明显。河北、辽宁、北京和天津的生产总值分别为 29 806.11 亿元、28 669.02 亿元、23 014.59 亿元、16 538.19 亿元，河北和辽宁相当、高于北京和天津。河北和辽宁的总量大，地域面积、人口与资源相对较为丰富。北京第三产业比重占比较高，第一产业和第二产业占比较低，第三产业比较发达，天津第三产业稍微比第二产业比重多一些；河北第二产业比第三产业比重多，同时河北第一产业比重也较大，辽宁第二产业与第三产业相当，第一产业比重也较大，辽宁和河北产业比重类似。基于现有的产业结构层次，辽宁省和河北省的第一产业优势和资源优势与北京、天津的可持续发展能够形成互补。

表 3-1　　　　2015 年辽宁—京津冀三次产业和生产总值情况　　　　单位：亿元

地区	人均生产总值（元）	生产总值	第一产业	第二产业	第三产业	第一产业	第二产业	第三产业
北京	106 497	23 014.59	140.21	4 542.64	18 331.74	0.6	19.7	79.7
天津	107 960	16 538.19	208.82	7 704.22	8 625.15	1.3	46.6	52.2
河北	40 255	29 806.11	3 439.45	14 386.87	11 979.79	11.5	48.3	40.2
辽宁	65 354	28 669.02	2 384.03	13 041.97	13 243.02	8.3	45.5	46.2

（表头：2015 年三次产业分地区生产总值；分行业增加值；构成（地区生产总值=100））

资料来源：2016 年《中国统计年鉴》。

进一步从表 3-2 来看，北京和天津的农林牧渔业产值比较低，河北产值比较高；辽宁农、林、牧、渔的产值低于河北，但远比北京和天津高。在京津冀一体化过程中，河北就成为北京和天津的农产品生产基地，而辽宁距离河北最近，同时和天津隔海相望，可以利用区位优势将辽宁的农产品销往北京和天津，在第一产业方面形成京津发展的粮食基地。从工业增加值来看，2015 年河北和辽宁工业增加值相差不大，分别为 12 626.17 亿元和 11 270.82 亿元，远比北京和天津工业增加值要多，辽宁工业部门以重化工业为主，尤其是装备制造业，工业结构比较单一，说明辽宁与京津冀在工业协同方面存在着一定的互补性，发挥辽宁装备制造业的优势，实现装备制造业的改造升级，同时也可以弥补工业结构比较单一的缺陷。在交通运输也和邮政仓储方面能够实现互补，主要表现在辽宁的交通运输、仓储和邮政业为 1 702.8 亿元，要比河北低，河北可以利用自己的地理优势，大力发展交通运输、仓储和邮政业，而全国进入东北及俄罗斯远东地区的必由之路，可以成为东北的"大通道"，既有陆地优势，又有海洋优势，辽宁可以利用自己的比较优势正确定位，大力发展交通运输业，实现与京津冀协同发展的对接。在金融业方面也存在着互补的可能，主要表现为辽宁的金融业 2015 年的增量比北京少，但比天津和河北要多，特别是辽宁构建区域性金融中心，在沈阳和大连双核心的共同努力之下，辽宁金融正成为新的经济增长，不断地发挥出具有潜力的金融经济力，其中，大连商品交易所是实现与京津金融协同的重要平台。因此，辽宁省要更好地利用金融资本，为实体经济服务，解决实体经济尤其是工业的资金短缺问题，同时也要大力发展金融业，促进金融资本与产业资本深度融合，实现产业结构的改造与升级。

表 3 – 2　　　　　　京津冀—辽分行业增加值　　　　　　单位：亿元

地区	分行业增加值								
	农林牧渔业	工业	建筑业	批发零售业	交通运输、仓储和邮政业	住宿和餐饮业	金融业	房地产业	其他
北京	142.61	3 710.88	961.86	2 352.34	983.87	397.59	3 926.28	1 438.43	9 100.73
天津	210.51	6 982.66	740.31	2 070.04	729.09	248.01	1 603.23	618.25	3 336.09
河北	3 578.66	12 626.17	1 780.49	2 381.23	2 359.09	404.43	1 480.92	1 313.62	3 881.50
辽宁	2 505.13	11 270.82	1 881.32	2 968.98	1 702.80	620.27	1 869.46	1 169.67	4 680.57

资料来源：2016 年《中国统计年鉴》。

第二节　辽宁—京津冀产业承接性分析

产业之间存在一定的互补性，是推进产业协同发展的基础性要素，这种产业互补性既可能发生在不同地理单元的同一产业之间，也可能发生于不同地理单元的不同次产业之间，还可能发生在同一地理单元的不同次产业之间。在诸多存在互补可能性的产业之中，往往因所处的发展阶段、基本禀赋和产业政策等客观条件的各异，在不同区域的同一产业之间或者同一区域的同一产业内部的部门之间出现发展水平的高低差异。

一、产业承接性概念界定

为研究需要，选择京津冀辽四个区域同一产业的发展水平进行对比分析。基于这一现实要求，可以定义辽宁—京津冀产业的承接性是指处于四个区域内部的同次产业因发展水平具有高低差异、也即产业部门之间发展水平存在梯度差，在进行基于互补性协同发展的过程中，所出现的高水平产业部门向低水平产业部门转移输出、同时低水平产业部门接受来自于高水平产业部门转出的跨区域产业之间的联系现象。基于现实经验和产业梯度发展理论，通常在一个地区内部，具备比较优势的产业部门更具有转出的可能性，在不同地区之间，这种转出更容易被其他地区在转出产业部门方面具有比较劣势的部门承接。一般在学术上，将产业部门之间所形成的发展水平势能差距称为梯度，将处于比较优势且发展水平相对较高的产业部门称为高梯度产业，反之称为低梯度产业。在辽宁参与京津冀协同发展过程中，京津必备产业发展的比较优势，北京在第三产业特别是现代服务业方面、天津在第二产业方面，而河北和辽宁则处于相对劣势，因此四个区域产业协同更为寻常的状态应该是京津向辽宁和河北转移、辽宁和河北承接来自京津的产业部门转移，但这种承接能否真正实现，也取决于承接地的发展条件是否能够满足转出地对于转出机会成本与收益评价值的承受标准；在现阶段，辽宁具有特别重点承接来自北京的第三产业的产业部门转移和来自天津的第二产业的产业部门转移的可能性，应积极搭建承接平台争取承接机会。随着产业协同进程的逐步深入，也可能出现来自京津冀其他产业部门的转移或者由辽宁省向京津冀输出产业部门转移。

二、指标选取与模型构建

发展程度和质量不相同的产业部门之间总是存在着较多层次的差距，这一差距在区域经济学中称为产业发展梯度差，用产业梯度系数来衡量。通常在现实中，我们认为具有可比性的同次产业中，存在发展质量比较优势的产业相比于处于比较劣势的产业具有更为高级化的产业梯度，前者称为高梯度产业、后者称为低梯度产业，二者的差距越大则梯度差越大。关于产业梯度系数的计算最先由戴宏伟教授提出，他认为产业梯度系数由比较劳动生产率和区位商两个主要因素决定，即可以表示为：

$$\text{产业梯度系数} = \text{比较劳动生产率} \times \text{区位商} \quad (3.1)$$

设 X_{ij} 表示地区某产业增加值，L_{ij} 表示地区某产业就业人员数。首先，比较劳动生产率（CPOR）代表着某一行业的技术创新要素和劳动力素质的高低程度，体现着产业的竞争能力，它是地区某产业增加值在全国同行业增加值中的比重与产业就业人员数在全国同行业总从业人员数的比重的比值。如果某产业的比较劳动生产年率大于1，说明其劳动生产率高于全国水平；如果某产业的比较劳动生产年率小于1，则说明其劳动生产率低于全国水平。比较劳动生产率低的产业的各种生产要素会在市场利益驱动下，向比较劳动生产率高的行业进行转移。一般可以表示为：

$$\text{CPOR} = \frac{\dfrac{X_{ij}}{\sum_{j=1}^{n} X_{ij}}}{\dfrac{L_{ij}}{\sum_{j=1}^{n} L_{ij}}} \quad (3.2)$$

其次，区位商是集中因子，有时也被称为是市场因子。区位商主要描述某地区某一行业的生产专业化水平。如果某产业的区位商大于1，说明该行业为该地区的生产专业化部门，在竞争中具有一定的优势，是本地区的输出产业部门；如果某产业的区位商小于1，说明该行业为该地区的非生产专业化部门，在全国同行业中不具备竞争一定的优势，是本地区的输入产业部门，则区位商用来表示地区某产业增加值占本地区 GDP 比重与全国相应行业增加值占全国 GDP 比重的比值，如公式（3.3）所示。

$$LQ_{ij} = \frac{\dfrac{X_{ij}}{\sum_{i=1}^{m} X_{ij}}}{\dfrac{\sum_{j=1}^{n} X_{ij}}{\sum_{i=1}^{m}\sum_{j=1}^{n} X_{ij}}} \quad (3.3)$$

由此综合考虑两方面因素，如果某地区某一产业的梯度系数大于1，说明该地区的产业处于高梯度，具备吸引要素转移和向外辐射的可能性；反之则处于相对较低梯度，具备被吸引要素转移和吸收外来辐射的可能性。在考虑相应区域的资源禀赋、区位条件、发展趋势和区域政策等因素的条件下，产业梯度系数较高的产业向较低的产业转移是形成区域之间辐射和承接，继而形成相应的辐射场域和承接场域的一种可操作途径。

三、辽宁—京津冀产业梯度系数测度及分析

根据数据可得性和前文分析需要，从整体上看，因在各地产业比较优势的对比和现实发展中，北京的第三产业和天津的第二产业是京津冀辽大区域中具有绝对优势的产业，辽宁省大部分区域在这两次产业上与之相比处于比较劣势，故参与京津冀协同发展必将借力于北京的第三产业和天津的第二产业，更大程度上将作为承接优势转入的腹地；但具体来讲，上述两大产业中具有多个行业部门，辽宁省地级以上城市也可能具备这些行业部门中的比较优势部门，也即北京和天津具有绝对优势的两大产业中可能会存在这样一些产业部门，它们相比于辽宁省某地级以上城市的同次产业部门并不具备比较优势或者两者之间的产业梯度差较小即发展水平相差无几、甚至处于比较劣势，这说明从整体产业发展的视角观察区域之间产业部门的发展差距存在一定的布局和偏差，容易忽略产业部门的比较优势，因此具体分析辽宁与京津这两个优势产业的所包含行业部门的比较优劣势。

（一）辽宁与北京、天津的第三产业部门梯度系数

选取2013年全市口径下的北京第三产业各行业产值指标和天津第二产业中规模以上工业各行业主营业收入指标，计算辽宁与京津冀的产业梯度系数，结果如表3-3和表3-4所示。根据各区域辽宁和京津冀传统上具备比较优势的产业梯度系数比较，确定在理论上可能承接或合作的产业行业部门。一般地，在理论上产业梯度系数相差较为悬殊的产

业部门之间具有相对较强的互补性，产业梯度系数较大和较小的部门可以分别作为转出一方和承接一方；而产业梯度系数相差较小的产业之间互补性相对较弱，在避免同构性的条件下可以作为合作方。因此为方便研究做出以下规定，当辽宁省产业梯度系数较小、并与京津冀产业梯度系数相差较大时，可以作为承接优势转入的一方；当辽宁产业梯度系数明显较大时，可以作为输出一方；当其相对较大时，可以选择与其数值接近即基本处于同一梯度的其他区域展开合作。之所以选择辽宁与北京、河北的第三产业部门进行比较，主要是因为在京津冀区域内部，北京在第三产业发展方面具有无法替代的绝对优势，而河北省的三次产业结构与辽宁省相对接近，在参与京津冀协同发展的过程中，辽宁省的产业部门与具有绝对优势部门之间相比所存在的差距便是可靠的发展方向，与实力相当的产业部门之间将更可能产生合作倾向。测度结果如表3-3所示。

表3-3　　辽宁—京冀第三产业部门梯度系数及优势比较

行业	产业梯度系数比较			产业优势比较		
	北京	河北	辽宁	北京	河北	辽宁
交通运输业	2.943	0.003	1.834	▲		
信息传输、计算机服务和软件业	2.146	0.215	1.304	▲		
批发和零售业	0.030	3.012	5.672			▲
住宿、餐饮业	2.736	0.006	3.692			▲
房地产业	4.504	0.578	0.648	▲		
租赁和商务服务业	1.636	0.053	0.840	▲		
科研、科技服务与地质勘查业	2.460	0.053	0.568	▲		
水利、环境和其他服务业	2.474	0.022	0.386	▲		
居民服务和其他服务	2.553	0.173	1.908	▲		
教育	2.20	0.001	0.676	▲		
卫生、社保和社会福利业	2.46	0.009	0.554	▲		
文体、娱乐业	2.479	0.012	0.682	▲		

注：表中的▲为优势产业部门。
资料来源：《北京统计年鉴》《河北统计年鉴》《辽宁统计年鉴》(2014).

由表3-3可以看出，北京在第三产业的诸多行业中拥有比较优势，辽宁省在批发零售和住宿餐饮业方面具备比较优势，可以考虑将这两个行业的业务扩展至北京和河北，或者通过旅游会展业和交通建设，将北京和河北的资源吸引来；房地产业因与北京形成较为明显的产业梯度差可以考虑承接来自北京的转移；交通运输、信息计算机和软件业、租赁和商务服务等产业梯度相差不大的行业可以考虑与河北或者与北京进行合作；除上述之外其他行业产业梯度相对较大，可以考虑承接或在与河北合作的过程中承接来自北京的转移。总体来看，辽宁与河北第三产业发展的互补性不强，发展程度比河北省略好，具备与北京发展程度的互补性，可以形成主要承接北京第三产业转移的发展格局。这就需要在辽宁省在现实中积极发展本省的第三产业，一方面能够推进自身产业结构转化，另一方面能够为承接来自优势地区的转移创造较好的平台和内部环境。基于这一发展方向，现阶段辽宁省政府部门可以关注批发零售、住宿餐饮方面在配套服务、旅游、会展接待等方面的一些项目，这是能够刺激内需的重要方面，特别是对于具有一定规模的大型城市，以第三产业发展为主要导向的中心商务区建设更是成为带动城市发展的重要极点。针对这一问题，有专家针对辽宁省的诸多老工业城市应该继续发展装备制造的传统优势还是发展以第三产业为主要龙头的模式更为适合现阶段辽宁老工业基地的再振兴需求开展激烈的讨论。本书将基于这样的观点：继续保持传统装备制造业优势不能丢，积极开展第三产业建设，特别是要重视第三产业中的生产性服务业建设、加强二产传统优势与三产新兴优势的内部关联，利用三产高科技化、高服务性、便利分布、灵活投入和资金来源相对广泛的优势，为第二产业的发展翻新创造新的土壤和发展环境、吸引新的人才、资金和政策等优势机遇，依此来弥补第二产业因产业属性相对稳定难以短时期之内耗资较小实现彻底翻新，而如果完全舍弃将会导致以之为主导产业的部门或者城市瘫痪的现实两难困境。

(二) 辽宁与天津、河北的第二产业部门梯度系数

在京津冀区域内，天津的第二产业相对具有比较优势，这种比较优势与辽宁省内的第二产业比较优势相比，会成为比较优势还是比较劣势，第二产业内部的产业部门在京津冀辽区域内各自形成怎样的比较优势，决定了辽宁参与京津冀协同发展过程中在第二产业的哪些行业部门之间将形成一定的承接性发展格局。选取辽宁和天津以及河北 2013 年度全市口径下的工业分部门指标，依据产业梯度系数公式计算出三地在工业分部门层次的行业梯度系数，依次分析工业产业比较优势分布状况。之所以选择辽宁与河北、天津进行比较，主要是由于在京津冀地区内部，相比于北京而言，天津和河北在第二产业的规模和门类方面占有一定的比较优势，并且这两地基本处于工业化中后期阶段，因此还会有诸多力量和要素投入于这一部门，并且在相当长的一段时期内不会跨越没有工业发展的时期；与之相对，辽宁省整体在传统工业发展具备相应的比较优势。

表 3–4　　辽宁—津冀 36 个工业行业梯度系数及优势比较

行业	行业梯度系数			产业优势比较		
	天津	河北	辽宁	天津	河北	辽宁
煤炭开采和洗选业	9.994	0.37	0.065	▲		
石油和天然气开采业	4.932	0.085	0.374	▲		
黑色金属矿采选业	0.066	1.498	44.388			▲
非金属矿采选业	0.091	1.769	26.146			▲
农副食品加工业	1.435	0.928	7.814			▲
食品制造业	2.325	0.469	2.996			▲
酒、饮料和精制茶制造业	0.894	1.056	1.880			▲
纺织业	0.109	1.465	1.015		▲	
纺织服装、服饰业	0.907	1.275	2.496			▲
皮革、毛皮、羽毛及其制品业和制鞋业	0.056	1.534	7.298			▲

续表

行业	行业梯度系数			产业优势比较		
	天津	河北	辽宁	天津	河北	辽宁
木材加工和木、竹、藤、棕、草制品业	0.083	1.527	12.772			▲
家具制造业	0.693	1.204	6.480			▲
造纸及纸制品业	0.776	1.119	2.922			▲
印刷和记录媒介复制业	0.433	1.364	1.298		▲	
文教、工美、体育和娱乐用品制造业	2.041	0.537	1.848	▲		
石油加工、炼焦及核燃料加工业	2.118	0.709	2.748			▲
化学原料及化学制品制造业	1.539	0.832	2.352			▲
医药制造业	1.416	0.815	2.076			▲
学纤维制造业	1.518	1.079	0.171	▲		
橡胶和塑料制品业	0.661	1.221	6.298			▲
非金属矿物制品业	0.437	1.286	12.359			▲
黑色金属冶炼和压延加工业	0.929	1.057	1.586			▲
有色金属冶炼和压延加工业	3.009	0.377	0.710	▲		
金属制品业	0.857	1.082	5.076			▲
通用设备制造业	1.371	0.815	7.048			▲
专用设备制造业	1.584	0.719	5.023			▲
汽车制造业	1.728	0.657	2.179			▲

资料来源：所有数据均为全市口径。数据来源为2014年《城市统计年鉴》《2013年服务业重点企业总量及增长速度年报》、2014年《北京市统计年鉴》《全国第三次经济普查》和《河北省第三次经济普查》。

结果如表3-4所示，辽宁作为新中国的长子，具有雄厚的传统制造业发展基础、优势的资源、原料和相对完善的重工业体系，虽然现如今工业增速放缓，但仍然在省内外的其他诸多行业具有比较优势或者说发展的潜力，能够与津冀形成互补发展态势，承接来自天津的转移或者将比较优势辐射至天津和河北。其中，天津在煤炭开采和选洗方面、石油和天然气开采、文教和体育娱乐事业、化纤制造、有色金属冶炼等行业具备明显比较优势，辽宁与天津展开关联合作，积极承接先进转入，从而优化工业结构和生产力水平；河北在纺织和印刷方面具备比较优势，辽宁可与河北展开合作并适当承接来自天津和河北的优势转出，弥补自身的比较劣势。除上述行业之外，辽宁省在黑色金属和非金属采矿业、木材加工、非金属矿物制品行业具有非常显著的比较优势，这也体现了辽宁在工业资源方面占有优势，可以适当考虑在能够保证现有产业行业可持续发展的条件下输出原材料；而在农副产品加工、皮革等制造、家具制造、橡胶塑料制品、金属制品、通用设备和专用设备制造方面具备强度相对较弱的比较优势，可以考虑在先合作再输出，在合作中寻求输出，或者现阶段注重省内充分提升发展实力暂不输出。在现实中，具有传统比较优势的辽宁老工业部门现阶段存在的最大发展问题便是缺乏核心技术创新红利带来的资源和劳动力节约，导致一些资源型城市和严重依赖于资源的行业因资源的枯竭、循环经济和转型市场的短缺而日渐衰落，难以消耗质量相对较低的产能。可能现实中存在着这样一种思想误区，老重工业的发展有赖于资源和人力优势兴起并且形成了一定的规模和工业基础，带动了经济曾经的高速增长和社会的飞跃发展，这便是实现了老重工业的生命价值。然而这种不可持续的发展思维越来越暴露出短时期内难以克服的问题和发展弊端，使我们不得不意识到，传统老重工业的发展思路存在很多问题。如果说传统优势是一种名副其实的优势，那么从研发到核心技术到市场开发都应该在其发展处于鼎盛时期就充分地掌握，而不应是在日渐式微、问题频现的阶段才考虑到原有的优势仅仅是一种浅层次化的、外缘化、非核心化的粗放发展模式。由粗放的发展向现今所需求的高技术精细化发展并非能够一蹴而就，需要经过由内而外的彻底变革，不仅需要工业内部生产链的重新开发和重组，还需要其他产业部门的充分配合，这通常是一个地区难以独立实现的系统性工程，如德国鲁尔工业区、美国锈带的传统新化改造借助了金融的力量、区域的合作、政府的支持等。这便形成辽宁参与京津冀产业协同发展，在传统老旧工业方面特别要借助于北京和天津的技术优势、金融优势、港口优势的现实需要。

（三）京津冀辽生产性服务业集聚度分析

按照各次产业发展的演进顺序，第三产业特别是现代服务业的发展被视为各地理单元经济发展水平提升和产业结构优化升级的重要评价标准之一。理论和实践表明，生产性服务业的发达程度能够影响制造业的发达程度，生产性服务业越发达的地区制造业往往也相对发达，虽然生产性服务业的发展进程慢于服务业。在产业的空间布局上，生产性服务业往往因制造业的逐步集聚而出现空间集聚的特征，并且在外部性的影响之下，生产性服务业的空间集聚能够在推进自身发展的条件下，与制造业形成协同集聚并推进经济和城市发展。生产性服务业与制造业的关联越密切，越具备推进制造业发展的优势条件；与生产性服务业集群的空间距离越小，越能够享受到生产性服务业为制造业带来的集群溢出效应。这种效应将包括从上游生产的原料和资源采集与搜寻成本，到中游生产的技术学习、创新、产品研发成本和产业之间的信息、人才与技术共享，再到下游产品销售市场的创建与开发等，这种效应为制造业发展带来的优势将远远大于制造业自身集聚带来的优势，因为特别是在制造业发展到一定程度的时期，行业内部将会受到诸多技术、资源方面的瓶颈，这时如果具有良好的服务环境无疑就会在制造的中间环节提高效率。这也较为普遍性地体现在发达国家一些制造企业与物流业、科技服务咨询业、金融业密切相关。也因制造业发展的主客观需求与日俱增，生产性服务业已经成为西方发达国家经济结构中增长最快的部门。例如，在 OECD 国家中，金融、保险、房地产以及经营服务等生产性服务业的增加值在国内生产总值的比重超过了 1/3；与此同时，近年来美国、日本、德国等发达国家制造业中间投入部分的生产性服务业所占比重不断升高，服务投入的增长速度明显快于实物投入的增长速度，可以说制造业和服务业相互融合发展的趋势日渐明显。因此，了解生产性服务业的集聚水平并积极推进跨地区的生产性服务业集聚，既是推进京津冀和辽宁两区域内部协同发展的重要举措，也是推进辽宁参与京津冀协同发展的重要途径。

借助于克鲁格曼（Krugman，1991）的空间基尼系数测度两区域生产性服务业的集聚程度，公式为

$$G = \sum_i (s_i - x_i)^2 \qquad (3.4)$$

其中，G 表示空间基尼系数，s_i 表示京津冀和辽宁四地分别的某产业就业人数占全国该产业总就业人数的比重；x_i 表示四地区分别的就业人数占全国总就业人数的比重。该系数越大说明产业集聚度越高，系数越小说明集聚度越低（$0 \leq G \leq 1$）。选择 2015 年《中国城市统计年鉴》全市口径下的相应行业从业人员指标，根据公式（3.4）计算结果如表 3-5 所示。区域内具备较高空间基尼系数的产业部门说明发展相对较好，能够吸收优势资源集中并形成规模，这一方面说明能够成为其他区域借力发展的对象，另一方面也说明如果具有比较优势的地区在这一产业部门与优势地区合作，可能在短时间内会存在一定程度的竞争。

表 3-5　辽宁—京津冀 2014 年生产性服务业空间基尼系数比较

产业	北京	天津	河北	辽宁
1. 交通运输、仓储和邮政业	0.001151	0.000002	0.000039	0.000033
2. 信息传输、计算机服务和软件业	0.018141	0.000028	0.000034	0.000127
3. 金融业	0.001385	0.000001	0.000029	0.000021
4. 房地产业	0.003346	0.000002	0.000021	0.000029
5. 租赁和商业服务业	0.012182	0.000005	0.000037	0.000008
6. 科学研究、技术服务和地质勘查业	0.011610	0.000105	0.000060	0.000073
7. 居民服务和其他服务	0.000092	0.002231	0.000085	0.000052
8. 教育	0.000172	0.000033	0.000041	0.000008

资料来源：2015 年《中国城市统计年鉴》。

表 3-5 结果显示，北京的生产性服务业集聚程度在四个区域中最高，特别是信息传输、计算机服务和软件业，租赁和商业服务业，科学研究、技术服务和地质勘查业的空间基尼系数在本地产业部门中和京津冀辽四区域相应产业部门中均为最大，说明这三个生产性服务业部门在北京当地的集聚程度最高并且在两区域之间具备绝对优势，这与北京市

处于后工业化时期、第三产业发展水平很高的现实相符合，这种具有绝对比较优势的产业集群更可能发挥更大的极点性辐射效应，带动与之相关的产业部门发展，因此辽宁应争取机遇使得制造业发展能够借力于此。天津的居民服务和其他服务业，科学研究与技术服务，计算机信息传输与软件业为具备本地比较优势的产业部门，但与北京相比仍存在较大差距，这也反映着天津市的第三产业发展水平。河北和辽宁的生产性服务业集聚程度均较低且水平相差不多，证明两地生产性服务业的发展水平基本相当，集聚性不高。产业集聚性强弱代表着产业发展的成熟度，上述结果说明河北和辽宁生产性服务业发展相对不成熟，这同时也阻碍了制造业的转型升级。河北的交通运输、仓储和邮政业，金融业，租赁与商业服务，居民服务和其他服务以及教育的空间集聚程度均高于辽宁，其他产业行业部门低于辽宁。因此，在辽宁参与京津冀协同发展过程中，应遵循优劣势互补原则，可在居民服务与其他服务产业部门加强与天津的合作，借力于北京的辐射积极承接并在1、3、5、7、8行业与河北积极共建生产性服务业市场。生产性服务业具有地理分布布局灵活、投资少见效快、资源消耗等优点，在辽宁参与京津冀协同发展的过程中，尤其需要能够灵活跨区域建立和转移的产业部门，由此可以考虑多多建立地区间生产性服务业交易市场的关联，注重有形市场和无形市场的共同培育。

第三节 辽宁—京津冀产业合作分析

从理论上来讲，产业因存在互补性而可能进一步发生关联，而这种关联包括诸多类型。辽宁与京津冀产业处于不同的梯度从而能够形成不同类型的产业关联，产业梯度差较大的产业之间容易形成由比较优势向比较劣势的转移从而形成产业承接关系；反之，产业梯度相差不大或者基本处于同一产业梯度的产业部门之间容易形成产业合作关系。从另一个角度来讲，产业承接也是产业合作的特殊类型之一。

辽宁与京津冀产业合作方向

所谓产业合作在一定意义上说是一个包含多元化模式的综合概念，既可以发生在发展水平基本相当的产业部门之间，也可以发生在发展水平相异的产业部门之间；从内容上来讲，在发展水平基本相当的部门之间，通常运营内容不同的产业部门之间会产生合作关系；而在发展水平相异的部门之间，运营内容相同的产业部门之间可能会产生合作关系。从广义上理解，产业互补和承接都是产业合作的表现形式，产业之间为达到共同的目标，突破行政区划和产业边界范围而形成的内外部关联、有形或无形关联称为产业合作。在区域协同发展中，产业合作是形成产业协同的最基本形式和物质基础。

首先，在第三产业方面争取与北京合作。通过前文分析可知，北京具有首都所特有的品牌优势、研发设计优势、人力资源优势和市场信息优势，具有电子信息、汽车、现代医药、石油化工等主导产业，第三产业特别是现代服务业独具优势。但产业发展的不足在于：尚未形成一体化的具有国际竞争优势的产业链条和分工协作体系；制造业的发展空间有限、商务成本高、产业配套能力差、制造业人才缺乏；现代制造业和现代服务业脱节；工业发展过多依赖能源资源；产业集群化差等。应当转移出去的是人口集中或吸引大量人流服务于北京以外人口的服务业，如转移部分医疗资源、教育资源、批发市场、金融行业和通信行业中的后台服务等。而辽宁省第三产业中具有优势的产业部门如批发零售、住宿餐饮业企业要主动与北京对接合作，扩大业界影响力和综合实力，强强联合。从北京具备优势的第三产业发展来看（如表3－3所示），批发零售、租赁和商务服务水平相对较低，因此辽宁可以在构建制造业原材料和零部件的批发零售市场方面做文章。在零部件、组装和物流配送等方面发挥老工业基地的钢铁资源、人力、港口优势，以产业配套的形式参与产业链重组。例如位于中国镁都大石桥的辽宁嘉顺石化科技有限公司，是冶炼电熔镁、生产、加工电工级氧化镁的专业化单位，朝阳的纯电动汽车生产基地可以承接并配套北京的制造业转移。其次，在第二产业方面争取与天津合作。天津的金融、贸易、港口发展相对较强。其中，股权、基金、融资租赁、综合经营、金融机构体系和服务功能体系、商品交易市场、股权交易市场、金融后台服务等创新氛围浓厚，租赁业已成为优势产业之一。具有以大飞机、大火箭为代表的航空产业板块、以长城汽车、一汽丰田为代表的汽车制造板块、以大乙烯为代表的化工行业板块等先进制造产业群。此外，租赁和商务服务产业及文化、体育和娱乐业等高端服务业也有所发展。形成航空航天、石油化工、装备制造、电子信息、生物医药、新能源新材料、国防科技、轻工纺织等八大优势支柱产业，并且集聚程度提升。天津第二产业特别是在制造业方面的发展优势与模式是辽宁省推进制造业发展应该学习的。除此之外，如表3-4所示，天津的制造业在京津冀具备比较优势，但36个工业行业数据调查显示，金属采矿业、金属制品、金属冶炼和加工等偏重行业发展水平处于相对短板，因此沈阳、营口、丹东等也可以从这几个方面利用资源采集和加工的禀赋优势展开合作。再次，与河北合作共荣。在京津冀都市圈中，河北所辖11个城市，主要以能源、资源、人力、制造业和农业为定位服务并借力于京津，这与辽宁省的发展定位较为相似，为避免同构浪费低效现象的产生，辽宁应与河北错位合作、实现共融。由表3-3和表3-4可以看出，辽宁应特别运用自身优势，加强与河北省在煤炭、石油、化学原料、有色金属加工和汽车制造、装备设备制造方面的合作。

第四节 推进辽宁—京津冀产业协同发展建议

协同发展是基于区域多目标所实现的共赢发展模式或策略，它意味着各次产业之间能够相互影响产生可循环的动态联动效果，还意味着这个产业系统不仅对内有着强大而有序的生命力、对外也能够实现兼收并蓄式的开放。因产业的发展必然依托于所在地理单元及其经济、社会发展政策和发展状况，所以产业协同发展在一定程度上可以理解为包含企业、产业、区域、经济、社会、环境、发展政策等多方面协同的综合体，也是一项涉及多方协调和支持的复杂性系统工程。

一、产业协同的概念界定

基于哈肯的协同理论，一般认为产业的协同发展是指由产品或服务的投入产出关系所牵动和维系的多个产业及其子系统通过产业之间协同、产业内跨企业协同、产业主体间协同或者产业跨区域协同等方式不断分工细化从而逐步形成横纵向错综交织的产业网络的相互配合与协调发展模式。与此同时，产业协同也是一个多元化的概念，既涉及经济领域、也涉及社会民生和生态环境、城市和区域，可以说产业协同既是经济与社会民生、生态、城市发展多维协同的结果，也是能够推进上述方面实现的基础性动力，更是将区域关联在一起的重要实现基础。产业协同发展是依托相互之间内部复杂的协同关系进行产业间的互相促进，从而实现产业共生演化，是在产业共同体进一步内部分化、外部合作基础上所产生的更为高级的产业运行模式，也是辽宁融入京津冀的高级形式和终极目标。

现如今，京津冀产业协同发展过程中仍然存在着京津产业发展水平极化、价值目标单一、区域间产业前后向的关联性差，而河北承接能力弱的现实问题，因此辽宁省应首先认清现实，在提升自身能力、增强产业配套能力和服务能力、提升市场吸引力，找到对接点的同时与河北保持错位互动的发展格局，共同承接来自北京和天津的产业转移。辽宁与京津冀产业的协同发展一方面应该建立在前文所研究所得的产业互补性、承接性基础之上，通过打造在不同发展阶段较为适合的产业共同体来自发推进；此外也应充分地考虑到省内产业所在城市的发展情况，仔细分析该产业是否为支持本地现阶段发展的唯一主导产业，如果是，应进一步考虑产业部门走出去还是引进来，哪一种形式不会影响该产业在本地区的主导地位和可持续发展的潜力。比如辽宁省的沈阳、大连、鞍山等发展相对较好、产业门类的发展水平较为多样并且基本相差不多的城市可以考虑通过走出去的形式形成产业协同,而朝阳等发展相对较落后、产业部门发展水平相对滞后的城市虽然已经迈出了与京津冀产业协同发展的步伐,也应及时发展相关配套产业、稳步提升原有优势产业,避免因一味地推进与京津冀产业的政绩化协同发展而走向衰落。再次,可以说辽宁与京津冀的产业协同发展既是机遇也是挑战,保障自身在不丧失传统产业优势和可持续发展能力的基础上推进产业协同十分必要。

二、产业协同的基本形式

产业协同的基本形式是指产业协同通过哪种形式能够推进和实现。一般来讲,依据产业内外、横向纵向、是否跨区域以及参与涉及的主体多寡,能否分为具有关联并且范围面逐步扩大、由内部关联转向外部关联的产业内跨企业协同、跨产业间协同、产业主体间协同以及以地理单元为载体的产业协同。这几种形式从同次产业内部的企业为载体入手,扩展到跨产业间的企业载体、项目载体和产业部门载体协同,再到与产业部门相关的经济、社会主体横向纵向协同,再到以地理单元为载体、根据其所拥有的主导产业来形成产业部门与地理单元之间的双向促动协同。这几种产业协同的基本形式可能同时存在于产业协同发展的过程中,也可能因产业协同发展所处的不同阶段而包含其中的一种或几种,一般而言,产业协同发展的越完善、越可能包含高级化的产业协同形式,比如主导产业与地理单元双向促动型协同模式;反之,处于发展初期或者水平相对较低的产业协同发展可能包含相对较为简单的产业协同形式,如产业内跨企业协同。

(一) 产业内跨企业协同

产业内跨企业协同是产业协同基本形式中比较常见的一种,通常指某一产业内的企业之间在产业链条环节的各种协同,包括战略协同、生产协同、创新协同、管理协同、销售协同等。不同于以往产业内各企业的松散状态，这种协同模式有助于具有互补性生产内容的企业和具有资源势能差的企业通过产业链整合的方式重新配置资源和要素，获得企业超额收益，同时也是产业协同进程中相对基础和初级的阶段。根据各地产业发展和宏观合作环境的发展现状，辽宁产业融入京津冀更大程度上将有赖于这种产业协同模式。例如在第二产业方面，运用掌握核心技术的优势企业，如沈阳机床机器人技术、智能机床、自动化控制等主要用于金属切割、制造和机械加工与北京生产数控机床、电加工机床、混凝土机床、家具生产机床等合作对接，共同研发多功能用途领域更为广泛的新型机床产品。又如，增强沈阳汽车城、丹东辽宁曙光汽车集团和辽宁五一八内燃机配件与北京汽车生产基地合作与配套。逐步形成以北京中心区为极核，从研发、设计、中试、采购、零部件、组装、销售、物流配送、仓储等一体化的完整产业链。从而提升辽宁具有相对比较优势的产业部门在京津冀辽产业链上的参与度。

（二）跨产业间协同

所谓跨产业间协同是指两个或者两个以上的原本在各自独立的产业系统内运行的产业部门之间，由于高渗透性、高关联性和融合性业务往来等原因，逐步转向产业间相互促进方式演变的新型演化发展系统。跨产业间协同相较于产业内不同企业的协同而言互补性更强，能够形成更高层次的产业发展格局，与此同时，产业间协同也是应用较为普遍的产业协同形式。如里海大学、尼亚州立大学等院校的团队对制造业与高新技术产业协同发展问题进行了协同分析，认为实现敏捷制造、精益生产和虚拟企业等生产方式，可以同时促进制造业和高新技术产业的发展。与此同时，现实中跨产业协同的方式也较为多样化具有较强的可操作性。例如第三产业中的服务业与第二产业中的制造业合作形成生产性服务业或者制造型服务业，并且在现实中，生产性服务业的集聚能够在一定程度上促进制造业的集聚和转型升级；第一产业与第二产业中的生态环境治理合作打造生态型农业，第三产业中的金融业与第二产业、第一产业结合形成生产性金融和普惠金融，第二产业中的互联网信息技术与各次产业合作形成互联网加等。按照上述分析的产业发展优势，辽宁可以通过寻找将传统制造业与北京的现代服务业、天津的港航金融业、河北的电子信息产业和战兴产业合作的机会，形成跨产业之间的合作。

（三）产业主体间协同

不同的产业具有各异的产业主体和客体，这里的产业主体通常是指引导产业运行、为产业存续决策、参与产业运营的行为主体，各种形式的产业协同有赖于主体之间的协同，因具有决策性和灵活性等原因，产业主体间的协同通常先于产业部门之间的协同，并且产业主体间的协同效率越高，意味着对于产业协同中各产业部门的职责划分、利益分割和具体操作越具有相对一致的认同性，从而会使得产业部门在运营内容和形式方面的协同更为便利。由此，产业主体间协同是指参与产业协同发展的行为主体如政府、企业、高校、科研院所、金融机构等，在正式或非正式的交流合作过程中形成的相互协作、角色定位合理化从而有效合作的相对稳定运行系统。在产业的社会化发展运行过程中，任何一个产业主体都不可能孤立地存在并且独立地完成产业运行的全过程，参与主体之间随着产业演进的逐步高级化、发生着越来越密切的关联。因此辽宁融入京津冀并非单一产业主体参与就能够完成，构建政、企、学、研、金一体化的多主体参与协同系统十分必要。这就需要在纵向上加强政企结合，政府适度在创新研发而不是产品销售和企业建立的方面给予资金和政策支持，需要加强产融结合、特别是对于一些城市建设中的基础性项目增强政策性金融比例；大力支持产业园区、孵化器中介机构、高校科研院所与企业的项目对接和往来。例如持续性推进与中关村的对接和合作，在一定程度上采取相对同步或者同等程度的发展路径、政策、资助条件和发展模式。同时在横向上，加强跨区域产业主体之间的协商和对话机制，如跨区域政府对话平台、跨区域政企对话等。

(四) 地理单元与主导产业双向促动型协同

地理单元是产业存续和发展重要载体，空间相互作用理论认为，产业在区域间充分互动从而形成更为合理化的分工模式，能够在一定程度上避免不同区域间产业之间的矛盾、浪费、恶性竞争甚至相互损害，进而拓展相互的发展空间，争取到彼此更多的发展机会，推进区域协同发展进程。也就是说，地区内部的主导产业在一定程度上可以代表一个地区的主体功能，那么按照这一理性逻辑，地区之间具有比较优势的主导产业部门跨区域协同发展的过程，在形式上也可以代表地区之间主体功能的协同发展，这种产业协同体系的形成、特别是在具有鲜明的产业链内部分工的情况下，会促进地区之间主体功能分化的鲜明化；反之，当地区主体功能发展到一定程度并且具备一定的鲜明特征的时候，产业协同将会更为有效地克服因所属地区行政区划所带来的责任义务分配、财政利益分割、环境保护担当、社会福利享有等方面的非市场化问题，进而提升产业协同的效率。如果将这一情景运用在区域协同中的城市协同层面，推进主导产业的协同与城市按照功能定位的协同模式双向促动，就是形成了一种高级化形式的区域协同发展模式。所以，关注城市中发展具有比较优势的产业部门、特别是主导产业部门尤为具有现实意义。

这就需要了解辽宁和京津冀所辖主要的地级以上城市分别在哪个产业以及产业部门具有比较优势，以此为基础衡量与京津冀具有比较优势的城市如何协同。选取行业就业人员，计算2014年辽宁地级以上城市各次产业分行业区位商，区位商指大于一的城市和相关产业行业被认定是具备比较优势的行业部门和城市，从而可以结合实际情况考虑协同发展策略。通过对各地级以上城市产业行业部门区位商的测度，也可以看出这些城市中的哪些行业发展较好、而那些发展较差，那些部门应该输出而那些部门应该引进，对有针对性的产业协同提供建议。分析结果如表3-6所示。

表3-6　　　　　2014年辽宁省地级以上城市分行业区位商

城市	沈阳	大连	鞍山	抚顺	本溪	丹东	锦州	营口	阜新	辽阳	盘锦	铁岭	朝阳	葫芦岛
第一产业	0.065	0.127	0.182	0.392	0.074	0.506	0.968	0.050	0.529	0.633	9.860	1.715	0.250	0.334
采矿业	0.367	0.032	0.089	2.189	0.907	0.215	0.269	0.062	5.076	0.131	4.206	3.750	0.805	1.528
制造业	0.900	1.585	1.337	0.842	1.035	0.787	0.742	1.136	0.412	1.214	0.309	0.618	0.605	0.952
电力燃气及水	0.964	0.527	0.845	1.681	1.114	1.553	2.163	1.112	1.481	0.772	0.417	1.253	1.296	0.992
建筑业	1.139	0.781	0.968	1.216	1.189	1.192	1.127	1.056	0.833	0.939	0.714	0.687	1.220	1.223
交通运输	1.479	1.090	1.259	0.696	0.701	0.893	1.119	1.766	0.404	0.526	0.210	0.470	0.505	0.549
信息传输和计算机	0.929	2.320	0.496	0.426	0.713	0.778	0.688	0.702	0.782	0.757	0.367	0.611	0.548	0.633
批发零售	1.151	0.867	1.223	0.689	0.442	0.530	0.764	0.819	0.580	0.403	0.475	0.716	0.777	0.416
住宿餐饮	1.704	1.562	0.621	0.517	0.429	0.773	0.423	1.019	0.374	0.640	0.460	0.181	0.362	0.717
金融	1.003	1.247	0.814	0.932	0.901	0.768	1.358	0.939	1.114	0.961	0.531	0.679	1.315	1.103
房地产	0.963	1.649	0.775	0.608	0.923	1.746	0.820	0.786	0.729	0.832	0.557	0.761	0.752	0.412
租赁和商业服务	1.062	0.951	0.904	1.636	1.664	0.520	0.822	0.887	0.546	1.272	1.597	0.605	0.475	0.551
水利环境	1.225	0.454	1.181	1.190	1.180	1.512	0.804	1.209	1.097	1.986	0.707	0.869	0.847	0.963
居民修理	1.468	0.854	1.241	1.337	0.385	0.690	1.141	0.335	0.322	0.736	0.343	0.346	2.886	0.269
教育	1.075	0.720	0.888	0.905	0.942	1.443	1.298	0.961	1.339	1.110	0.415	1.223	1.752	1.178
卫生社保	1.121	0.698	0.911	0.904	2.127	1.487	1.194	0.878	1.136	1.173	0.361	1.003	1.110	0.926
文化体育	1.457	1.233	0.669	0.904	0.625	0.817	1.312	0.849	0.926	0.933	0.447	0.703	0.610	0.500
公共管理	0.774	0.658	0.866	1.034	0.874	1.103	1.337	1.406	1.276	1.469	0.709	1.613	2.009	1.581

资料来源：《中国城市统计年鉴》根据各行业从业人数确定，口径为全市。

结果表明,在第一产业发展方面,盘锦、铁岭具有比较优势,可以与河北省展开协同;在第二产业发展方面,抚顺、阜新、盘锦、铁岭、葫芦岛的采矿业,大连、鞍山、本溪、营口、辽阳的制造业,抚顺、本溪、丹东、锦州、营口、阜新、铁岭、朝阳的电力燃气,以及沈阳、抚顺、本溪、丹东、锦州、营口、朝阳、葫芦岛的建筑业具有比较优势,既可以成为上述地区可持续发展的产业行业增长点,也可以作为辽宁融入京津冀在不同地理空间的产业协同点,这就需要政府和相关部门进一步协调和调研,避免与京津冀相应产业的同构、创造合作平台。明确辽宁省地级以上城市各产业行业的比较优势有助于在推进产业跨区域协同和融合的过程中找准各城市的功能定位,从而避免恶性竞争形成错位互补的良性发展格局;也便于结合实际调研情况,更为准确地制定协同政策、搭建合作平台。进一步在第三产业发展方面,大连、沈阳、鞍山、锦州、营口在交通运输业方面具有比较优势,可以参与辽宁与京津冀的交通网络构建;大连的软件信息计算机可以与北京中关村软件产业协同;沈阳、大连、锦州、阜新、朝阳、葫芦岛可以与天津金融业协同;而沈阳、鞍山的批发零售,大连、沈阳、营口的住宿餐饮,抚顺、本溪、盘锦、辽阳的租赁与商业服务可以考虑与河北协同发展,作为承接北京和天津产业转移的服务配套产业和城市;沈阳、大连、丹东、锦州、阜新、辽阳、铁岭、朝阳可以作为教育科研协同发展的城市。由此可见,辽宁产业融入京津冀协同发展是一个包含多层次产业维度、需要众多产业主体和城市参与、需要逐步实现的系统工程,这既是实现东北再振兴的需要,也是协调京津冀协同发展进程中产业发展梯度和城市发展矛盾的现实需求。因此,了解产业行业之间的互补性、承接性,构建产业合作共同体、引导跨区域协作体系是产业协同发展的题中之义。

第四章

辽宁—京津冀旅游协同发展分析

旅游业是第三产业中的重要组成部分，是综合反映地区经济、社会、文化和生态发展程度的重要变量，也是调动资源在地区之间转移的重要桥梁。一个国家或地区旅游业越发达，一方面证明具有比较优势的旅游资源和旅游环境，另一方面也说明这个国家或地区具有相对开放的产业发展模式，并在这一开放的过程中会不断地吸收外界资源与内部资源形成能量循环和交换；与之相对，如果一个国家或者地区的旅游业欠发达，同样一方面说明其不具备相对优势的旅游资源、项目和环境，另一方面也说明该地相对封闭或者经济社会发展水平相对较低。辽宁省融入京津冀协同发展进程，是一项应突破地理和行政界线的分步骤逐步推进的复杂性系统工程，任何一个层次的融入都遵循着区域协同发展理论，既不影响转出地和转入地的可持续发展，又能够使得双方协作收益得到优化。因此，对于基于现实发展状态下的融合点的选择和融合渠道的搭建具有重大现实意义。作为第三次产业中生产和生活服务部门的重要组成部分，旅游业发展水平逐步提升并越来越成为具有较强前后向产业关联性、能够吸纳吞吐和重新配置诸多方面要素、检验和考验市场及公务服务等诸多平台建设水平，是推进从物质层次到文化层次社会升级的中坚力量。根据2016年《中国统计年鉴》相关数据显示，2015年全年国内游客数达到40万亿人次，同比增长10.5%，国内旅游收入34 195亿元，同比增长13.1%。根据世界旅游业理事会（WTTC）和国家旅游数据中心测算，中国旅游产业对 GDP 综合贡献为 10.1%，超过教育、银行、汽车产业对经济增长的综合贡献；旅游就业人数占总就业人数的 10.2%，旅游业已成为新常态下新的经济增长点和解决市场就业压力的重要蓄水池，因此考虑将旅游业培养成为辽宁融入京津冀的一个全新增长点并探讨对接路径。

第一节　辽宁与京津冀旅游资源概况及存在问题

钟家雨和柳思维认为（2012），在城市层面，旅游小城镇的协同发展模式的形成逐步经历核心产业链的企业协同、产业集群协同、产业集群与环境协同等几个不断成熟的阶段，协同发展的最终实现离不开信息、目标、制度和组织、利益和创新等这几方面的协同。结合着生产生活经验，我们不难感受到，旅游协同由旅游企业协同到产业环境化协同这一演化过程是旅游资源在企业、产业集群、环境中的产业集群等不同维度组织和配置效率逐步提升的过程，任何一个环节都离不开对旅游资源基于各种形式的认识、利用和开发。可以说旅游资源是旅游业发展的最基础要素，旅游业的协同发展在本质上就是有形和无形旅游资源的协同发展。一般地，旅游资源经过认识、开发和利用的过程会形成旅游产品、旅游项目、旅游线路、旅游服务等关联性产业部门；旅游资源的丰歉程度、空间分布和类型特征将通过直接决定旅游产品、旅游线路的空间布局和类型，影响旅游市场从而旅游产业的发展；对于旅游资源的供求是否平衡也在一定程度上反映旅游资源的市场成熟度。因此，准确把握旅游资源及各层次群体的旅游偏好，有助于从直观上找到资源互补的可能性，便于从供给的角度更有效率的创新和优化旅游产品、整合和开发旅游资源，使得旅游资源的供求相对均衡，提升旅游资源配置效率从而实现可持续发展。

辽宁和京津冀旅游资源自然概况及存在问题

我们通常所说的旅游业是以旅游资源为运营标的的产业，想要推进地区之间旅游业的协同发展，离不开为旅游资源搭建协同发展的平台。在此提到的旅游资源是个丰富的概念，既包括我们能够直观看到的自然性旅游资源、人文性旅游资源，还包括能够研发、管理、服务、经营旅游资源的机构与人才、旅游资源所处的环境，以及与影响和反映旅游资源发展相关的直接间接条件如由金融环境、市场环境、认同环境、科技信息环境等构成的地区旅游发展实力和潜力等。因此，考察旅游资源的发展状况、适时推进旅游资源形成协同发展的态势，需要基于这几方面综合考虑。

（一）辽宁旅游资源自然概况及存在问题

作为东北沿海沿边的唯一省份，辽宁省是东北和内蒙古东部对外开放的重要门户，这里拥有丰富的旅游资源，旅游业发展在全国具有较高声誉，全省共有国家重点风景名胜区9处、国家历史文化名城1处、全国重点文物保护单位35处，以及AAAAA级景区3处。国家重点风景名胜区分布在鞍山、本溪、丹东、大连、兴城、锦州、盘锦、葫芦岛、抚顺等城市，既包括天然形成的名胜古迹和自然景观，也包括具有历史和现代红色文化特色的近现代遗址，并且景点多位于铁路公路沿线，交通较为便利。这是辽宁省有形旅游资源的自然分布。为了更为全面的了解辽宁旅游资源的自然现状，不可或缺的还应关注于无形旅游资源即城市旅游发展实力现状。根据波特的竞争力理论，一国的贸易比较优势并不像传统的国际贸易理论宣称的那样简单地决定于一国的自然资源、劳动力、利率、汇率，而是在很大程度上取决于一国的产业创新和升级的能力。由于当代的国际竞争更多地依赖于知识的创造和吸收，竞争优势的形成和发展已经日益超出单个企业或者行业的范围，成为一个经济体内部各种因素综合作用的结果，一国的价值观、文化、经济结构和历史都成为竞争优势产生的来源。按照这一逻辑，地区旅游发展的比较优势也以有形旅游资源优势为基础但不仅限于此，还取决于由经济、社会、环境所综合影响和决定的无形旅游资源，其发展程度借助于旅游竞争力来衡量。有形旅游资源是无形资源的物质基础，无形资源是有形资源发展的深刻化延伸和拓展，有形资源利用的好可能因其与经济社会的发展不相符合而影响综合实力的提升，而无形环境发展的好却能够在一定程度上说明是对有形环境的有效利用，考察旅游产业的运行效率，两方面缺一不可。故进一步构建旅游竞争力评价体系，用以评价辽宁省地级以上城市现阶段的旅游竞争力现状。

基于上述分析可知，城市旅游竞争力的提升少不了在良好的经济基础下创造舒适的旅游环境，合适限度地开发和利用旅游资源比较优势、增强旅游资源的活力、进而优化旅游产业链推进经济发展。故而根据现实发展的这一需要，构建旅游竞争力评价体系包括资源实力、旅游基础、环境实力、经济实力和发展活力等评价方向，深入分析评价辽宁省地级以上城市的各项旅游实力大小，明确各城市旅游业发展的比较优劣势。分别定义：旅游资源实力为描述旅游自然资源和人文资源在拥有规模、数量、知名度方面的综合实力；旅游基础为与旅游资源相关的旅游服务业的规模和服务质量相关指标；环境实力指与旅游资源所在地的自然环境、教育环境、服务环境等能够支撑旅游产业发展使之能够为旅游者带来更多自然人文享受的指标；经济治理使之旅游资源所在城市的经济发展水平和物质基础；发展活力是旅游资源能够提升质量和可持续发展的存续潜力。故选取A级景区数量、重点历史文物单位、森林公园数、自然保护区、资源类型等指标测度有形旅游资源实力，用以衡量城市拥有的自然旅游资源的综合可开发和可利用的实力；景区、旅行社、酒店数目测度旅游基础，用来衡量城市与旅游直接相关的旅游服务和旅游资源的人文呈现方面所具有的能力也指旅游基础；用三产比重、森林覆盖率、教育环境、服务环境表征环境实力，用以衡量城市与旅游资源间接具有关联的自然环境和服务人文服务能力，代表旅游环境；经济规模、人均GDP、城镇化率、恩格尔系数表征经济实力，用来衡量旅游资源所在城市的物质经济能力、代表经济实力，通常情况下，经济能力强的城市旅游业发展具有强大的物质支撑，服务相对完善，反之，旅游业的发展在一定程度上也会带动地区经济增长；国内旅游增长率、国际旅游增长率、GDP 增长率表征旅游发展活力，用来衡量旅游的经济增长效应。运用 SPSS 软件测度 2013 年辽宁省 14 座地级以上城市旅游竞争力水平如表 4 - 1 所示。

表 4 - 1　　　　　辽宁省地级以上城市分层次旅游实力评分

评价方向	资源实力	旅游基础	环境实力	经济实力	发展活力
沈阳	12.65	15.28	8.32	11.11	4.88
大连	14.19	25.35	8.89	12.07	4.05
鞍山	8.62	5.52	7.98	8.57	5.07
抚顺	8.64	3.52	8.25	7.19	9.61
本溪	9.10	5.36	9.47	7.55	7.66
丹东	7.94	6.63	8.26	6.32	7.32
锦州	8.50	6.48	6.05	5.75	7.23
营口	5.43	4.84	7.25	6.84	11.14
阜新	6.07	3.62	6.03	4.93	6.39
辽阳	5.98	4.50	5.29	6.32	6.30
盘锦	3.05	4.23	6.24	8.20	7.68
铁岭	4.88	5.04	5.93	5.19	6.88
朝阳	11.05	3.69	6.15	5.22	6.28
葫芦岛	8.59	5.95	6.83	4.75	9.49

由表 4 - 1 结果可以看出，在最为基础的旅游资源实力方面，辽宁省地级以上城市的资源实力相差较为悬殊，沈阳、大连、朝阳具有绝对优势，其中沈阳以满清皇城文化为主要旅游资源、大连则以独特的海洋文化和日式风情文明、朝阳则以凤凰山、牛河梁文化遗址为著名。在考察的旅游基础方面，沈阳和大连具有绝对比较优势，特别是大连的旅游

基础比其他城市高出数倍,可以看出大连市不仅在自身作为旅游城市、魅力城市建设方面具有较强的旅游产业机构体系,并且因临近日韩和日韩较多企业常驻大连的缘由而会增加这部分常住商务人口相关亲属朋友的旅游服务事宜,因此相对具有开放性,与此同时,旅游业特别是第三产业的发展也为大连市带来了较为丰厚的经济发展收益,从中我们不难看出,当一个旅游城市其主导产业并不是传统重工业的时候,往往更容易实现同时具有"轻型"特征的旅游业和绿色生态轻型工业、战略性新兴产业的协同发展,适时发展旅游经济、特别是旅游与第二产业的融合如工业旅游等也是推进第二产业转型升级的重要思路之一。在环境实力方面,各城市相差不大,经济实力方面沈阳和大连具有绝对优势,然而在发展活力方面却落后、缺乏后劲,这与这两个辽宁省的中心城市偏重于发展第二产业和第三产业中的一些部门有关,因此根据旅游产业发展现状应适当降低投入比重、优化存量结构、推出精品;地区相差悬殊,东南发展强于西北。辽宁省旅游发展整体反映出缺乏鲜明的特色和精品路线、整体协作开发程度较差等现实问题,旅游业的发展相对停留在本地资源由本地开发利用、本地服务和管理支持阶段,跨城市间的旅游路线设计、产品开发、管理服务数量较少并且缺乏精品。因此,要提升整体城市旅游发展的竞争力、特别是可持续发展的活力并使之成为推进经济发展的增长点,需要大面积提升旅游基础和旅游环境的质量,对于具有资源实力的城市进行深度创新开发。

(二) 京津冀旅游资源基本概况及存在问题

京津冀城市群的旅游资源特点与辽宁省略有不同,主要以北京和天津两大核心为主,在一体化程度上因京津冀协同发展的逐步深化而程度相对较高,特别是北京是吸引国内外游客的极核。京津冀三地所辖13座地级以上城市的旅游资源丰富多样,包括北京的皇城文化、民俗文化和现代文化;天津的商业文化和民间文化,以及河北的自然景观和民俗文化。京津冀构建旅游城市群也存在一系列现实问题亟待解决,比如首都客源市场的周边外溢性比较低,环京津创新性旅游产品相对缺乏,主要表现为北京的旅游资源类型多样化、旅游产品相对完备并且独立成体系、属地范围较大,因此在京津冀区域内旅客对于北京的偏好明显大于天津和河北;旅游资源互补性较差,没有形成互为旅游目的地的互动发展格局,市场互动性不足,特别是北京的动力严重不足;旅游支撑系统没有形成整体,也没有形成规模巨大的散客旅游集散中心。由此可见,京津冀旅游资源现状的形成主要是因为旅游资源所在城市不平衡的综合发展实力,这与辽宁省旅游资源所在城市实力相差不大的事实存在差别。因此,整合该区域的旅游资源应考虑将北京的旅游辐射范围扩大化,增强北京对辽宁的资源输出和人员输出,而加强辽宁和天津、河北的项目互补性合作,增强两地的旅游综合实力,逐步缩小与北京的差距。但从现实发展状况来看,辽宁旅游融入京津冀不仅要实现省内产业质量的重新规划和提升,还应等待京津冀旅游市场、交通方面的进一步完善,因此,现阶段可操作的是从旅游资源现状着手提出整合策略。

第二节 辽宁参与京津冀旅游协同的整体思路

一、辽宁参与京津冀旅游协同具备可行性

从旅游的角度推进辽宁主动融入京津冀,具有丰富的理论和现实意义。一方面从理论上来讲,跨区域产业融合是实现区域经济一体化协同发展的必要路径之一。旅游产品具有受众广泛的普遍性、旅游产业具有前后向关联广泛的通达性、旅游市场具有配置多方因素的跨界性。如果说其他的融合平台因行政区划限制和地理空间的远离或者因发展阶段的不同而无法在短时间内实现搭建并对接,那么旅游业便可以从一定程度上相对快速的突破上述限制,通过大区域内的省际联合和区域之间甚至与国外的要素和人员吸引实现对接和融入。另一方面从现实上来看,辽宁省虽然拥有丰富的自然和人文旅游资源,但旅游业自身发展存在一定

的问题，需要主动与周边区域特别是京津冀地区展开合作从而提升运营收益，形成全新的经济增长点。与此同时，京津冀一体化进程中需要产业和人员的疏解，该区域旅游产业在发展的进程中也存在着跨区域整合问题，因此不能将旅游产业的一体化固化在京津冀范围内而应放眼周边，协同辽宁沿海京津冀形成互补的发展格局。在可操作性方面，根据辽宁省旅游局2014年统计数据显示，从游客来源地来看，北京、天津、河北均位列辽宁省前十位省外客源市场，其中，北京一直是最大的省外客源地。（如表4-2所示）先天的地缘邻近性促成了辽宁旅游融入京津冀的地理空间优势；而丰富的旅游资源互补性则形成了可融合和开发的后天优势；国家对于京津冀一体化协同发展的整体规划和省委省政府对于辽宁主动融入京津冀的行动部署形成了政策制度保障；日益便利的高铁、互联网、自媒体、旅游公共服务的发达保证了对接的顺利进行。因此，在东北老工业基地再振兴相逢京津冀协同发展之际打出"旅游对接牌"是可行的。

表4-2　　　　　2013年和2014年辽宁省排名前十位的国内客源地客源比重及排名

地区	2013年 比重	2013年 位次	2014年 比重	2014年 位次
北京	15.2	1	18.5	1
黑龙江	9.4	2	9.4	3
山东	9.13	3	3.0	10
上海	8.7	4	10.2	2
吉林	8.1	5	8.7	4
天津	8.0	6	8.2	5
河北	6.7	7	6.7	6
内蒙古	4.5	8	3.4	8
福建	3.9	9	3.3	9
广东	3.8	10	5.2	7

资料来源：2014年《辽宁省统计年鉴》。

二、总体思路设计

针对辽宁与京津冀旅游业发展过程中的诸多特点和存在的众多共性问题，主要包括旅游资源的分布相对分散、旅游产业集聚性差，（不）同类资源在区域内部（之间）整合相对较差，单一化、同构化，资源深度开发不足；传统旅游产品形态难以满足迅猛发展的现代化旅游需求从而导致旅游资源市场供求不相匹配，缺乏旅游产品中的经典品牌和线路；旅游服务质量相对较差、缺乏统一协调的大型旅游集团等。本书认为最核心的处理办法是实现从旅游资源到旅游产业、旅游产品、旅游市场跨区域的整合，从而形成"3+1"跨区域旅游产业链大集群，进一步打响国内外品牌。因为跨区域整合的思路虽然必要并且以往诸多学者都有所涉猎，但是在实施中仍存在诸多阻碍和困难，因此更多从理论方面加以阐述和构架。

旅游资源分为有形旅游资源和无形旅游资源，对于有形旅游资源的跨区域整合与重构会因为该类资源的地理稳定性而只能从旅游产品和旅游路线的联合设计上着手，而对于城市旅游综合实力等无形旅游资源，则需要从培育一个产业升级所需要的经济和社会环境入手，积极构建跨区域的旅游产业链。辽宁参与京津冀旅游协同发展在有形旅游资源方面需要整合开发旅游资源，形成有个性的旅游产品和精品路线；而在无形旅游资源方面则要构建旅游产业链、培育旅游服务和管理综合体系。具体来讲，整合辽宁与京津冀的旅游资源最关键的一环在于寻找能够互补的连接点，基于跨诸多行政区域、而各区域自身又有在一定时期内的经营重点这一关键因素，需要考虑整合能够独立生存于行政资源之外的要素形成主要组合力，自动吸引其他要素的流动和重新配置，以行政所能调配的其他资源作为保障和补充。这就需要首先了解这两个区域所辖城市旅游资源的内容特点和优劣势，避免同构性的发生进而从一定程度上提升资源整合收益；与此同时通过问卷调查的方式了解两区域内部和全国范围主要往来地区（如图4-1所示）对于两地区域资源的市场消费需求偏好,能够对旅游资源的理论性整合进行现实微调;在此基础上设计旅游产品,能够更大程度地符合资源的现实性和市场的需求。

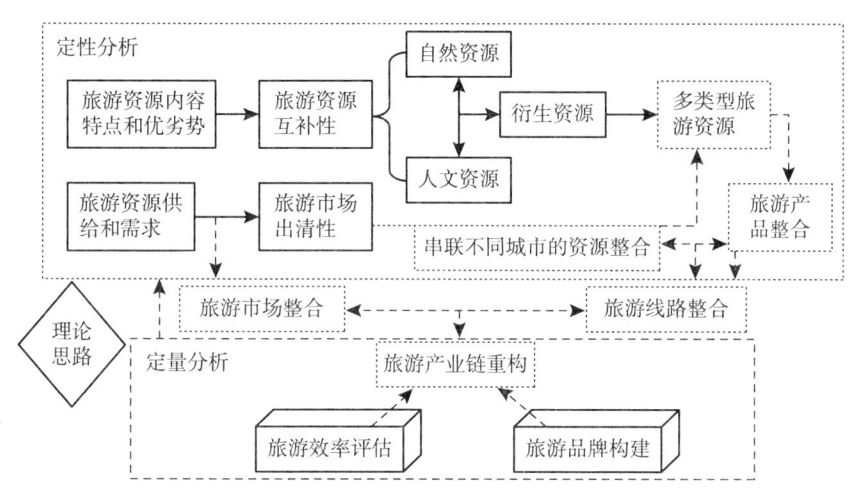

图4-1 辽宁省参与京津冀旅游协同发展思路

本书从自然旅游资源和人文旅游资源两大方面、包括生态旅游、文化旅游、都市旅游、海洋旅游、娱乐休闲旅游、会展旅游等若干子方面开展;根据具体地缘位置和交通状况形成相应的旅游路线;由旅游资源的整合自然而然便可以形成旅游产业的优化升级和大区域产业链的重新构建,以互联网为主要牵动力量的电子商务、电子政务、互联网金融等,为旅游产业的全面升级提供保障。如图4-1所示,京津冀—辽旅游资源的协同发展需要构建完整的旅游发展体系,将旅游存量资源通过产品整合—线路整合—市场整合链接起来,重建以旅游资源为主体的旅游产业链。这就需要政府和相关旅游机构充分分析旅游资源的特点和优劣势,从中找出一个城市内部和不同城市之间旅游资源的互补性,以自然资源和人文资源为母本开发出创新性的衍生资源;与此同时,充分关注旅游资源的供求规模、结构匹配性,以相对均衡的视角构建出清效率较高的现代旅游市场。上述也应充分兼顾旅游效率的评估,实现目标高级化的关键在于构建协同旅游品牌。下文便基于这一协同发展思路,相继考察京津冀辽的区域旅游效率和旅游品牌发展状况，以期完善对于这一思路的理论与现实论证。

第三节　辽宁—京津冀地级以上城市旅游效率评价

旅游协同发展的目的是为了形成合力、提升各区域总体的旅游发展效率，那么如何检验经过实行每一个步骤地旅游协同发展策略后，各地理单元的旅游效率是否提升，也即检验旅游协同战略或者协同行为与政策的实施效果？这就需要了解京津冀辽各地旅游效率的现状。从广义上来看，城市旅游效率是指对于城市旅游资源所涉及的诸多要素的投入和由此引发的旅游收益之间的比例关系，在经济学领域，旅游产业如果处于规模报酬递增阶段，或者创新开发资源，便能够以更少的投入获得更高的收益，在资源甚至不可再生资源量一定的情况下，更好的配置资源。从理论上来讲，旅游资源投入产出效率的提升意味着旅游产业质量的改善，而在不同的地区，旅游效率的高低与投入规模的多寡、投入类别多样性、旅游资源的分布之间的关系各异。旅游效率较高的资源所在城市之间联合开发产品和线路，相比于旅游效率都很低的城市之间联合更具有提升旅游产业整体收益和合力效果；拥有一种典型优势旅游资源的城市也不一定不能同时开发其他多元类型的旅游产品；具有典型优势的旅游资源和其他城市具有典型优势、次级优势、弱势的旅游效率的资源分别组合，可能创新开发出全新的产品。在现实方面，政府主导的旅游业发展主要集中于基于非需求性调查的旅游景区扩建、酒店、旅行社、饭店等旅游资源的大量投入而很少评价上述投入对于旅游业的运营效率具有怎样的影响，这直接导致旅游资源配置效率因过度或不足的开发而远离最优配置效率，从而影响旅游产业的可持续发展质量。因此，在直观了解两区域旅游资源基本状况和存在问题的基础上，进一步深入分析两区域所辖地级以上城市旅游业的投入产出效率，从而把握旅游资源的运用和配置状况十分必要。

一、辽宁—京津冀城市旅游效率测度

旅游效率是衡量一个城市旅游产业发展程度和合理性的重要指标，用来反映旅游产业链上的环节在技术、规模上的发展程度是否存在合理性，特别是在不十分明确旅游需求、盲目供给旅游资源的情况下，适时测度旅游效率对于城市合理发展旅游业具有十分重要的现实意义。这主要是因为旅游业发展的规模和比重并不是越多越好、越高越好，其规模能够处于收益递增的区间，并且能够综合反映出经济和社会发展程度、能够在不过分占有其他服务业资源的前提下提升经济发展收益就是有效率的；反之，效率较低的旅游产业发展状态是对旅游资源、人力、物力和财力甚至对其他产业部门发展的一种制约性浪费。透过旅游资源看旅游效率，推进以旅游效率而不是单纯的旅游资源自然属性状态为导向的旅游产业对接，能够客观地评价各地旅游发展质量，也能够避免感性地将旅游资源组合设计旅游产品和旅游路线所产生的弊端。辽宁旅游融入京津冀协同发展应本着政府推动、立足现实的原则，在综合提升两区域旅游效率的基础上形成强强联合、强弱互补的对接局面，尽量避免旅游效率低下的城市之间联合。从这个角度入手能够为对接产品和路线的设定提供客观依据。

为此，选取京津冀和辽宁地级以上城市的旅游投入指标和旅游产出指标，运用数据包络分析法（一阶段），借助于 EDA 软件中的 BCC 模型，评价 2013 年两区域所辖地级以上城市的旅游效率。之所以选择地级以上城市作为评价对象，除了数据可得性原因外，主要是因为地级市政府和市场具备更为强大的决策权和更开放的市场环境，交通网络的覆盖在这里更为集中和便利，并且通往景点的铁路沿线节点多设置在地级以上城市。选取对旅游业影响紧密，且具有完整数据的指标作为旅游业效率投入产出指标。与此同时，考虑到最终输出数据的有效性和可靠性，尽可能保持测度单元数为指标数的两倍以上。其中选取的投入类指标包括：土地面积（x1）、固定资产投资完成额（x2）、住宿餐饮业从业人数（x3）、主要风景区数（x4）；产出指标包括旅游总收入（y1）和旅游总人数（y2）。测度结果如表4-3所示。在结果中，综合效率表示地级以上城市纯技术效率和规模效率的综合测度值，纯技术效率表示旅游产业发展在技术开发层面包括技术提升引起的成本节约或收益增加，规模效率是指因旅游产业规模扩大而产生的效率，其中包括规模收益递增也即因规模扩张而节约成本或增加收益的现象或者反之规模收益递减抑或规模的变化不影响收益的变化即规模收益不变。

表4-3　　　　　辽宁—京津冀地级以上城市旅游效率评价

城市	综合效率	纯技术效率	规模效率	规模收益	y1	y2	x1	x2	x3	x4
北京	1	1	1	—	0	0	0	0	0	0
天津	0.254	0.364	0.698	irs	0.000	1 455.270	0	19 736 047.75	1.716	20.443
石家庄	0.558	0.608	0.918	drs	198.392	0	0	0	0.2	0
唐山	0.356	0.356	0.999	irs	90.939	0	0	1.50E+06	0.018	0
秦皇岛	0.728	0.818	0.890	irs	0.000	53.722	0	0	0.357	4.828
邯郸	0.390	0.392	0.994	drs	124.008	0	0	0	0.012	0
邢台	0.294	0.580	0.507	irs	43.760	130.925	0	0	0.114	0
保定	0.483	0.814	0.593	drs	201.044	0	8 887.752	0	0.191	9.734
张家口	0.382	0.476	0.802	irs	77.389	0	7 933.564	0	0.139	4.938
承德	0.451	0.565	0.799	irs	14.983	0	15 184.829	0	0	0.313
沧州	0.159	0.417	0.382	irs	120.928	775.111	0	263 312	0	0
廊坊	0.521	1.000	0.521	irs	0.000	0	0	0	0	0
衡水	0.418	1.000	0.418	irs	0.000	0	0	0	0	0
沈阳	1.000	1.000	1.000	—	0.000	0	0	0	0	0
大连	0.992	1.000	0.992	drs	0.000	0	0	0	0	0
鞍山	1.000	1.000	1.000	—	0.000	0	0	0	0	0
抚顺	1.000	1.000	1.000	—	0.000	0	0	0	0	0
本溪	1.000	1.000	1.000	—	0.000	0	0	0	0	0
丹东	1.000	1.000	1.000	—	0.000	0	0	0	0	0
锦州	1.000	1.000	1.000	—	0.000	0	0	0	0	0
营口	0.674	0.820	0.821	irs	35.717	369.091	0	0	0.057	0
阜新	0.481	1.000	0.481	irs	0.000	0	0	0	0	0

续表

城市	综合效率	纯技术效率	规模效率	规模收益	y1	y2	x1	x2	x3	x4
辽阳	1.000	1.000	1.000	—	0.000	0	0	0	0	0
盘锦	1.000	1.000	1.000	—	0.000	0	0	0	0	0
铁岭	1.000	1.000	1.000	—	0.000	0	0	0	0	0
朝阳	0.719	0.939	0.766	irs	0.000	639.873	10 877.221	0	0	0.894
葫芦岛	0.783	1.000	0.783	irs	0.000	0	0	0	0	0

注："irs"规模收益递增；"drs"规模收益递减；"—"规模收益不变。
资料来源《中国城市统计年鉴（2014年）》、各地区旅游局网站。

二、旅游效率结果评价

在所测度的三种旅游效率中，综合效率表示各个地级市旅游资源在所选择的所有考察指标方面的综合发展实力，纯技术效率表示各地旅游资源通过创新所带来的发展效率或者说创新效率，而规模效率则表示各地旅游资源现有的发展规模能否带来规模收益，其后的规模收益栏中的 irs 和 drs 则进一步分别代表发展现状分别处于规模收益递增区间和递减区间。在综合效率、技术效率和规模效率测度值方面，数值越接近于1说明发展程度越趋近于合理、发展效率越高。如表4-3所示，在京津冀辽所辖的地级以上城市中，旅游综合效率为1即现阶段旅游综合效率相对较高的城市有北京、沈阳、鞍山、抚顺、本溪、丹东、锦州、辽阳、盘锦、铁岭，在这里，综合效率为1不意味着这些城市的综合效率比别的城市高，而是意味着这些城市的旅游资源利用和配置相对合理；纯技术效率为1的城市有北京、廊坊、衡水、沈阳、大连、鞍山、抚顺、本溪、丹东、锦州、阜新、辽阳、盘锦、铁岭、葫芦岛，意味着这些城市对于旅游资源的技术开发和配置相对合理；规模效率为1的城市有北京、沈阳、鞍山、抚顺、本溪、丹东、锦州、辽阳、盘锦、铁岭，意味着这些城市的旅游资源规模相对合理，但这些城市已经处于规模收益不变区间；在其他城市中，天津、唐山、秦皇岛、邢台、张家口、承德、沧州、廊坊、衡水、营口、阜新、朝阳、葫芦岛正处于规模收益递增区间,这些城市扩容旅游产业规模能够带来更多的规模收益,其他剩余城市则处于规模收益递减区间,其旅游业的发展不应再以扩容旅游规模为主要手段。

从地区对比来看,天津和河北省地级以上城市旅游资源的综合效率更低。在技术效率方面,京津冀只有北京、廊坊、衡水的技术效率 = 1,即处于相对有效区间,而辽宁省除了营口和朝阳外都相对有效;规模效率方面京津冀地级以上城市都相对无效,而辽宁省除营口、阜新、朝阳、葫芦岛之外基本相对有效。在投入规模与旅游资源效率对比方面,旅游业资源投入规模包括物质与人力资本投入,效率主要反映在综合效率值。北京的人力资本投入最多、物质资本投入次多,旅游综合效率处于最优区间;而天津的物质资本投入最多、人力资本次多,但是旅游综合效率却很低。这说明旅游要素的投入规模与旅游效率不一定成正比,并不是投入越多越好。同时也突出了旅游管理和技术研发的重要性,通过二者的推进能够优化旅游资源的结构。在旅游资源分布量与旅游业资源配置效率比较方面,以拥有的主要景区数量为例,天津、保定、张家口的数量相对较多、多于40处,但旅游综合效率却相对较低;辽宁省大连和沈阳的景点数量也较多,但同时旅游综合效率也相对较高。

三、主要结论

近年来,辽宁和京津冀两区域对旅游投入力度不断加大,站在政府的角度通常以固定资产投资即对于旅游资本积累的贡献作为引导旅游发展的主要模式,以扩建和新建景区为吸引游客的主要措施。依据 C-D 生产函数,旅游业的投入主要包括人力资本和物质资本两个大方面,但产出水平还受到管理技术影响,单纯的资本投入并不能引致产出运营效率的提升。因此,如果各地区的投入产出效率不一致那么投入要素也不应一刀切,以人力资本、物质资本还是提升技术为主应当因地制宜。

第一,不同城市发展旅游业所需要的要素投入各不相同,不能千篇一律。现阶段两区域旅游规模效率普遍高于技术效率，说明对于旅游产业在技术层面的创新和产品的研发比一味地扩大产业规模更为必要。在辽宁与京津冀旅游资源整合的过程中，政府应注重技术研发，与北京、秦皇岛等技术效率相对较高的城市合作。第二，旅游业投入规模与旅游业资源配置效率之间不存在正向线性相关关系，也即并不是旅游投入规模越大、旅游资源的配置效率越高，投入要素的增加对于不同地区来说，并不能统一带来旅游效率的提升。京津冀所辖城市多数处于规模收益递增阶段，而辽宁省所辖城市虽然各种效率区域合理结构的城市较多，但多数处于规模收益不变阶段，为可持续发展埋下隐患。因此，一方面进一步证明技术创新投入的必要性，另一方面在融入京津冀过程中应重点选择与规模收益递增的城市合作，如天津、唐山、秦皇岛、邢台、张家口、承德、沧州、廊坊、衡水，特别是辽宁省同时应对营口、阜新、朝阳、葫芦岛加大开发关注，对规模报酬不变和递减的城市进行技术支持而不是规模扶持。第三，旅游资源的丰裕度不是决定资源利用的效率的唯一因素，旅游发展效率还受到技术、管理等多种因素影响。所以在旅游资源整合过程中，资源丰富的城市整合在一起的这种传统整合思维产生的结果不一定能够客观提升产业链整体效率，对于技术和管理较好、即使资源丰厚度相对较差的城市之间，也可以成为整合的一个选择。第四，城市要素禀赋和主要产业结构优势即使不是旅游业，也能够通过资源的有效整合提升资源运营效率。也就是说传统意义上的纯旅游城市不一定成为融合对接的绝对路线分布点，非旅游城市也能够参与成为精品路线节点，旅游产品的开发和路线整合的思路应充分拓宽。这也从一定程度补充前文中指标选取地级以上城市作为研究对象的原因。第五，旅游资源充裕区域的资源配置效率不高，主要因为旅游业发展的技术效率不高和规模效率有待提高。对于资源丰富但技术效率低引起的综合效率低下，应提升信息化管理和经营技术、人才培养；对于规模效率低引发的综合效率低下，应通过宣传和创新旅游模式予以改善；对于旅游资源贫瘠引发的综合效率低，应不断开发旅游资源。第六，考虑到旅游业产出的不可控性、而投入则属于可控范围，在保持现有产出水平不变的前提下,进一步给出相关城市旅游效率提升的主要方向,作为实现资源整合的客观基础。其中,目标值是各地级市相关指标现阶段应该达到的相对合理发展水平,差值表示发展现状与目标值之间的现实差距,差值方向表示现状应增加或缩减的方向,正差值表示应增加、负差值表示应减小。如表 4-4 所示,土地面积(x1)、固定资产投资完成额(x2)、住宿餐饮业从业人数(x3)、主要风景区数(x4)四个投入指标中,固定资产投资额与目标值相差较大,普遍需要调整即进行缩减,廊坊、衡水、阜新、盘锦、铁岭、葫芦岛差值为正需要增加;在住宿餐饮服务人员和风景区数方面,结果存在两种情况,部门城市结果正合适、其他城市需要缩减;旅游从业人员数京津冀偏多故应减少,因此辽宁省不应加重旅游人才向京津冀的流动;主要景区开发也趋于饱和,故而辽宁应综合考虑现有存量资源的对接合作而不是全新投资扩建,增加京津冀或者省内的景点也即存量经营的意义在现阶段大于增量经营。

表 4-4　　　　　　辽宁—京津冀旅游投入指标优化方向

城市	x1 土地面积 目标值	差值	x2 固定资产投资完成额 目标值	差值	x3 住宿餐饮从业人数 目标值	差值	x4 主要风景区数 目标值	差值
北京	16 411.00	0	6.40E+07	-1.66E+05	31.96	0.00	206.00	0.00
天津	4 283.04	-7 476.96	1.10E+07	-7.24E+07	0.80	-6.11	10.52	-74.49
石家庄	9 636.36	-6 211.64	2.20E+07	-1.47E+07	0.79	-0.84	16.42	-10.58
唐山	4 798.24	-8 673.76	9.30E+06	-2.09E+07	0.24	-0.48	12.82	-23.18
秦皇岛	6 381.44	-1 420.56	5.90E+06	-1.34E+06	0.12	-0.46	13.98	-9.02
邯郸	4 733.44	-7 331.56	9.00E+06	-1.39E+07	0.22	-0.38	10.20	-15.80
邢台	7 206.70	-5 226.3	6.90E+06	-4.96E+06	0.17	-0.32	5.22	-3.78
保定	9 171.69	-13 013.31	1.50E+07	-3.88E+06	0.49	-0.35	22.83	-17.17
张家口	9 610.25	-27 262.75	5.50E+06	-6.13E+06	0.13	-0.43	13.14	-24.86
承德	7 143.99	-32 404.01	5.60E+06	-4.37E+06	0.11	-0.08	12.67	-10.33
沧州	5 853.46	-8 199.54	7.60E+06	-1.13E+07	0.18	-0.26	7.08	-9.92
廊坊	6 429.00	0	1.30E+07	1.79E+05	0.58	0.00	1.00	0.00

续表

城市	x1 土地面积 目标值	差值	x2 固定资产投资完成额 目标值	差值	x3 住宿餐饮从业人数 目标值	差值	x4 主要风景区数 目标值	差值
衡水	8 837	0	6.40E+06	5.04E+02	0.17	0.00	2.00	0.00
沈阳	12 980	0	5.60E+07	-2.54E+05	2.21	0.00	52.00	0.00
大连	12 574	0	5.60E+07	-2.44E+05	2.81	0.00	44.00	0.00
鞍山	9 255	0	1.60E+07	-4.23E+05	0.54	0.00	1.00	0.00
抚顺	11 272	0	9.50E+06	-3.52E+04	0.12	0.00	11.00	0.00
本溪	8 411	0	7.20E+06	-6.79E+03	0.14	0.00	17.00	0.00
丹东	15 290	0	8.50E+06	-3.25E+04	0.23	0.00	9.00	0.00
锦州	9 891	0	8.00E+06	-3.70E+04	0.17	0.00	12.00	0.00
营口	4 299.52	-942.48	8.90E+06	-1.95E+06	0.21	-0.12	8.20	-1.80
阜新	10 355	0	5.00E+06	1.98E+04	0.08	0.00	9.00	0.00
辽阳	4 736	0	5.90E+06	-3.81E+04	0.11	0.00	14.00	0.00
盘锦	4 065	0	9.70E+06	2.28E+04	0.24	0.00	7.00	0.00
铁岭	12 985	0	9.10E+06	3.79E+04	0.03	0.00	13.00	0.00
朝阳	7 640.46	-12 090.54	6.70E+06	-4.46E+06	0.08	-0.01	13.18	-1.82
葫芦岛	10 415	0	5.50E+06	3.29E+04	0.13	0.00	13.00	0.00

资料来源：作者根据《中国城市统计年鉴》（2014）计算。

第四节 辽宁—京津冀地级以上城市旅游品牌协同性评价

旅游品牌是指旅游经营者凭借其产品及服务确立的代表其产品及服务形象的名称、标记或符号，或它们相互组合，是企业品牌和产品品牌的统一体，它体现着旅游产品的个性及消费者对此的高度认同。狭义的旅游品牌是指某一种旅游产品的品牌。广义的旅游品牌具有结构性，包含某一单项产品的品牌、旅游企业品牌、旅游集团品牌或连锁品牌、公共性产品品牌、旅游地品牌等。与此同时，品牌也是一种特有的市场战略,品牌战略是增强产业发展感染效应的重要方式。城市旅游品牌是旅游资源发展程度和商业化程度高低的最直接体现,实践和经验证明,城市旅游发展到一定程度将会树立具备鲜明特色的旅游品牌,而旅游产品和旅游效率也会以品牌的形式独立存续。在旅游市场上,旅游品牌类似于商品,具有互补性的良性竞争有利于形成合作集团、提升合作收益,构筑主导品牌联合和主副品牌协同的城市旅游品牌区域结构,从而实现城市旅游品牌营销之有序、差异的竞合格局,对推进区域旅游一体化协同发展具有重要意义。因此,在前文客观分析两区域旅游资源自然状况、挖掘效率成因并探讨在效率层面对接可能的基础上,进一步从旅游品牌的角度探索如何通过品牌协同推进旅游协同融合。

一、指标选取和模型设定

选取2013年两区域地级以上城市全市口径下的客运总量、土地面积、建成区面积、供水总量、绿地面积、建成区绿化率、供电量、年末实有道路面积、每万人拥有公交车、人均城市道路面积、互联网用户数、固定资产投资完成额、人均GDP、三产占GDP比例、金融机构存贷款余额、财政收入、财政支出、科技支出、教育支出、普通高校在校学生、剧场影院数、每百人藏书量、医生人数、入境游客数、入境旅游收入,分别属于品牌的支撑层、维护层和实现层。其中,品牌的支撑层是指品牌得以形成、发展和生存的经济、社会和环境条件;品牌维护层是在品牌形成后的发展过程中所受到的来自自身管理层、社会公众层对于品牌正常存续和运行的保障;品牌实现层则是指能够最直接体现品牌实施效果的条件。各指标所属类别层次如表4-5所示。借助于SPSS软件聚类分析功能对京津冀和辽宁省所辖地级以上城市进行聚类分析,找出各城市在本质上的内部品牌联系。之所以要客观分析旅游品牌之间的内部联系主要是因为城市之间旅游协同战略的制定不能凭借主要意识,认为哪些城市之间的哪些品牌能够协同发展,而是要将属于某一类的城市品牌协同发展。

表 4-5　　　　　　城市旅游品牌属性因子群及其具体指标

类型	因子群	具体衡量指标
品牌支撑层	可进入性	客运总量
	资源环境	土地面积、建成区面积、供水总量、绿地面积、建成区绿化率
	基础设施	年末实有道路面积、每万人拥有公交车、人均城市道路面积、互联网用户数、固定资产投资完成额、供电量
	经济发展	人均GDP、三产占GDP比例、金融机构存贷款余额
品牌维护层	管理能效	财政收入、财政支出
	公共投入	科技支出、教育支出
	市民素质	普通高校在校学生
品牌实现层	配件条件	每百人藏书量、医生人数、剧场影院数
	旅游价值	入境客数、入境旅游收入

资料来源：根据范小军（2008）修改。

为更为客观地划分城市协同发展的所属类别，将按照以下步骤进行。为实现对区域城市旅游品牌结构精准辨识，首先，需要确定直接描述或间接反映城市旅游品牌属性特征的因子群。其次，寻找诸因子的定量数据，表达并删减一些暂时无法测度的指标。再次，用SPSS软件进行快速聚类（即K-均值聚类分析），通过指定类别数K值为3、4、5进行大样本资料的逐步聚类分析，在区域内进行层进式的品牌剥离，依次发现不同城市旅游品牌的独立程度。通过区域内全部城市旅游品牌的不同聚类结果可以渐次识别出不同城市旅游品牌间的主副关系。最后，对上述三组新数据采用离差平方和法（即Ward法）进行系统聚类分析。

二、聚类分析结果

运用快速聚类法分析结果如表4-6所示。当指定分类为3时，北京和天津的优势旅游品牌首先凸显出来；当指定分类为4时，北京和天津的品牌优势依然明显，但石家庄、沈阳、大连的品牌优势也显现出来；当指定分类为5时，进一步发生了石家庄、唐山、邯郸、保定的重新组合。对3组分类结果进行系统聚类后，两区域城市旅游品牌结构得以最终确立（见图4-2）。系统聚类的结果是对快速聚类的进一步深化，由图 4-2 可知，北京品牌自成一类，天津、沈阳、大连为第二类，石家庄为第三类，秦皇岛、保定、沧州、邢台、邯郸为第四类，承德、张家口为第五类，唐山、盘锦、辽阳、鞍山、营口、本溪、抚顺为第六类，衡水、丹东、锦州、廊坊、朝阳、葫芦岛、阜新为第七类。聚类分析法认为，处于一类的城市旅游资源具有相似性，从而能够协同开发或合作。因此在制定协同发展战略时，可以依照这种城市分类标准，根据各城市旅游资源的比较优劣势，挖掘各城市旅游特点的内部关联，进而形成协同发展的内容网络。

表 4-6　　　　　　　　K-均值聚类分析结果

分类数	城市	K=3 类别	K=3 距离	K=4 类别	K=4 距离	K=5 类别	K=5 距离
1	北京	1	0.00	1	0.00	1	0.00
2	天津	2	0.00	2	0.00	2	0.00
3	石家庄	3	84 061 934.38	3	53 378 711.27	4	23 769 674.91
4	唐山	3	61 928 666.03	4	61 928 666.03	4	0.00
5	秦皇岛	3	13 815 525.41	4	13 815 525.41	5	13 815 525.41
6	邯郸	3	31 683 067.51	4	31 683 067.51	4	31 490 790.54
7	邢台	3	16 636 575.72	4	16 636 575.72	5	16 636 575.72
8	保定	3	35 473 322.30	4	35 473 322.30	4	28 443 630.61
9	张家口	3	13 720 210.92	4	13 720 210.92	5	13 720 210.92
10	承德	3	9 540 070.58	4	9 540 070.58	5	9 540 070.58
11	沧州	3	25 589 535.75	4	25 589 535.75	5	25 589 535.75
12	廊坊	3	25 019 443.82	4	25 019 443.82	5	25 019 443.82
13	衡水	3	9 165 597.69	4	9 165 597.69	5	9 165 597.69
14	沈阳	3	131 448 035.84	3	3 084 920.57	3	3 084 920.57
15	大连	3	133 415 560.64	3	0.00	3	0.00
16	鞍山	3	21 115 559.79	4	21 115 559.79	5	21 115 559.79
17	抚顺	3	6 594 584.37	4	6 594 584.37	5	6 594 584.37
18	本溪	3	3 630 074.55	4	3 630 074.55	5	3 630 074.55
19	丹东	3	6 735 472.06	4	6 735 472.06	5	6 735 472.06
20	锦州	3	7 468 747.29	4	7 468 747.29	5	7 468 747.29
21	营口	3	10 393 941.28	4	10 393 941.28	5	10 393 941.28
22	阜新	3	0.00	4	0.00	5	0.00

续表

分类数	城市	K=3 类别	K=3 距离	K=4 类别	K=4 距离	K=5 类别	K=5 距离
23	辽阳	3	5 046 350.19	4	5 046 350.19	5	5 046 350.19
24	盘锦	3	6 337 646.97	4	6 337 646.97	5	6 337 646.97
25	铁岭	3	4 487 089.20	4	4 487 089.20	5	4 487 089.20
26	朝阳	3	4 163 142.46	4	4 163 142.46	5	4 163 142.46
27	葫芦岛	3	3 989 156.32	4	3 989 156.32	5	3 989 156.32

资料来源：作者根据《中国城市统计年鉴》(2014) 计算。

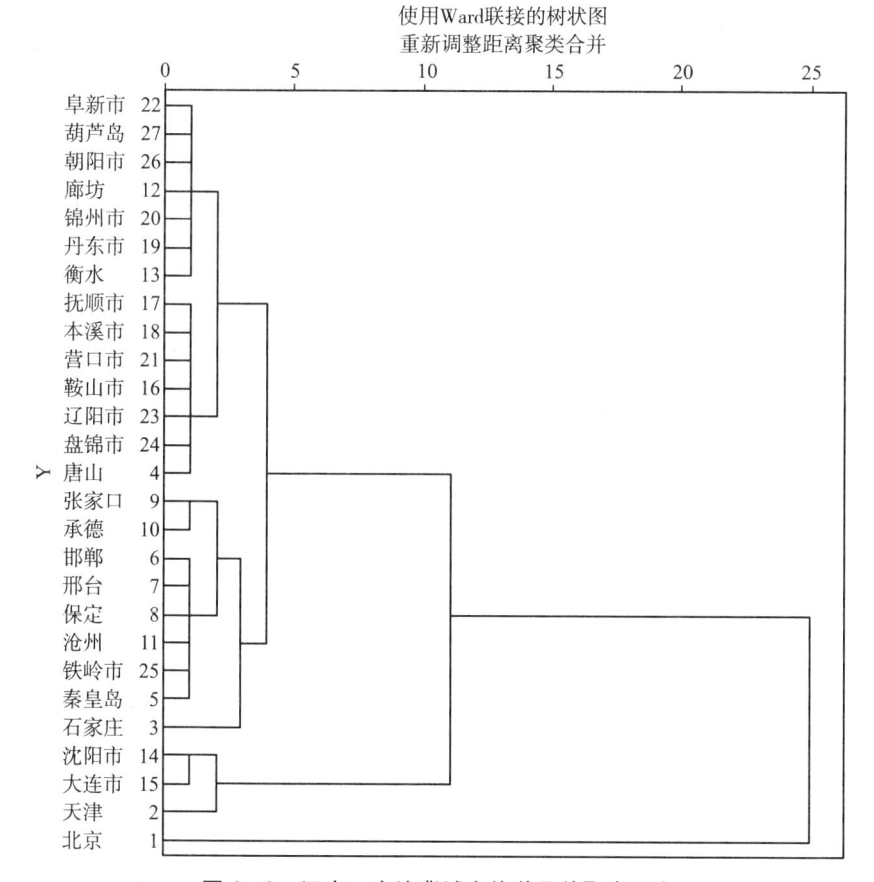

使用Ward联接的树状图
重新调整距离聚类合并

图4-2 辽宁—京津冀城市旅游品牌聚类组合

通过聚类分析，本书得出以下结论：首先，在全球化、城市化和信息化的共同推动下，城市之间的发展已然密不可分、互相牵制。区域内关联城市之间的旅游品牌联系越密切，就越有益于联合对外塑造更为有利的区域和城市群品牌形象，吸引游者在此延长驻留时间。辽宁融入京津冀旅游协同发展进程中应充分寻找可以合作的目标城市构建省内和省外旅游品牌协作网络。其次，旅游品牌的创建既包括单体城市的旅游品牌，也包括与其他城市共同经营的品牌，这种合作的过程以一种市场化和利益分成的形态突破了行政区划的限制，更适合地区协同发展。辽宁省的城市与哪些京津冀所辖城市能够共同创建旅游品牌，并非通过旅游资源的自然状况定性描述就能够实现，而是应客观的研究哪些城市属于一个品牌类别，同品牌类别内部或者不同品牌类别之间的城市更适合展开合作，从而在一定程度上避免合作的盲目性和无序性。再次，"构建合作交流网络能在主要城市和其他地区之间产生合力效应"（OECD，2006），城市旅游品牌研究的思路必须从单体城市转向"城市之间的多维联系网络"（汪云林、牛文元，2008）北京无疑是旅游品牌的中心城市，沈阳和大连可以与争取与北京和天津联合开发旅游品牌；唐山、盘锦、辽阳、鞍山、营口、本溪、抚顺尝试联合开发；衡水、丹东、锦州、廊坊、朝阳、葫芦岛、阜新尝试联合开发。

第五节 辽宁—京津冀旅游资源整合路径

旅游资源是指能够对旅行者产生吸引力、可以为旅游业开发利用，并可以产生经济效益、社会效益和环境效益的各种事物和因素的总和，主要可以分为自然旅游资源和人文旅游资源两大类。旅游资源整合是按照一定的地理空间邻近和市场共同开发原则，跨越行政区划和制度限制，尊重资源错位互补性发展形成的资源重新配置和管理模式。对于旅游资源来讲，很大程度依托于所在地理位置不发生变化，因此按照相似或者互补的思路，创新旅游产品和线路的思路才是旅游资源整合管理的关键所在。我们通常所说的旅游产品，即旅游业者通过开发和利用旅游资源，吸引其与服务的组合。旅游产品的组合是否合理直接影响着旅游资源能够为旅游业所带来的收益，同时它也是旅行者在未旅行前对于旅游资源的最直观把握。旅游产品设计是否合理将直接影响着旅行者对于旅游资源的认知，一套能够最大限度体现旅游资源价值的产品无疑将提升旅游资源的认知度和可持续发展程度，同时也充分体现着开发者对于旅游市场和旅游资源亮点能否准确把握。因此，设计旅游产品应在了解旅游需求和旅游资源的基础上展开，并进行动态地整合和调试，以期不断地满足不同消费层次、职业、性别、年龄、心理等偏好的旅客需要。旅游线路是指为了使旅游者能够以最短的时间获得最大的旅游收益，利用交通线串联形成的具有不同特色的合理走向，可以说旅游线路既是旅游产品的实现方式，也是旅游产品的一部分。优良的旅游产品如果没有优质的旅游线路加以实现，会浪费很多的时间成本，从而为旅行者带来不良的体验；反之则可能提升旅游产品的满意度。因此，旅游线路与旅游产品的设计二者相辅相成。因此，辽宁与京津冀旅游圈整合思路中应包括基于旅游资源现状、旅游效率、旅游品牌等上文所分析的几个方面的整合。

一、辽宁—京津冀旅游圈整合思路

辽宁参与京津冀旅游协同发展需要基于京津冀辽整合旅游资源、培育协同发展的旅游产业链和旅游市场。两区域之间构建旅游产业集群按照产业部门在集群中所处的基础性地位和职能重要性，分为以人文旅游资源和自然旅游资源为主要运营内容的旅游资源产业，在产业集群中处于核心层的地位；支撑旅游资源产业发展的旅游资源开发、产品设计、线路设计、服务保障、旅行管理、旅游信息平台构建等运营内容构成产业集群中的紧密层，表示基于核心层、充分支撑核心层发展并使之具有良好的演进条件和发展环境的产业层次；旅游相关产业包括旅游业带动的上下游就业、住宿、餐饮、消费、交通、基础设施建设、城市土地经济、财政金融等，构成产业集群中的相关层。京津冀辽构建旅游产业集群的过程中，其有形和无形旅游资源的整合发展主要依赖于核心层，与此同时，两区域旅游协同发展不仅表示所辖资源承载城市之间在核心层次的旅游产品研发、旅游路线设计等基于对旅游资源利用和改造方面的协同，还表示各城市之间要在旅游支撑产业和旅游相关产业之间形成协同发展的可能，并且在产业集群中的三个层次之间根据自身所具备的比较优劣势形成相对合理的分工格局。比如在资源相对丰富的城市加强核心层的协同建设，而资源相对不丰富的城市参与紧密层或者相关层的建设等。如图4-3所示。从这个角度来理解，京津冀旅游协同发展的最佳路径是构建旅游圈，这是以一个或多个旅游集散地为核心，以多个旅游景区为依托，以多种直接或间接相关产业部门为支撑和配套形成的具有一定地理范围的空间合作组织。依托于这个组织的区域既能够为游客提供有效用的出游活动、产品和服务，也能够为整个产业链条的发展带来经济社会性综合收益。

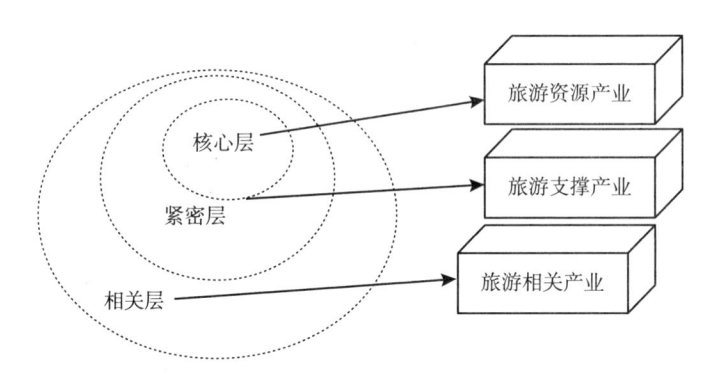

图4-3 旅游产业集群构成圈层示意图

旅游圈作为一种区域旅游的空间组织和特殊的复合型产品形式，具有以下一些特征。它在地理上占据一定的空间范围，构成要素之间的有形协作，或者可能以网络平台的非空间组织形式，构成要素之间的无形合作；旅游圈形成的基础依托于旅游资源，而核心构成是旅游集散地，它们相互之间以交通系统为纽带形成紧密的联系；构成旅游圈的旅游集散地可能是一个也可能是多个，而旅游景区则是多个，有些旅游集散地与旅游景区复合在一起，形成旅游社区，提供综合的旅游服务。旅游圈具有层级，一个旅游圈可能由多个次级旅游圈组成，形成旅游圈的"嵌套结构"。与此同时，旅游圈作为实现区域旅游合作的一种旅游产品供给形式，是基于对城市旅游效率和旅游品牌的客观评价和分析而形成的一种市场经营的组合形式。因此，旅游圈体现了区域旅游资源环境结构的"局部重构性"，并以协作追求整体利益最大化为目标；旅游城市圈也具有动态性和开放性，随着旅游市场需求的变化，伴随着旅游集散中心和旅游资源、旅游交通的发展，旅游圈也会做出相应的调整和相应，如图 4-4 所示。一个相对完善的旅游圈层将按照旅游资源的比较优劣势集中趋势，将各地旅游资源划分至无数层次不同的旅游集散地，它们因形成动因不同而具备不同的功能，比如因富有资源形成，便成为资源型集散地，因旅游服务形成便成为服务性集散地，这些旅游集散地之间通过交通网络关联起来，形成具有一定职能分工的集散地产业链，当这些产业链因旅游资源的内在关联形成产业网络，便会带动要素运转形成旅游产业的共同市场。

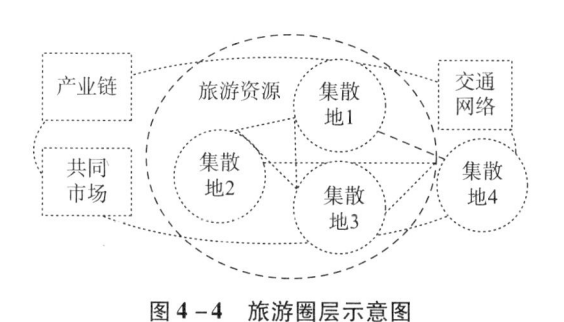

图 4-4 旅游圈层示意图

二、辽宁—京津冀旅游圈资源层整合思路

有形旅游资源主要分为人文旅游资源和自然旅游资源，是旅游业发

展的客观基础，无形旅游资源效率和品牌效率的提升有赖于有形旅游资源的整合和优化。旅游资源层形态及其整合决定着旅游圈层的基本物质形态和整合效率。在理论上，对于有形旅游资源层的整合通常在具备丰富旅游资源的地理单元得以实施，而对于无形旅游资源层的整合则在一定程度上不受地理单元旅游资源富集程度的限制，因此更多的地理单元能够参与其中，只不过没有旅游资源的地理节点多提供配套性服务，从而会形成服务性旅游集散地。

（一）京津冀辽人文旅游资源整合

人文旅游资源是指在人类历史发展和社会演进的进程中，由人类社会行为促使形成的具有人类社会文化属性的事物总和。主要包括遗址和遗迹、建筑与设施、旅游商品、人文活动，如历史遗迹、园林建筑、文学艺术、民俗风情、休闲健身、购物等均属于人文旅游的具体表现形式。作为区域旅游市场颇受重视的发展领域之一，随着物质资源的日益丰富和人们精神需求层次的不断提升，人文旅游越来越成为当前受到广大旅游者青睐的旅游形式。相比于自然旅游资源，人文旅游资源更具有能够跨越行政区域和地理空间限制，形成错落有致的发展圈域的可能性，因此也必然成为辽宁旅游融入京津冀旅游圈的重要环节。其中，在人文旅游资源的诸多种类中，遗址和遗迹、建筑与设施因为地理空间的相对固定性而只能选取从旅游线路上的创新实现整合，文学艺术、民俗风情、休闲健身购物等人文活动和附属产品因地理空间变动的相对灵活性而可能实现进一步整合。从这个角度出发，结合游客对于两个区域的旅游偏好，对于单纯的历史文化古迹，搭配园林建筑、文学艺术的宣传，构建京津冀辽历史文化旅游产品组合；对于近现代文化遗迹，搭配以民俗风情；对于现代文化，搭配休闲健身和购物。这不仅要求每个具有人文旅游资源的城市自身进行上述可能性的搭配，还需要这些城市节点与周边城市之间形成错落有致的互动补充性搭配发展格局。例如日本东京主打现代文化的同时搭配时尚购物，并与周边的成田、箱根组合搭配形成富士山温泉休闲餐饮旅游路线搭配与东京风格略有差异的奥塔莱斯购物，与此同时配备对于日本民俗风情、历史文化的解读。

在远古遗存资源方面。远古遗存体现人类进化早期的历史文化，对于考古和后续历史文明演进的研究具有珍贵的基础性参考价值。京津冀和辽宁省均蕴藏着石器时代的遗址，其中北京的山顶洞、旧石器时代晚期、新石器时代早期远古遗存，河北石家庄的新石器时期白佛口遗址，与辽宁新石器时期的朝阳红山文化牛河梁遗址、葫芦岛古青铜器遗址组成古遗址文化旅游线路。古遗址记录人类演进和早期发展的状态，具有较高的还原性品位但较为晦涩难懂，从而变得吸引力减弱，除了专门的考古爱好者，古遗址旅游恐怕很难吸引大量的普通游客。这就需要旅游产品中富含大量充实的前期准备，能够使游客充分了解古迹产生的时代背景，通过对人类演进追根溯源认识的逐步加深引发对古迹的探索，积极吸引中外考古爱好者辅助遗址介绍宣传。但从一般程度理解，古遗址旅游通常更适合作为历史文化古迹旅游的一部分。

在历史文化古迹资源方面。辽宁省和京津冀地区都拥有丰富的历史文化资源，从广义的角度看，历史文化与古遗址略显不同的是其以富有不同时代特征和特色的文化即精神文明为主体，古迹大多体现了相比于古遗址更为先进的文化特征，因此比古遗址更具有吸引力更加具有整合的灵活性。辽宁历史文化具有多元性，拥有"辽金文化""契丹文化""三燕文化""高句丽文化""清前文化""藏传佛教文化"，其中以满清文化最为著名。相比于辽宁，河北的历史文化时期距今更为久远。炎黄二帝领导的冀州之战、阪泉之战和涿鹿之战奠定了中华民族形成的基础；西周的燕、邢、孤竹等、东周的燕赵、中山、继而汉朝到宋、辽、金义化都在河北得以发展和延续。主要的历史文化名城有邯郸、宣化、蔚县、山海关、定州、正定、广府镇、天长镇。北京是元明清三朝定都地，与北京的清文化存在不同的是，辽宁清前满族文化最能体现原汁原味的满族文化和清朝政权草创初期浓郁的源头文化，以此为代表形成的沈阳"一宫三陵"闻名中外。因此在满清文化资源整合上与北京形成互补。可以考虑按照历史朝代演进的脉络开发中华民族历史文化旅游产品，将河北的燕赵文化、辽宁的清前文化和北京的清后文化联合打造，在旅行路线上考虑将保定、承德、邯郸、秦皇岛、山海关、北京、沈阳进行串联。近现代历史资源与近现代的抗战、红色文化有着密不可分的联系。现如今，京津冀已联手打造红色旅游体系，以河北保定为代表构建红色旅游走廊。辽宁是抗日战争和解放战争的发源地，红色旅游资源十分丰富并且特点鲜明。沈阳、抚顺、本溪、丹东、锦州、葫芦岛、大连涵盖了抗日战争、解放战争、抗美援朝、社会主义建设四个时期的红色旅游资源，因此上述城市融入京津冀创建爱国主义红色旅游产品应以红色旅游为主体、以革命精神为核心，尽可能多的串联红色旅游景点。

（二）京津冀辽自然旅游资源整合

作为地理环境的一部分，自然旅游资源是由自然要素和综合体发育而成的，因此具有一定的地理差异特色和季节变化差异。除去山脉和以自然资源为基础材料建成的室内自然景观之外，河流、植被、土地、海洋均会因四季变化产生出不同的观赏特色。因此，以季节为导向整合自然旅游资源，通过寻找同一时点不同城市因各异气候特征形成的自然景观打造旅行线路是自然资源整合的一个方向。或者根据自然资源的原本风貌，组合山水旅游、河流湖泊为主导的水系旅游等，但自然旅游资源的整合多半因灵活性较差而必须搭配人文旅游资源才能提升组合收益。辽宁和京津冀两区域均拥有丰富的自然旅游资源，可以考虑朝着森林湿地旅游、海洋旅游、冰雪旅游和生态农业旅游合作方向打造。随着森林、湿地公园建设的迅猛发展，这种旅游形式越来越能够满足旅行者对于生态文化错层次的需求，已成为一种具有活力和潜力的新兴旅游业态。据预测，国际森林旅游人数将以每年两位数的百分比持续增长，全球旅游人数中将有一半以上走进森林。根据现实森林、湿地旅游目的地不同，能够将森林湿地资源打造成自助游、休闲度假游、会议旅游、康体疗养旅游、科考旅游、房地产旅游等多种类型。在游乐产品中，重点开发主题公园、高尔夫、拓展和探险等产品；在休闲产品中，注重森林湿地与温泉、中医养生结合，开发静养、养生产品。因生态自然资源随季节变更，可以在冬季重点开发温泉和冰雪旅游项目，吸引京津冀的旅游者。辽宁省沿海经济带蕴藏着丰富的海洋资源，可以考虑将辽宁沿海经济带与秦皇岛、天津、山海关联合打造海洋旅游线路，包括海洋亲水活动、滨海观光和度假、海洋文化体验、海洋主题活动、创造性海洋旅游产品、海洋旅游外延产品等。通过海洋活动的体验、海洋纪念品的售卖、海洋博物馆的参观、海产品的品尝，打造具有特色的海洋旅游品牌。

三、基于旅游效率和品牌的旅游圈整合战略

整合两区域旅游资源的目的是提升其资源配置效率，这种整合不应建立在感性认知而应建立在理性分析的基础上，因此在旅游资源直观整合思路的基础上，结合前文所分析的城市旅游效率，进一步提出两大类资源对接融合的方向。

（一）跨区域品牌整合

品牌概念起源于商品领域，是指与竞争对手相区分的产品品牌，随着知名产品生产商的长期存在演化为企业品牌，而名牌企业所形成的产业群在空间上的稳定性集聚最终催生了地方品牌或城市品牌。品牌竞争也已成为折射和包容产品、技术、资本、知识等其他竞争形态的决定性管理工具和模式。正如我们所知，旅游是一种预消费产品，也就是消费者不能像传统的消费活动一样可以直观地挑选商品并在付款后形成快速消费。因此，购买过程中旅游产品的品牌对于消费者购买决策的影响就显得尤为重要，在竞争激烈的旅游市场中，塑造良好的形象、打造优质的品牌已成为旅游地占领市场的关键途径。城市旅游品牌主要集中于旅游产品和线路品牌、企业品牌、不同界域的空间旅游品牌，其价值一方面表现为旅游品牌的供给价值、另一方面表现为旅游目的地的消费者感知价值。在现实发展中，因城市旅游品牌构建合作交流网络能在主要城市和其他地区之间产生合理化发展效应，故城市旅游品牌战略的发展方向由单体城市转向城市之间的多位联系网络，构成旅游品牌的协同发展

战略不仅是推进地区间旅游产业协同发展从而推进区域协同发展的客观需要，同时也是发挥城市旅游品牌效应的客观需要。随着区域城市群的壮大和扩充，旅游合作不仅取决于有效的制度变迁，而且更依赖于有序的城市群品牌化。要实现品牌竞合有序，就必须对城市间彼此的品牌属性及其在区域发展格局中所处的位置有科学的认知，因此如何基于品牌结构识别理清城市间合纵连横的竞合关系将是区域旅游一体化发展前行的必然选择。

自然资源和文化资源蕴藏于一定的地理区域内，随着时间推移和时代兴衰而枯荣、发展变化，特别是文化资源与民俗、都市的演进、技术的发展相互伴生，因此要使得自然和文化旅游资源更加具有吸引力，除了增强旅游服务和交通便利性之外，应对旅游产品进行富有趣味的多元化开发，将民俗旅游、工业科技旅游和都市旅游的新业态穿插其中。这就需要拥有不同资源禀赋的城市按照所属品牌类别，积极参与联合开发。城市之间开展品牌协同战略并非通过主管臆断就行实现的过程，而是需要客观的测度和观察哪些城市之间具有有形或无形的各层次发展共性，也即能够形成一个合理的聚类，在同一聚类中的城市相比于不同聚类之间的城市更具有开展协同品牌战略的优势和可能性。根据前文中对于京津冀辽城市旅游品牌的聚类分析中我们可以看到，北京旅游品牌自成一类，天津、沈阳、大连为第二类，石家庄为第三类，秦皇岛、保定、沧州、邢台、邯郸为第四类，承德、张家口为第五类，唐山、盘锦、辽阳、鞍山、营口、本溪、抚顺为第六类，衡水、丹东、锦州、廊坊、朝阳、葫芦岛、阜新为第七类，也就是说京津冀辽所辖的地级以上城市按照旅游资源的相关属性能够客观地分为七个聚类，整合跨区域品牌应先从聚类内部的城市品牌整合入手过渡到聚类之间的品牌整合。在七个聚类中，北京的旅游品牌独具优势，仅次于之的是天津、沈阳和大连，从地理空间所处位置来看，显然北京和天津的旅游资源、大连和沈阳的旅游资源在地缘上更加亲近，便于分别形成两个区域内部的旅游品牌集团，在这两个集团之间也可以形成联合开发。比如沈阳—北京—天津可以考虑打造满清—皇城—近现代历史文化旅游品牌，天津—大连考虑打造近现代殖民、港口文化旅游品牌，三者联合打造集历史演进海洋文化于一体的自然人文品牌并作为主品牌。第三类、第四类和第五类都是河北省内的城市，便于在聚类内部和聚类之间进行品牌整合；第六类和第七类涉及河北省和辽宁省的城市，在整合的过程中更可能出现的情况是同区域内部的旅游品牌合作而跨区域的旅游品牌相互配套，比如在第六类中，衡水和廊坊进行区域内部品牌整合，丹东、锦州、朝阳、葫芦岛、阜新进行区域内部品牌整合，然后在京津冀辽大区域内部形成前者对后者或者反之的品牌配套或互补，打造廊坊、丹东、锦州、葫芦岛的田园—平原森林—海洋综合品牌，唐山—盘锦—辽阳的农业和故居旅游品牌；唐山—盘锦—辽阳—鞍山—抚顺—本溪打造生态—农业—工业文化综合旅游品牌等。通过分析我们可以看出，城市旅游品牌没有优劣之分，只有什么样的城市之间适合协同开发具有怎样内容的旅游品牌之分。

（二）跨区域旅游协作效率整合

提升跨区域城市旅游效率是京津冀辽旅游协同发展的最终目标，辽宁参与京津冀旅游协同发展会不会降低其整体协同运行的效率也会是京津冀区域所要应对和考虑的现实问题。旅游协同发展效率的提升有赖于城市之间较高层次效率的联合，这是一种效率结构相对合理的组合，也即各城市在综合效率、技术效率和规模效率方面形成适当的组合。例如，综合效率较高的城市之间、处于规模报酬递增的城市之间或者技术效率较高并且处于规模报酬递增区间的城市可能会形成相对较高的跨区域旅游协作效率。形成这种效率组合一方面可能依赖于品牌战略组合，另一方面可能依赖于基于旅游资源的旅游产品和路线的开发，还有可能依赖于跨区域旅游产业链的构建。从构建跨区域产业链的角度来看，品牌协同和旅游资源协同在本质上都是在形成产业链上相互关联的环节。通过前文分析可知，综合效率值=1即处于相对有效的单元包括：北京、沈阳、鞍山、抚顺、本溪、丹东、锦州、辽阳、盘锦、铁岭；其他单元综合效率值<1即效率相对较低，这两类城市之间在旅游效率方面

能够实现一定的高低互补,从而可以形成协同发展的趋势;处于规模报酬递增区间的城市有天津、唐山、秦皇岛、邢台、张家口、承德、沧州、廊坊、衡水、营口、阜新、朝阳、葫芦岛,而规模报酬不变的城市包括:北京、沈阳、鞍山、抚顺、本溪、丹东、锦州、辽阳、盘锦、铁岭,这也意味着对于前者扩张城市旅游产业发展规模能够带来更多的收益,而后者如果不进行技术方面的改良、创新和研发可能就会步入规模报酬递减的区间,现阶段对于这些规模报酬不变型城市的发展策略不应是在旅游产业规模上,而应在产品和线路的创新上对于存量资源而不是增量资源进行改革,在这两类城市中,报酬递增性城市可以接受旅游产业的扩容和转入,可以考虑将这两类处于不同报酬变化区间的城市进行整合。

(三) 跨区域旅游产业整合

旅游资源的整合效率在很大程度上决定了也取决于所依托的旅游产业特别是第三产业中的现代服务业的产业结构的优化程度和质量高低。辽宁旅游融入京津冀的关键在于旅游资源找准自身定位形成跨行政区界线的旅游产业链。这条旅游产业链以旅游资源产业为核心和基础,以教育、人才培养等支撑产业为紧密连接层,以相关配套产业和公共服务为相关层,形成跨形成区界限的多层次产业组合结构。近期京津冀打算携手北方七省共同打造旅游合作平台旨在于此。产业链整合应以效率提升为目标,由市场导向为主、政府协助引导为辅,充分运用互联网优势传递旅游信息,积极创新完善旅游模式来推进旅游产业链的整合。在这一过程中,各城市可以通过发展现在时下比较流行的旅游文化产业、构建旅游文化市场,使之成为牵动地区旅游发展的重要载体和推动力量。旅游文化产业通常基于各地旅游资源基础,结合现当代各种文化传播模式,借助于交通、市场、各次产业相关部门的发展,突破地域限制,将旅游效率和旅游发展共性相对匹配的城市之间以一种有利于大众传播和接受的灵活文化形式缔结和传播,牵动旅游产业链的形成和整合。旅游文化产业基于两方面主要内容,其一是包括地方民俗、传统文化、近现代文化、人文历史文化、自然地理文化等与文化内容直接相关的直接领域;其二是由各次产业或由交通、信息网络等发展带动起来的间接领域,这两大领域基本可以涵盖旅游资源所涉及的范畴。各旅游节点可以通过在城市内部旅游资源"自整合、小整合"继而在城市之间"大整合"的方式形成京津冀辽大区域内部大圈小圈不同层级和辐射范围的旅游圈层相交织的网络体系,这一体系的内部经络便是旅游产业部门之间的联通。例如,在京津冀辽区域内部的城市中开发形成各具特色的旅游小镇、旅游社区,这些小镇和社区不仅包括自然和人文旅游资源,还包括与之相关联的产业部门发展体貌特征,将直接和间接的旅游资源搭配整合到一个个圈层结构中,每一个圈层都具有相对完善的旅游产业和相关支撑产业,也即依托于旅游资源自身开发和设计旅游产品和精品路线的同时开展支撑产业的联动式发展,重点突出比较优势,局部特色竞争、非替代性竞争、超竞争等各种模式均可涉及,形成"板块旅游"模式。这样在不同圈层之间就会既包括旅游资源的关联从而整合,也包括与之相关的产业部门之间的跨区域关联,从而在推进产业整合的同时间接带动旅游资源整合,还会具备借助于现代高新技术产业和互联网平台促进传媒旅游文化及其品牌的整合与传播,形成旅游产业多位一体整合的现代化格局。这一思路内容如图 4-5 所示。

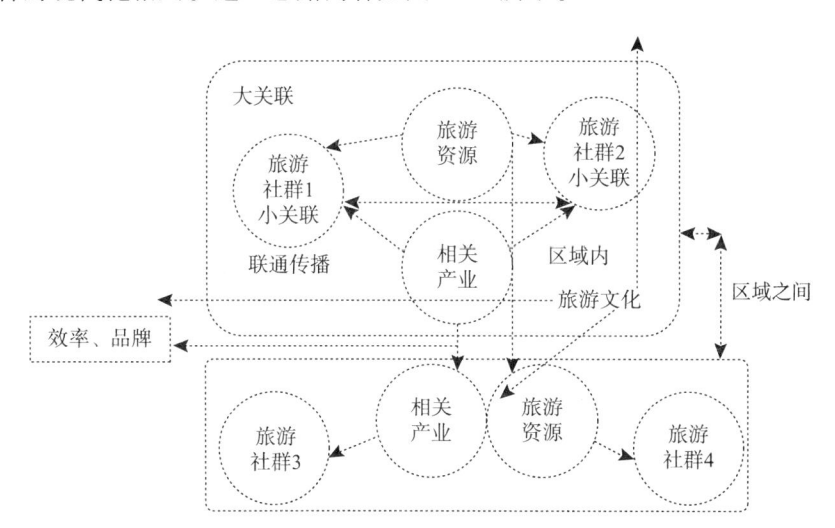

图 4-5 以旅游资源为核心、相关产业为依托的跨区域旅游产业整合思路

第五章

辽宁—京津冀城市（群）协同发展分析

正如人的本质在社会关系中得以表征一样，城市的本质只有在城市系统（城市群）中才能更好地体现。随着城市的产生和演进，经济学家们对于城市和城市群的定义有着不同的看法。巴顿从经济要素系统来看待城市，认为"城市是一个坐落在有限空间地区内的各种经济市场，即住房、劳动力、土地、运输等相互交织在一起的网状系统"。乔尔·科特金则强调城市的秩序，认为城市代表着人类不再依赖自然界的恩赐，而是另起炉灶试图构建一个新的可操控的秩序。1957年法国著名地理经济学家戈特曼提出"城市群"概念，认为在一定地理或行政区域内，发展有一定影响力、竞争力的区域城市群是未来城市发展的主要趋势。确实在城市发展和城市形态演进的世界范围过程中，由发展较好的单体城市逐步形成城市群，并且越来越以城市群的发展实力而著名已成为符合世界发展潮流的区域发展模式和形态。在我国也是如此，随着新型城镇化进程的不断深入，城市化经济逐步繁荣、城市的形态和发展模式越发相像、联系逐步增强。作为区域中的重要单元，城市之间能否实现协同发展不仅是对于区域内部要素之间能否协调，或者协调程度能否高级化的重要检验，同时也是推进这些关联要素协同发展的重要载体。城市之间通过协同发展战略成长为协同城市网络，无数的协同城市又进一步加深关联形成协同城市群是协同发展不断高级化的外部形态标志。城市之间的协同发展在城市层面有赖于在明确功能定位的条件下，按照综合发展实力和资源的比较优劣势进行互补性协同；在产业层面有赖于通过产业分工和产业链的构建实现互补互动协调；在社会层面，需要基础设施和相关社会制度能够普惠和包容。其中，市场和产业的协同是城市（群）协同的物质基础，社会和政策的协同是外在保障。城市之间的协同发展相比于前文分析的产业协同而言，更加具有复杂性和难度。在一般意义上，城市协同发展需要突破横亘在城市之间的行政束缚、资源约束和利益分配障碍，因此城市协同发展需要建立在突破行政束缚、共享资源、协调利益分配的基础之上，需要具备一系列协同"基础"。

第一节 辽宁—京津冀城市（群）联动需求和关联基础

城市群是指以1个超大城市或特大城市为核心，由至少3个以上大城市为基本单元，依托发达的基础设施网络，形成经济联系紧密、空间组织紧凑、并最终实现同城化和高度一体化的城市群体（方创琳等，2011；方创琳，2015；方创琳等，2015）。从高度一体化分析，推进城市群建设一体化重点是推进基础设施建设一体化、区域性产业发展布局一体化、环境保护与生态建设一体化、城乡统筹与城乡建设一体化、区域性市场建设一体化、社会发展与基本公共服务一体化等6大一体化；从城市群的同城化分析，将突破行政区划体制束缚，形成规划同编、交通同网、产业同链、信息同享、城乡同筹、市场同体、金融同城、科技同兴、环保同治、生态同建"十同"的经济共同体和利益共同体。由此可见，城市群是工业化和城镇化发展到高级阶段的产物（方创琳等，2010；方创琳，2014），城市（群）的协同发展是经济、社会、环境多领域在跨城市间基于行政、高于行政，介于行政引导和市场引领之间的多领域协调发展系统。这一系统的运行质量取决于要素通过市场化配置的程度，但在现阶段仍主要处于行政引导阶段。基于城市群的定性概念，跨区域之间点状城市的协同发展有利于推进跨区域城市群的协同发展，后者是前者的高级形式。在理论上，处于较高协同发展阶段的城市（群）之间相互关联的协同领域越多，反之则越少，上述一体化协同发展的环节也可以称为城市（群）协同发展的关联基础。

一、辽宁—京津冀城市（群）联动需求

城市（群）一体化协同发展是地理单元在内部经济、社会与环境发展的一定程度，在外部市场边界和交通边界的充分发展使得地理空间边界、人口边界、福利边界特别是行政边界逐步模糊情况下的产物，也是区域可持续发展的重要模式。对于处于经济新常态运行背景下的辽宁和京津冀两区域也是如此，辽宁参与京津冀协同发展一方面是辽宁省委省政府的客观政策战略，另一方面更体现出两区联动发展的客观需求。

（一）辽宁省城市群发展现状和存在问题

从产业发展带动城市发展的现实基础、或者从地处港口腹地的资源现实基础，抑或处于极点经济发展到一定程度产生辐射性带动的角度来划分，辽宁省主要有三个城市群，即辽中南城市群、辽宁沿海经济带和辽宁中部城市群，这三个城市群中按照不同的划分标准、代表了辽宁省城市和产业在一定时期的发展水平和战略导向，存在着两个城市群共有的城市，例如大连同属于辽宁沿海经济带和辽中南城市群；沈阳同属于辽宁中部、辽中南城市群，在一定程度上体现了省会和副省级城市的战略重要性、资源富集性和中国区域发展中所特有的政策"叠罗汉"现象。

辽宁省内最大的城市群是辽中南城市群，以沈阳和大连为中心，包括鞍山、抚顺、本溪、丹东、辽阳、营口和盘锦等城市。该城市群的城市密集度较高，大城市占比较高，其中，沈阳是东北地区和内蒙古东部的经济中心、交通、文化和信息中心，全国最大的综合性重工业基地；

大连是东北亚地区重要的国际航运中心，东北地区最大的港口城市和对外贸易口岸、重要的旅游城市。辽中南城市群的形成和演进得益于工业的集群化发展和工业集聚效应的动力化推进。这一过程主要表现为该城市群拥有着丰富的煤、铁、石油等矿产资源，这些重型原材料资源在地理上的丰富和集中带动了重化工业和能源工业的初始化发展，而重化工业和能源工业发展到一定程度带来了相应的能源开发、基础设施建设和生产配套设施建设，还带动了上下游供应性和加工、服务性产业的连锁发展，从而形成不同等级规模下相同或相似产品、或者其上下游产业部门和企业的集中布局，在产业集中发展的驱动下进一步形成了功能和性质、规模各不相同的工业城镇，城市之间日益密切的工业分工和联系经过多年的发展形成辽中南城市群。在辽中南城市推进工业化的70年中，逐步形成了中部城市密集圈和沈大城市走廊，工业化集群带动城市化再带动城市群演化形成了该地区较高水平的工业基础和相对完善的工业体系，促进了城市化的高速发展和资源在一定程度的迅速整合，为辽宁省曾经一度的经济高速增长贡献了巨大的力量；但该地区仍然存在诸多问题影响了经济和社会的可持续发展。比如城市化的质量偏低、中心城市大连和沈阳对于自身周边的地区带动作用明显强于对于对方周边的带动作用和效果，两中心对对方周边的辐射力度不强，反形成双中心双周边的发展格局；省内城市产业发展同构性较强，对于核心技术缺乏掌握，城市之间基于合理分工的职能定位相对较弱，历史欠账较多、传统产业优势亟待更新，工业城市功能和城市集群的发展亟待向服务性、多元化、创新化方向迈进。

除了辽中南城市群之外，辽宁省还有辽宁中部城市群也即沈阳经济区，是以沈阳为中心，通过沈阳的经济辐射和吸引，因周边经济社会活动联系紧密的地区形成了"区域经济共同体"的发展趋势，是东北经济区和环渤海都市圈的重要组成部分，主要包括沈阳、鞍山、抚顺、本溪、营口、辽阳和铁岭7个城市，占全省总面积的44%。辽宁中部城市群中经济区较为密集，是我国城市化发展程度较高的地区之一，该区域具有较为雄厚的重工业基础，专业分工相对合理，是我国重要的原材料工业和装备制造业基地和北方最大的石化工业基地、国家级精细化工和催化剂生产基地。城市群内部产业的互补性和关联性较强，具有由资源到机械装备节点组成的产业发展链条，并且资源相对富集，具有丰富的矿产资源、农业资源和水资源。与辽中南城市群相比，该区域以沈阳为核心、以沈阳经济区为基础、地理空间格局相对集中、由沈阳辐射形成这一动力源头相对单一，因此城市群内部的城市之间的关联度相对要更好一些。但在一定程度上也存在着产业发展的单一性、封闭性和同构性问题，特别是在沈阳传统老工业基础存量经济发展水平下滑、而对于传统工业部门的智能化改造和新兴产业增量、服务业发展互补性尚未跟上的条件之下，这种传统存量积累引发的外溢效应就会降低，沈阳市对于辽宁中部城市群的辐射力度和带动效果就会降低，在一段时间内会影响该城市群的发展成效；与此同时，其他成员城市尚且不具备成为首屈一指极化中心的发展实力，城市群整体实力的提升有赖于沈阳市经济社会发展的复苏，这种辐射依附类型的城市群相当于单中心的发展结构势必存在着诸多协同发展障碍。

在辽宁省还有一个具有战略地位的经济带就是2009年7月1日获得国务院批准的辽宁沿海经济带，将辽宁沿海开发区域整体纳入国家战略，主要包括大连、营口、锦州、丹东、盘锦和葫芦岛等港口城市。在其一轴两翼的发展格局中，在渤海翼（盘锦—锦州—葫芦岛渤海沿岸）主要加快锦州滨海新区建设，重点发展石油化工、新材料、制造业、船舶修造等产业，在锦州湾建设国家级炼化基地和国家石油储备基地，加快盘锦的装备制造业发展、重点发展装备制造与配件、石油高新技术、工程技术服务等相关产业，建成我国具有较强竞争力的装备制造业基地；加快葫芦岛北港工业区建设，重点发展化工、船舶制造与配套、有色金属、机械加工、医药化工和物流等产业。在黄海翼（大连—丹东黄海沿岸及主要岛屿）积极培育发展庄河工业园区、花园口经济区、登沙河临港工业区、长山群岛经济区、皮杨陆岛经济区，重点发展沿海临港装备制造、新材料、石化、能源、家居制造、服装服饰、水产品增养殖和加工、旅游、现代物流等产业，进一步发展丹东产业园区，重点发展汽车及汽车零部件、精密轻型装备等装备制造业、制药、精细化工以及电子信息等高新技术产业、旅游、口岸物流等服务业。辽宁沿海经济带凭借独特的临海临港优势，瞄准世界产业发展主流上大项目，代表了从轻工业向重化工业演进、从产业链低端向高端攀升、从生产零部件向核心部件带动总装的发展方向，是中国新一轮产业结构调整和升级的落地区域，也是带动东北地区老工业基地再振兴的全新要道。特别是大连市，已经吸引到日本最大金融服务集团欧力士集团和全球保险业剧透日本财产保险公司在大连共建航运中心船舶基金、开发日本软件产业园基金、开展金融股权投资及金融创新业务。海洋石油天然气行业巨头美国ESI海洋工程技术公司在盘锦投资建设海洋工程装备制造业基地，引领现代装备制造业和服务领域潮流。

综合上述分析可知，辽宁省所辖三个城市群因各自特征不同也就存在着各异的问题。辽宁中部城市群即沈阳经济区存在着省会单核心发展倾向，依附于沈阳市产生的辐射来带动域内其他城市，一方面可能会因沈阳市经济发展的停滞因影响到其他域内城市的发展速度，另一方面也可能形成较为严重的产业同构，形成对资源的行政化划分和配置，不利于城市群内部形成有效的市场分工和市场化竞争发展态势。辽中南城市群虽然拥有沈阳和大连双核心，但是这两个核心城市之间却较少形成互动、反而各自一方形成了对政策资源在一定程度上的争夺，两核心几乎不同的发展模式也即沈阳以传统装备制造业为主、大连以轻型和战略新兴产业为主的发展模式带来了分别以两者为腹地的周边城市群风格迥异的发展思路和发展状态，两核心对于自身周边所形成的辐射和带动能力明显强于对于对方周边区域的辐射和带动能力，这在一方面是由于资源禀赋和所处地理位置原因形成，另一方面也在一定程度上分割了原本并不具备一体化协调发展的辽宁省内市场，因此辽中南城市群更类似于一种行政性的概念而市场关联性较低。而辽宁沿海经济带则以大连为核心，开展石油化工、高端海洋装备制造、汽车配件、金融、软件、物流等与港口航运相关抑或轻型的制造业，在发展思路和方向上存在着与其他两个城市群的明显差异。虽然在表面上看全省形成了一定的轻重工业发展比例，但因沈阳、大连双核心城市之间关联性较差而形成了断层的产业结构，在城市群方面实际上也形成以沈阳经济圈城市群和大连经济圈城市群两足鼎立的现实局面。这两个中心城市群中的共性城市如盘锦、营口、丹东等，在叠罗汉政策的促动之下也尚未形成结合双中心政策辐射比较优势的综合实力节点，因此尚不能发挥关联两大核心城市群的重要效应。由此可以看出，辽宁省内的城市群基本处于这样一种状态，以沈阳为中心的城市群和以大连为中心的城市群相对独立，两大城市群内部的极点相对单一，城市群内部分工后者比前者更为多元化；处于两大城市群相交织的城市受到来自双核心的辐射但不能关联双核心、处于相对独立的发展空间，这三类城市群存在于辽宁省内部在一定程度上缺乏一体化协同发展的现实环境和关联基础中并处于相对块状的分化状态。也可以说城市（群）一体化协同发展正是为填补这种潜在块状分割之间的"沟壑"，对于加速区域可持续发展十分必要。

（二）京津冀城市群发展现状和存在问题

京津冀城市群所辖北京、天津和河北省 8 个地级以上城市，国家对它的整体定位是"以首都为核心的世界级城市群、区域整体协同发展改革引领区、全国创新驱动经济增长新引擎、生态修复环境改善示范区"。三省市定位分别为"北京是全国政治中心、文化中心、国际交往中心、科技创新中心；天津市全国先进制造研发基地、北方国际航运核心区、金融创新运营示范区、改革开放先行区；河北省是全国现代商贸物流重要基地、产业转型升级试验区、新型城镇化与城乡统筹示范区、京津冀生态环境支撑区"。

虽然京津冀一体化协同发展经过了由构建北京都市圈到上升为国家战略的演变历程，使得在区域内部的所辖城市之间在得到一定相互了解的基础上展开协作分工并且获得了一定的收益，但是该区域内部仍然存在着协同发展的障碍。主要包括两方面：第一，京津冀城市群经济整体发展水平有待提高。与辽宁省不同，三省市共建京津冀城市群，在这三省市所辖内部存在一个城市群，它们在地理空间上充分临近。但因资源禀赋、发展程度特别是早期发展的国家定位和政策配给差异，北京和天津是具有绝对优势的中心和次中心，而河北省则形成了多中心发展格局和围绕着京津的贫困小城市带。第二，核心城市对区域发展的带动作用不明显，京津冀两大核心城市并存、低等级城镇数量过多、中等城市偏少，其中北京的城市功能、技术和产业已经开始向周边地区扩散；天津由于作为北方经济中心的发展和滨海新区的开发建设，在一定时期内极化作用正在增强；河北8市次中心城市经济实力不强，与京津两市的发展水平差距较为显著，接受核心经济辐射的能力有限，使得城市群边缘地区很难分享到中心城市的发展收益。从总体上来看，城市群内部发展差距较大、功能优势定位比较明显，跨区域大型产业集群和完善产业体系的建立相对缺乏，形成了比较鲜明的中心—外围结构。

二、辽宁—京津冀城市群联动发展的关联基础

综合辽宁省和京津冀的发展现状和存在的主要问题，辽宁城市群参与京津冀城市群协同发展、形成跨省际城市群之间的联动发展态势，更有可能形成以北京为中心、以天津、沈阳、大连、石家庄为次核心具有中心—外围结构的城市群。其中，北京、天津和辽宁省同属于环渤海经济圈的重要组成部分。按照辽宁省城市群和京津冀城市群内主要所辖城市的职能分工和资源禀赋，辽宁中部城市群更有可能与天津依托于装备制造业转型升级形成制造业型联动城市群分工格局；辽宁沿海经济带更有可能和北京、天津分别形成以现代高技术信息产业与金融、港航业为基础带动的成群分工格局。从发展程度上来看，辽宁与河北更可能成为需要借力于京津辐射的腹地，但因处于京津冀协同发展战略框架之中，河北省的政策优势强于辽宁省，因此辽宁要想争取协同发展的更多机遇，增强自身实力使之成为在某些方面比河北具备承接比较优势的腹地，并让北京和天津看到这种比较优势极为重要。

城市和城市群的协同发展是推进区域一体化协同发展的重要路径，城市之间的协同发展是促进城市群协同发展的基础环节。推进城市之间

能够协同发展的关键，与城市之间的产业协同具有相似之处，意味着在现实发展中要通过自发和行政的手段为城市之间建立某种关联，通常这种关联性越强，越容易协同发展或者说协同程度越高。那么，辽宁与京津冀城市协同发展的关键也是找到城市之间的关联基础。从现实发展中我们可以看出，产业是支撑城市发展的物质基础、产业结构的高级化、产业组织的优化升级是伴随城市发展和城市化演进的重要结果和关键目标。产业与城市发展相互融合无疑是现代城市发展中检验城市与产业能否可持续发展的重要标准之一，可以说产城融合的程度和质量体现着城市中市场经济和政府经济相互协调的程度，代表经济发展核心的产业发展也是能够与市场经济具有最密切联系、并且能够相对灵活地以不同的组合和空间布局形态牵动地理单元中各种类型和层次的要素发生地理转移的主要形式，产业横向纵向关联、空间格局的改变、价值链条的重组、产业组织的整合等是牵动城市和城市群协同发展的重要内生变量和内在物质表现形式，如前文所述，促进辽宁—京津冀产业协同、构建产业组织联盟和跨区域产业共同体是推进两区域协同发展的重要力量。特别是现如今产业集群和城市集群越来越表现出互动发展的趋势，如中国城市群中相对发达的长三角和珠三角便体现了产业集群形态下的产业链构建和产业分工带动城市集群以一种更为市场化的紧密形式关联在一起并形成以之为基础的城市分工。除了以各次产业协同作为辽宁参与京津冀协同发展的关联基础之外，公共服务、基础设施特别是交通一体化网络的构建和市场、政策协同、旅游文化、环境资源保护与循环再利用等也是重要的关联基础。因辽宁与京津冀所辖城市并不在同一地理空间范围内，并且通过前文分析可知，两区域的产业协同发展正处于跨区域产业链构建、更多程度的项目协同阶段，两区域一体化市场和政策平台、成果转让平台也正处于搭建阶段，因此，现实情况告诉我们，无论从自发的角度还是从行政规划的角度而言，上述正在形成的城市关联基础在现阶段推进两区域城市协同发展的过程中可能不会发挥我们期待中的作用。因此，寻找相对灵活移动和能够突破行政地理界限的非物质基础或者人力基础显得尤为重要。

第二节 辽宁—京津冀城市关联性测度

城市和城市群能否实现协同发展，取决于城市之间或者城市群之间在既有发展水平和政策配给的基础之上是否具有较强的关联性，这种关联性可能体现为城市功能定位的互补性，也可能体现为城市之间的吸引。通常情况下，城市之间的吸引力可以用辐射力和市场潜力这对方向相反的作用力表示，两者共同使用可以分析城市之间的吸引和被吸引程度，从而描述他们之间的关联性。特别是在存在势差和发展禀赋差异的城市之间，例如辽宁—京津冀两区域存在较为典型的中心区域和外围区域地理空间结构的情况下，更容易出现中心区对于外围区的辐射和吸引，推进两区域之间的城市协同发展也应基于从增强中心辐射和周边吸引的角度着手。在城市经济学中，能级较高一方发出的能量为辐射力，能级较低一方对于来自较高一方的吸引力为市场潜力，城市之间的关联性正是在两个作用力的影响下发生或大或小的不断变化和演进。在这对作用力的影响下，城市之间形成了天然的亲疏关系，结成了协同发展的联盟。如果将辽宁和京津冀的所辖城市看成一个大区域，北京和天津无疑是这个区域的中心城市，河北与辽宁的若干城市形成了次中心。因此，了解京津冀对于辽宁的辐射和后者对于京津冀的吸引，有利于明确哪些城市存在更为密切的关联，从而避免主观和盲目地推进城市协同。

一、城市（群）协同发展概念界定

所谓协同发展，就是指协调两个或者两个以上的不同资源或者个体，相互协作完成某一目标，从而达到共同发展的双赢效果。协同发展论已被当今世界许多国家和地区确定为实现社会可持续发展的重要基础之一，正如优胜劣汰理论一样，是自然法则对人类的贡献。从协同发展的哲学内涵中不难看出，其核心在于"和谐"二字。但协同发展论与优胜劣汰论不同，它认为某种物种的灭绝不是另一物种胜利的附带产物，某一物种的胜利是与另一些物种共同进化形成的，也就是共荣共存。由此可见城市（群）协同发展过程中不是不存在竞争，也并非地理单元的同质化、也绝非地理单元之间以相同的速度和发展格局演进，而是一种具有多样性全面发展格局、在同等生存条件下公平竞争、不以优胜劣汰置对方于死地为目的方发挥各自特长，或继续发挥优势，或及时转轨创新，以求得双方的共同发展和社会共同繁荣。这也说明辽宁参与京津冀协同发展在客观上存在也允许存在地理单元之间发展水平的差异性、对于战略机会、市场和资源占有的竞争性，只不过上述建立在一种对于城市福利发展特别是人的生产生活的公平正义性福利的基础之上。故城市（群）的协同发展是基于公平正义、效率发展理念下的城市（群）内部组成部分以有形或无形的形式形成联动式发展格局，从而带动参与地区共同实现可持续发展目标的重要发展形式或发展动力。城市（群）的协同发展是一个外在表现为地理单元之间在政策和市场层面互动、形成以行政区划为主要表现形式的集合，协同发展的程度取决于市场动力的强度；而内在则表现为社会、经济、文化、环境突破地理行政界限形成关联网络。这种市场动力和关联网络通常会外在化地表现为地理单元之间的隐性场域，场域越强则说明市场动力与关联网络联系程度越高，从而协同发展的基础越稳固。如图5-1所示。

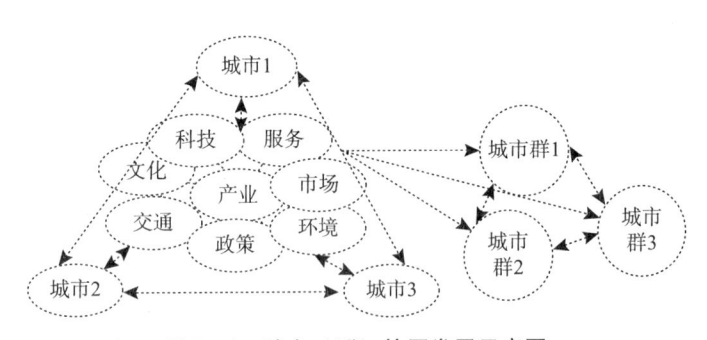

图5-1 城市（群）协同发展示意图

二、辽宁—京津冀协同发展城市（群）间场域测度

佩鲁在增长极理论中认为，区域的成长发展过程中不可避免地伴随着区域中的极点形成、极点的能量向周围扩散形成辐射场域、周围吸收辐射或将其反馈回极点、极点吸收周围能量这样的动态演进过程。[①] 排除行政性规划因素，城市或城市群之间形成一体化协同发展态势需要地理单元内部的经济、社会、环境和文化等因素形成一种包含着吸引和被吸引力量的场域，这种场域的强度因地理单元内部发育程度和地理单元之间的关联程度的强弱而变，或者如果地理单元具有相对较强的发展潜力，它便能发出比具有相对较弱地理单元更强的场域效应。在现实中，场域可能由内在因素及其配置组合决定，并且外在化地表现为地理单元之间的辐射力、吸引力或者市场潜力，各种力量的大小衡量了城市之间这种潜在场域的场强强弱。在理论上，在区域中处于经济社会发展水平较高层级的地理单元通常会对处于相对较低层级的地理单元产生辐射力或吸引力，而反之则可能产生市场潜力即表示相对弱势地区对于强势地区的反吸引能力。在现实中，辽宁与京津冀两区域中处于绝对强势的城市是北京、处于次绝对强势的是天津，处于相对比较优势的城市是石家庄、沈阳、大连，其他城市处于更次一级发展层级，于是在发展层级上基本形成了以北京为中心、天津为次中心、石家庄、沈阳、大连为再次中心其他城市为相对周边的经济社会发展中心—外围城市格局；处于高一层次的城市会对低一层级的城市产生辐射或吸引，反之则可能形成反吸引，城市之间的这种潜在力量由城市内部和之间的产业、市场、公共服务、文化、资源等综合力量运化而成，也反映出地理单元实体运行所产生的城市关联效果，这种效应越强、发挥得越顺畅，地理单元之间的市场性关联越紧密、越深刻，从而可能形成的协同发展格局就越稳定、越具有可持续性。如图 5-2 所示。

[①] 吴佳清主编：区域经济学原理．武汉大学出版社，2008（1）．

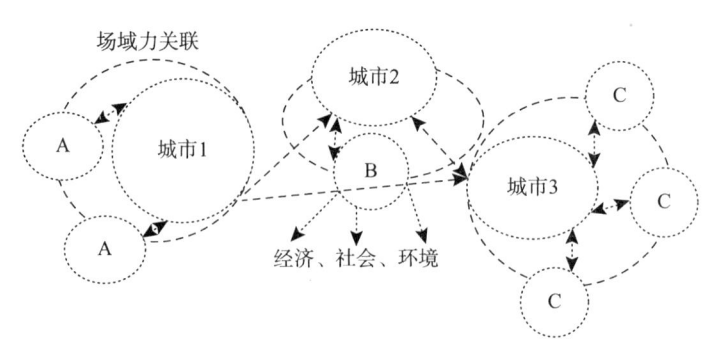

图 5-2 城市与城市群之间场域力关联示例

(一) 京津冀—辽宁的城市辐射力测度

由前文分析可知，城市（群）之间能够协同发展的关键在于促进地理单元之间形成相对紧密的场域关联，在城市经济学中我们通常用辐射力和市场潜力衡量这种场域关联的强度大小。其中，辐射力是指由发展程度相对较好的区域向相对较差的区域所发出的具有溢出特点的场域力量；而市场潜力则指处于发展相对弱势的区域所发出的对于发展较好区域溢出的主动吸引能力或吸收安置能力，两种力数值越大表示城市之间的关联性越强，从而越能够形成协同发展的趋势。在城市经济学中，城市辐射力测度公式为：

$$F_{ij} = \frac{\sqrt{P_i G_i} \sqrt{P_j G_j}}{d_{ij}} \tag{5.1}$$

其中，设 F_{ij} 表示辐射源 i 对受力点 j 产生的辐射力，在这里 i 和 j 表示不同的地理单元（城市）。$\sqrt{P_i G_i}$ 代表城市辐射源城市 i 的城市质量，P_i 为辐射源城市 i 的城市市区非农人口，G_i 为辐射源城市 i 的国内生产总值，在这里我们假定 i 城市处于较高发展梯度、为辐射源城市；P_j 为处于相对较低梯度的被辐射对象城市 j 的城市市区非农人口，G_j 为被辐射对象城市 j 的国内生产总值，d_{ij} 表示辐射源城市与北辐射城市的距离。本书采用高速公路距离代表两城市之间的距离。我们运用这一公式来测度辽宁省地级以上城市与京津冀所辖地级以上城市之间的城市辐射力。结果如表 5-1 所示。

表5-1　　2014年京津冀—辽宁地级以上城市辐射力计算结果

城市	北京	天津	石家庄	唐山	秦皇岛	邯郸
沈阳	12 857.12	9 067.60	2 057.74	4 562.84	1 423.51	1 075.94
大连	8 194.69	5 756.61	1 384.88	2 777.49	806.15	738.17
鞍山	4 226.36	2 981.67	673.56	1 505.57	472.69	351.68
抚顺	2 639.98	1 858.76	432.31	918.44	277.47	227.84
本溪	2 082.00	1 466.44	339.00	727.49	221.28	178.45
丹东	1 575.21	1 106.46	266.46	533.49	154.67	141.97
锦州	3 412.00	2 429.59	484.21	1 366.12	541.85	243.79
营口	2 713.88	1 917.98	422.67	987.36	321.53	219.01
阜新	1 638.86	1 159.31	252.20	603.08	200.47	130.17
辽阳	2 106.15	1 486.30	334.32	753.00	237.86	174.32
盘锦	2 339.77	1 658.09	352.00	880.31	305.25	180.55
铁岭	1 280.17	900.78	211.41	442.19	132.08	111.75
朝阳	2 313.25	1 418.18	323.94	753.80	262.01	163.95
葫芦岛	2 924.58	2 089.26	399.86	1 223.31	543.42	199.21
城市	沧州	邢台	保定	廊坊	张家口	衡水
沈阳	1 207.51	674.91	861.79	937.69	1 019.91	415.50
大连	849.23	448.51	530.39	609.61	652.96	277.24
鞍山	395.93	221.13	284.06	309.39	335.14	136.10
抚顺	251.33	141.05	177.96	194.17	209.82	86.98
本溪	197.61	110.80	137.91	152.84	165.40	68.30
丹东	152.85	86.28	101.89	117.22	125.52	53.33
锦州	297.75	163.02	260.34	237.60	267.79	99.51
营口	250.75	139.48	185.31	195.93	214.79	85.70
阜新	150.33	88.29	142.14	117.78	129.57	51.23
辽阳	196.83	109.85	141.94	153.14	166.96	67.59
盘锦	211.68	117.05	163.81	166.70	184.62	71.74
铁岭	122.48	68.84	90.92	94.45	101.81	42.48
朝阳	197.87	120.80	236.45	142.50	170.60	63.69
葫芦岛	249.31	135.65	195.28	200.63	228.73	82.60

资料来源：根据2015年《中国统计年鉴》计算所得。

结果表明，京津冀所辖城市对于辽宁省所辖地级以上城市的辐射力存在较大差别，北京对于沈阳、大连、鞍山、锦州的辐射力最大，说明和这些城市产生的关联比对其他城市更为密切，更可能形成协同发展的体系，同时也说明辽宁参与京津冀协同发展中可以通过这几个城市与北京之间的城市协同先入手；天津对于沈阳、大连、鞍山、锦州、葫芦岛的辐射最大，石家庄对于沈阳和大连的辐射力较大、对于辽宁省其他城市的辐射力相对较小，唐山对于沈阳、大连、鞍山、锦州、葫芦岛的辐射力较大，超过1 000；秦皇岛和邯郸对于沈阳的辐射力较大，保定和廊坊对于沈阳的辐射力也较大，京津冀其他城市对于辽宁省其他城市的辐射力相对较小。这一方面说明在地理位置方面两区域一部分城市相距较近、另一部分城市相对较远的地理空间差异，距离近的城市之间比距离远的城市之间更容易产生相对更强的城市间场强；另一方面也说明京津冀城市群内部一部分城市具有产生向外辐射的能力，另一部分城市还不具备、而只能产生京津冀域内辐射，与此同时也说明京津冀所辖河北省内的部分城市与辽宁省发展基本相当或更差，从而不具备向辽宁省辐射的势能差。

通过前文分析我们可以看出，城市之间的协同发展在现实中几乎也遵照着区域经济学所提出的点—线—面发展规律，也即辽宁参与京津冀协同发展并非辽宁省整体与京津冀整体之间不分先后次序的一体化协同，而是一个有步骤分次序的逐步协同过程，是由辽宁内部与京津冀关联相对密切也即京津冀内部能够对辽宁省产生辐射的那些城市之间首先形成协同发展节点、串联成线继而形成域带的过程。这个过程的演化速度是随着地理单元间市场开放化程度、经济社会发展程度的演化而变化，与此同时，城市辐射范围的大小也可以衡量城市所能作用到的场域范围。故而辽宁应首先选择与京津冀区域发出辐射力较大的城市建立协作关系，因为在一般情况下，辐射力越大的城市越能够建立较强的协同发展关联，运用这些城市优先形成城市协同发展梯队，能够在一定程度上节约成本、提升效率。具体来说，辽宁接受来自京津的辐射最大，其中来自北京的辐射大于天津，特别是沈阳、大连、鞍山接受来自京津的辐射力强度均大于城市平均值，锦州和葫芦岛接近平均值，因此，应以上述城市与京津冀的协同发展为重点或先行者。在接受河北省辐射的结果中，辽宁省与唐山和石家庄的关系相对密切，而与邢台、衡水、张家口的关联较小。依照辐射力大小划分出河北省内部存在中心和次中心的发展结构，在辽宁省内部同样如此，有针对性有次序地参与协同无疑是提升现阶段协同效率的必要做法。如果从城市辐射力的角度规划辽宁省参与京津冀城市群协同发展的顺序，首先，实现沈阳、大连、鞍山、葫芦岛、锦州等接受辐射力较大的城市与京津的协同，与此同时加强与石家庄和唐山的合作；其次，培育辽宁其他城市承接京津的转移、辽宁省内部逐步实现沈阳、大连、鞍山对省内城市节点的小辐射；再次，推进沈阳、大连等与河北其他次级中心的合作；最后，带动辽宁其他城市与京津和河北其他城市的协同。

（二）辽宁省借力于京津冀的市场潜力测度

与辐射力相对，城市的市场潜力能够衡量在一定的城市市场发育水平下，该城市能够吸引并获得辐射的能力。在一般条件下，市场潜力通常指处于相对弱势发展层级的地理单元对于优势层级辐射的接受和吸收容纳能力。与协同发展程度相对较高、政策持续作用时间相对较长的京津冀地区相比，辽宁省整体发展水平和协同发展的能力处于相对劣势，因此在参与京津冀协同发展过程中更可能会处于借力地位（虽然省内某些城市处于比较优势，但整体平均而言相对较差），即更可能处于接受来自京津的资源和功能转移的现实地位，故提升对于转移的吸引力和容纳力极为重要，也即基于辽宁省这一主体，研究其市场潜力更符合客观实际。通常来说，市场潜力越强，意味着所在城市市场发育较好，从而具备更强的吸引辐射的能力，或者说存在更多的机遇。在城市经济学中，Harris提出了市场潜力指出模型来度量市场通达程度，其模型可以表述为：

$$M_i = \sum_k (1/D_{ik}) P_i \qquad (5.2)$$

在公式中，设 M_i 表示 i 城市的市场潜力（作为被研究城市的市场潜力，本书中指以辽宁省地级以上城市为观测对象），D_{ik} 表示 i 城市到 k 城市（本书中指京津冀所辖地级以上城市）的距离，Harris 最初赋予 P_i 的含义是商品零售额即市场规模，后来学者根据不同的需要用某地区或城市的地区生产总值等变量对 P_i 进行替代。2014 年市场潜力的测度结果如表 5-2 所示。结果表明，沈阳、大连、鞍山、锦州、营口、盘锦、葫芦岛对河北省的市场潜力即吸引力相对较大；沈阳、大连、鞍山、营口对北京和天津的市场潜力较大，辽宁省其他城市对于北京和天津的吸引力相差不多。因此，在辽宁参与京津冀城市群协同发展过程中，应首先加强上述城市之间的合作，同时重点首先培育上述城市的市场容纳能力和供应能力。

表 5-2　　　　　　　　　辽宁对京津冀的市场潜力

城市	河北	北京	天津
沈阳	118.96	9.63	9.84
大连	103.21	10.21	10.44
鞍山	43.93	3.50	3.58
抚顺	19.93	1.75	1.79
本溪	18.58	1.60	1.64
丹东	14.62	1.46	1.49
锦州	32.60	1.75	1.79
营口	27.77	2.04	2.09
阜新	11.91	0.82	0.83
辽阳	18.56	1.46	1.49
盘锦	26.76	1.75	1.79
铁岭	15.86	1.43	1.46
朝阳	23.03	1.34	1.37
葫芦岛	21.83	1.05	1.07

第三节 辽宁—京津冀城市（群）协同发展关联基础

城市和城市群为实现一体化协同发展需要构建对接的平台或关联基础，为方便研究，本书定义关联基础是指存在于地理单元内部和外部、其发展影响着并牵动着地理单元的发展水平、趋势与速率的链接平台或者路径，基于这一定义我们将重点研究辽宁参与京津冀城市群协同发展的产业关联基础和城市化关联基础。主要分析这两个关联基础是由于在现实发展中，产业是区域经济发展的重要物质基础，产业内容、地域分布及其空间形态受到区域经济发展的影响同时也对其产生至关重要的反作用；而现代城市化进程中基本包括产业、基础设施、市场、人才、资源等各种协同关联基础，可以看作城市发展的基础和由城市演进带来的现实转变。

一、产业关联基础

哪些城市之间可以协同发展，除与这些城市之间的辐射力、市场潜力相关外，还与城市内部的产业协同发展状况密切相关。城市间协同发展的物质基础和牵动力量是产业部门的充分协同，主要表现为具有比较优势的产业部门之间互补带动的城市协同和产业集聚带动城市（群）协同。

（一）产业比较优势互补带动城市协同

产业的比较优势通常由区位商来测度，如前文辽宁和京津冀所辖城市产业部门的区位商计算结果可知，盘锦、铁岭因在第一产业发展方面具有比较优势，因此可以与河北省展开农业协同；抚顺、阜新、盘锦、铁岭、葫芦岛因采矿业具有比较优势，可以与京津冀与采矿业相关的城市展开协同；大连、鞍山、本溪、营口、辽阳可与京津冀构建制造业城市协同，抚顺、本溪、丹东、锦州、营口、阜新、铁岭、朝阳的电力燃气协同，以及沈阳、抚顺、本溪、丹东、锦州、营口、朝阳、葫芦岛的建筑业协同。按照第三产业发展的比较优势，大连、沈阳、鞍山、锦州、营口可与京津冀构建城市交通网络，大连软件信息计算机可以与北京中关村构建软件智慧城市，沈阳、大连、锦州、阜新、朝阳、葫芦岛可以与天津构建金融网络化协同，沈阳、鞍山的批发零售，大连、沈阳、营口的住宿餐饮，抚顺、本溪、盘锦、辽阳的租赁与商业服务可以考虑与河北构建服务业额配套产业城市群，沈阳、大连、丹东、锦州、阜新、辽阳、铁岭、朝阳可以作为教育科研协同城市。城市产业部门发展的优劣势，在促成产业协同发展的过程中带动城市协同发展，可以进一步明确城市在大城市群中的功能定位，使得城市之间的协同发展更具有方向性。

（二）产业集聚带动城市群协同

相比于城市之间的协同靠产业部门的比较优劣势互补协同来带动而言，三次产业在城市内部特别是在跨地理单元之间的集聚将会在一定程度上带来城市或城市群集聚度的上升，而后者正是城市协同发展的重要特征之一，长三角城市群和珠三角城市群正是建立在产业链集群基础上得以可持续发展的城市集群。

1. 产业集群和城市群互动的区域经济协同发展机理

在协同发展领域，区域经济的协同发展作为区域协同发展的物质性核心，是汇集生产要素的合理化配置、经济主体区位的合理化选择、地区间利益的合理化分配、跨区域政府和机制的合理化供给等在内的涉及生产制造、市场需求、金融服务、交通物流等各类经济活动以及与之相关的社会活动和环境保护之间交互作用、动态变化的动态性复杂网络体系。实现区域经济的协同发展并提升其质量，需要调动区域所辖的经济、社会、环境资源，合理定位各级地理单元的功能，并统筹规划各层级地理单元内部以及之间的经济、社会、环境要素。这就表明区域经济协同发展需要多系统协调互动，这其中以代表经济系统的产业协同和包括经济、社会、环境等多方面要素的载体系统城市群协同最具有代表性，并且产业与城市、产业集群与城市群的互动程度将会影响区域经济协同发展的进程和质量，其作用机理在理论上主要表现在以下几方面。

（1）以产业链为内核的城市群带动区域经济协同

产业集群与城市群互动带动区域经济协同有赖于以跨区域产业链为内核形成的新型城市群。产业协同作为区域经济协同的基础，在形成区域产业协同发展的过程中，往往伴随着由产业集群在次区域内部形成、到产业集群跨越次区域内部向次区域外部溢出、再到次区域外部区域排斥或吸收、在吸收的次区域中融合产生新的分支或成为原有产业体系中的一个环节、被排斥的原有溢出返回出发地重新组合形成新的集群抑或因产能过剩被淘汰抑或向其他次区域再次溢出等升级循环的动态演化过程，最终吸收初次产业集群溢出的次区域与发出区域之间或者这些次区域之间形成跨区域的产业链并逐步成长为产业集群链。在这一过程中，从静态角度来看，始发区域与吸收区域之间建立了区域经济协同发展的关联，而与排斥区域之间尚未建立关联；从动态的角度来看，随着产业集群空间溢出对于吸收与排斥区域的不断探索、引导与试错，不同的次区域产业集群网络不断缔结和形成，也就不断形成不同区域范围的经济协同发展。在跨区域产业集群网络形成演化的过程中，不同类型的各次产业集群牵动着相关城市在经济发展内容上不断吸引和互补，从而形成跨越行政区界限的城市群，城市群内部的所辖城市之间将会以在产业群链中的分工定位来形成一定的功能性关联和次第性排列的中心—外围空间结构；城市群也将为产业群链的发展提供相应的配套运营环境。在这种理性机制的作用下，区域经济系统发展将更大程度地避免行政性、增强自发市场融合性，产业集群在城市群发展过程中的根植性越强，越能够加深区域协同载体紧密度。

（2）产业结构和城市群功能的调整带动区域经济协同

与一般意义上地理空间相邻的城市群所不同，通过产业集群带动形成的城市群内部存在以产业链集群为主要内容的更为紧密的关联，因此这类城市群可能并非在地理上紧邻而在市场上相互关联，并因城市群规模的逐步壮大或因产业链集群的类别变化而发生功能定位的转换、多样化或形成对业务关联城市群的空间溢出，并受到抑或吸收抑或排斥的反馈，从而形成产业集群带动下的城市群形态动态演变。从静态角度观瞻，产业集群和城市群的形成与崛起在不同的区域范围内或时间段内可能出现不同的次序。例如在欠发达区域，产业集群的崛起可能在初始时期先于城市群的形成，反之在发达区域，城市群的形成可能因行政配给较为充分而先于产业形成形式上的集群；当产业集群发展到一定程度，空间正外部性促进范围经济、规模经济和城市化经济逐步完善，第一产业和第二产业集群的发展可能促进"城经济"的繁荣和"城"发展，第三产业集群的崛起可能促进"市经济"的繁荣和"市"的发展，三次产业结构的次第性转型升级可能会促进城市群的结构由以基础设施和公共服务供求为主要内容的"城型"转化成以市场和产业发展为主要内容的"市型"，从而使得城市群的行政性逐步向市场性转型升级；与此同时，在城市群功能重新定位和市场化逐步加深的过程中，更需要类型多样化的产业集群作为推动力与之相配，也会反过来带动产业集群结构的转型升级。从动态的角度来看，城市群和产业集群的这种互动不断演进，二者的集聚正外部性不断互相促进和发挥，随着城市群与产业集群互动程度的不断加深，二者之间逐步形成耦合，这种高质量的融合状态一方面表明产业协同视角下的城市群功能定位越发明确和集中、城市协同视角下的产业分工更加成熟和完善，另一方面也表明城市层次的区域经济协同发展程度在加深，这一过程中逐渐形成的产业链经由价值链演化为城市链和城市群链是推进区域经济协同发展的重要动力机制。当产业集群和城市群高度协调形成城市集聚区时，便可能成为区域经济的增长极和发动机。由此可见，如果产业集群与城市群的协调程度较高，便可能避免出现分散的企业和产业空洞化的城市，避免产业和城市的无序与无度发展，提升资源、环境、社会的综合承载力和协同发展程度；通过产业网络和城市网络，把区域中心城市和主导产业的能量辐射到更广大的腹地，构筑起组团式的城镇结构从而更好地为区域提供经济支撑、提升区域协同发展的竞争力，更好地实现"产城融合"。

2. 京津冀辽城市和产业集聚度测度

运用产业区位商和地区的城市集聚指数分别计算辽中南城市群和京津冀城市群三次产业的集聚度和所辖城市的集聚度，其中，区位商为地区某次产业从业人员与全国总就业人员两指标的区位商权重；城市集聚度为城市人口与全国人口两指标的区位商权重。二者分别表示各次产业和城市人口在地理单元中的集中度，产业和城市集聚的区位商大于1说明集聚程度越高，也即该地理单元发展具有一定的集中潜力，是所辖区域中相应领域发展较好的单元。2014年的测度结果如表5-3和表5-4所示。

表5-3　　2014年辽中南城市群三次产业和城市集聚度结果

城市	第一产业集聚度	第二产业集聚度	第三产业集聚度	城市集聚度
沈阳市	0.939	1.047	1.002	2.302
大连市	1.528	1.102	1.014	1.631
鞍山市	0.976	1.079	1.014	1.383
抚顺市	1.130	1.090	0.991	2.089
本溪市	0.825	1.126	0.997	1.955
丹东市	1.016	1.101	1.006	1.042
辽阳市	0.881	1.114	0.982	1.551
盘锦市	0.972	1.018	0.999	1.585
营口市	1.771	1.085	1.000	1.264

资料来源：根据《中国城市统计年鉴》2015年计算得出，其他年份数据结果略。

表5-4　　2014年京津冀城市群三次产业和城市集聚度结果

城市	第一产业集聚度	第二产业集聚度	第三产业集聚度	城市集聚度
北京市	0.891	1.213	0.990	3.014
天津市	0.912	1.160	0.989	2.608
石家庄市	0.917	1.128	1.001	1.268
唐山市	1.059	1.086	1.007	1.393
秦皇岛市	1.677	1.063	1.006	0.967

续表

城市	第一产业集聚度	第二产业集聚度	第三产业集聚度	城市集聚度
邯郸市	1.240	1.180	0.985	0.539
邢台市	1.663	1.056	1.002	0.361
保定市	0.973	1.044	1.004	0.294
张家口市	0.900	1.135	0.997	0.616
承德市	1.130	1.156	1.015	0.496
沧州市	1.063	1.133	0.998	0.225
廊坊市	1.158	1.020	1.020	0.596
衡水市	1.038	1.149	0.997	0.382
安阳市	2.606	1.058	1.024	0.602

资料来源：根据《中国城市统计年鉴》2015 年计算得出，其他年份数据结果略。

如表 5-3 所示，在辽中南城市群中，大连、抚顺、丹东、营口的第一产业集聚度较高，各城市第二产业集聚度普遍较高，在第三产业方面，除了抚顺、本溪、辽阳、盘锦外的其他城市集聚度较高；在城市集聚度方面，沈阳和抚顺相对较高，其中沈阳通过第二产业和第三产业的集聚形成城市集聚，而抚顺则通过第一产业和第二产业的集聚形成城市集聚。整个辽中南城市群第二产业集聚程度最高，这与现实情况基本吻合。如表 5-4 所示，京津冀城市群中第一产业集聚度较高的城市有唐山、秦皇岛、邯郸、邢台、承德、沧州、廊坊、衡水、安阳；第二产业普遍集聚度较高、差距不大，第三产业集聚度较高城市有石家庄、北京、唐山、秦皇岛、邢台、保定、承德、廊坊、安阳；在城市集聚度方面，北京和天津的集聚程度最为显著，与其他城市差距较大，形成当之无愧的核心极点，石家庄和唐山次之，形成京津冀城市群内部的次级核心。通过表 5-3 和表 5-4 分析可知，京津冀城市群内部的城市集聚性差异明显大于辽中南城市群，数据结果与现实情况基本吻合。这便在京津冀辽大城市群中形成了层级不同的多中心、大城市群圈套小城市群的空间结构。因此，辽宁参与京津冀协同发展应从集聚度相对较高的城市和产业入手，打造相应内容的高水平产业集群点和城市节点，再通过构建产业集群链和城市协同链推进由点到线的过度，推进实施那些散落的集聚度较差的城市点向次级中心靠拢，再由次级中心向中心靠拢的逐步分层次的融合战略。

3. 京津冀辽产业集中度对城市集中度的影响

在理论上，城市的形成和发展是经济、社会和环境集中到一定行政范围内的地理单元上的产物，作为要素在空间范围内的集中体，城市发展的集中化程度越高证明越能够吸引资源和要素的集中从而在规模合理的范围内带来更为客观的发展成效。城市集中程度提升的主要动力源之一是产业部门发展在空间范围的集群化，但是在城市（群）内部，并非各次产业的集群化发展都能够吸引资源向该地理单元的集中，也即每个基地单元可能具有与之更为适合的产业内容集群将会比其他内容的产业集群更能够发挥促进城市发展的城市经济效应。进一步观察京津冀和辽中南城市群中各次产业的集聚程度对城市极化程度的影响，以此来衡量产业集聚对于城市和城市集聚的带动效果。选取2005～2014年两城市群所辖地级以上城市的三次产业集聚程度和城市极化程度，并以城市极化程度作为被解释变量，三次产业集聚程度作为解释变量，借助于EViews5.0软件中的面板分析模型，分析产业集聚对城市极化的影响，结果如表5-5和表5-6所示。其中，JU1、JU2、JU3分别表示第一产业、第二产业、第三产业的集聚度。左侧一栏分别为各城市群所辖地级以上城市名称缩写。如表5-5所示，解释变量和被解释变量之间的拟合优度较高，说明城市三次产业的集聚程度确实能够影响城市的极化程度。具体而言，在辽中南城市群中，第一产业的集聚度越高，对于沈阳、鞍山、本溪、盘锦的城市极化程度影响越大；第二产业的集聚在一定程度上反而降低了沈阳、大连和抚顺的城市极化度，这在一定程度上说明沈阳和抚顺的城市规模发展和综合实力虽然在很大程度依靠于第二产业的集群效应起家，但是随着传统优势的褪去，转型升级第二产业的结构、特别是深化第二产业集群内部企业间的联系和合理的分工亟待解决；在第三产业方面，沈阳、大连、抚顺、本溪、辽阳的第三产业集聚将为提升本城市的集聚度带来更大的促进作用，因此，这些城市应大力发展优化传统第二产业集群优势的第三产业配套服务集群。如表5-6

所示，在京津冀城市群中，第一产业集聚会显著增强天津、石家庄、唐山、张家口的城市极化度；第二产业集聚会更大程度地增加北京、天津、秦皇岛的城市集聚度，反而会降低承德的城市集聚度。第三产业集聚度上升会较大增加北京、天津和唐山的城市极化度。

表5-5　辽中南城市群三次产业集聚度对城市极化度的影响

变量	影响系数	标准误差	T统计值	伴随概率
_SY—JU1_SY	1.005664	0.083732	12.010520	0.0000
_DL—JU1_DL	0.181612	0.057342	3.167182	0.0024
_AS—JU1_AS	0.479089	0.093764	5.109543	0.0000
_FS—JU1_FS	0.043916	0.147072	0.298602	0.7662
_BX—JU1_BX	0.446576	0.106734	4.184015	0.0001
_DD—JU1_DD	0.367255	0.055614	6.603694	0.0000
_LY—JU1_LY	0.421319	0.061715	6.826843	0.0000
_PJ—JU1_PJ	0.705055	0.228018	3.092097	0.0030
_YK—JU1_YK	0.257898	0.034164	7.548804	0.0000
_SY—JU2_SY	-0.057834	0.218057	-0.265227	0.7917
_DL—JU2_DL	-0.370318	0.266503	-1.389546	0.1696
_AS—JU2_AS	0.403964	0.163104	2.476726	0.0160
_FS—JU2_FS	-0.243970	0.196203	-1.243456	0.2183
_BX—JU2_BX	0.196638	0.106223	1.851189	0.0688
_DD—JU2_DD	0.241247	0.082326	2.930375	0.0047
_LY—JU2_LY	-0.203610	0.135908	-1.498142	0.1391
_PJ—JU2_PJ	0.414225	0.131645	3.146541	0.0025
_YK—JU2_YK	0.502174	0.074692	6.723269	0.0000
_SY—JU3_SY	1.416462	0.170975	8.284631	0.0000
_DL—JU3_DL	1.737750	0.354169	4.906556	0.0000
_AS—JU3_AS	0.495428	0.250689	1.976265	0.0525
_FS—JU3_FS	2.309315	0.360931	6.398220	0.0000
_BX—JU3_BX	1.398431	0.185387	7.543296	0.0000
_DD—JU3_DD	0.422821	0.062217	6.795892	0.0000
_LY—JU3_LY	1.327387	0.194545	6.823036	0.0000
_PJ—JU3_PJ	0.523405	0.142181	3.681248	0.0005
_YK—JU3_YK	0.332760	0.062672	5.309565	0.0000

续表

拟合优度	0.983463	因变量标准差	1.723636
调整后的拟合优度	0.976638	因变量均值	0.430336
标准误	0.065776	赤迟信息	-2.361809
残差平方和	0.272565	贝叶斯信息准则	-1.611866
F-检验值	144.0985	拟合优度伴随概率	0.000000
DW统计量	1.625605	极大似然值	133.2814

资料来源：《中国统计年鉴》。

表5-6　京津冀城市群三次产业集聚度对城市极化度的影响

变量	影响系数	标准误差	T统计值	伴随概率
_BJ—JU1_BJ	0.049667	0.007929	6.263826	0.0000
_TJ—JU1_TJ	0.845233	0.068126	12.406940	0.0000
_SJZ—JU1_SJZ	0.608997	0.099982	6.091052	0.0000
_TS—JU1_TS	0.279386	0.178896	1.561718	0.1216
_QHD—JU1_QHD	0.125784	0.091882	1.368973	0.1741
_HD—JU1_HD	0.116329	0.053066	2.192156	0.0307
_XT—JU1_XT	0.067479	0.059981	1.125019	0.2633
_BD—JU1_BD	0.095960	0.065086	1.474367	0.1436
_ZJK—JU1_ZJK	0.261881	0.117141	2.235610	0.0276
_CD—JU1_CD	0.307659	0.114791	2.680165	0.0086
_CZ—JU1_CZ	0.080007	0.088281	0.906272	0.3670
_LF—JU1_LF	0.164525	0.059057	2.785862	0.0064
_HS—JU1_HS	0.008183	0.093661	0.087366	0.9306
_AY—JU1_AY	0.035740	0.040108	0.891084	0.3751
_BJ—JU2_BJ	1.654803	0.103657	15.964230	0.0000
_TJ—JU2_TJ	0.837240	0.106945	7.828676	0.0000
_SJZ—JU2_SJZ	0.076059	0.206291	0.368700	0.7131
_TS—JU2_TS	0.068574	0.404227	0.169643	0.8656
_QHD—JU2_QHD	0.721874	0.358108	2.015798	0.0466
_HD—JU2_HD	0.141467	0.123373	1.146664	0.2543
_XT—JU2_XT	0.278792	0.161651	1.724653	0.0877
_BD—JU2_BD	0.114373	0.111891	1.022181	0.3092

续表

变量	影响系数	标准误差	T统计值	伴随概率
_ZJK—JU2_ZJK	0.020167	0.235348	0.085690	0.9319
_CD—JU2_CD	-0.257784	0.250998	-1.027036	0.3069
_CZ—JU2_CZ	0.016105	0.195265	0.082476	0.9344
_LF—JU2_LF	0.211104	0.076670	2.753416	0.0070
_HS—JU2_HS	0.267574	0.137569	1.945025	0.0546
_AY—JU2_AY	0.097581	0.104642	0.932525	0.3534
_BJ—JU3_BJ	0.802808	0.047159	17.02340	0.0000
_TJ—JU3_TJ	0.887922	0.137111	6.475919	0.0000
_SJZ—JU3_SJZ	0.411501	0.161508	2.547874	0.0124
_TS—JU3_TS	0.996372	0.597142	1.668568	0.0984
_QHD—JU3_QHD	0.019224	0.258821	0.074277	0.9409
_HD—JU3_HD	0.193477	0.117137	1.651716	0.1018
_XT—JU3_XT	-0.025706	0.112338	-0.228825	0.8195
_BD—JU3_BD	0.084325	0.108063	0.780332	0.4371
_ZJK—JU3_ZJK	0.349852	0.175921	1.988693	0.0495
_CD—JU3_CD	0.412008	0.154340	2.669474	0.0089
_CZ—JU3_CZ	0.127742	0.149220	0.856069	0.3940
_LF—JU3_LF	0.211041	0.052574	4.014197	0.0001
_HS—JU3_HS	0.031579	0.070535	0.447702	0.6554
_AY—JU3_AY	0.394566	0.164176	2.403304	0.0181
拟合优度	0.993694	因变量标准差		0.979273
调整后的拟合优度	0.991056	因变量均值		0.899129
标准误	0.085033	赤迟信息		-1.848228
残差平方和	0.708601	贝叶斯信息准则		-0.965735
极大似然值	171.3760	F-检验值		376.6625
DW统计量	1.326245	拟合优度伴随概率		0.000000

资料来源：《中国统计年鉴》。

综合表5-5和表5-6发现，产业集聚度提升、特别是第三产业的集聚度提升，对于提升辽中南城市群的城市极化度的作用较为显著；相比之下，对于京津冀城市群的带动作用并没有那么显著。这一方面说明京津冀城市群的产业集群程度比辽中南城市群的高，另一方面也说明京津冀城市群的城市极化程度在一定程度上不是靠单一的三次产业集聚就能够影响,而辽宁省尚处于产业集群影响阶段。由此可见,深化辽宁省产业集聚、优化其结构并提升其水平,能够推进辽宁省大型城市的集群效应发挥,有助于带动辽中南城市群参与京津冀协同发展。

二、城市化关联基础

(一) 京津冀一体化的关联基础及存在问题

从 1982 年在《北京城市建设总体规划方案》中提出构建双重"首都圈"设想至 2014 年上升为国家战略再到《京津冀协同发展规划纲要》获批,尽管京津冀一体化进程一直在提速、区域合作机制和平台正在加快形成、政策配给逐步完备,但仍然存在诸如资源和公共服务资源配置集中于京津、区域合作制度或政策优惠在城市之间配给非均衡、京津和环京津贫困带的城市之间二元化显著等问题,严重影响了城市群的可持续发展和国际竞争力的提升,毋庸置疑这些问题的产生是政治、经济、体制机制等多重因素综合作用的结果。从城市发展的理论角度来看,导致这些困扰产生的本质原因可能是京津冀地区所辖的城市之间或者各城市内部没有分别在"城"和"市"的层次形成统领性互补式发展格局,同时也没有实现"城"与"市"的互动式发展。这就衍生出北京在人口、资源、环境、交通等多方面已达到能力承载极限,城市化的需求严重大于供给从而迫切需要通过转移城市功能和产业来提升城市竞争力和可持续发展的质量,而因环京津小城市带发展落后不能在短时间内与京津地区有效融合、分担和承接相关功能和产业转移任务的现实困难。学术界诸多研究成果显示,突破这些现实困境要通过城市产业、市场、制度、环境、基础社会公共服务等方面的协同共建来实现:例如(吕典玮,2010)认为,京津冀一体化是包括市场一体化、产业一体化和空间一体化的综合体。市场较早具备一体化的优势条件,产业一体化程度不高,空间一体化处于初级阶段。市场一体化在 1985~2007 年发展较快且状态平稳。产业一体化正处于要素一体化阶段，但具备推进产业合作、加快升级的驱动力与现实基础。应通过构建一体化的交通网络体系、科技支撑体系、市场联动体系、产业合作体系和机制保障体系加以推进。除此之外，推进金融一体化、增强城市间信息一体化程度、构建信息产业集群从而扩大信息覆盖面，充分考虑产业发展需要、统筹产业与交通网络协同关系以服务贸易协同发展带动京津冀协同发展等也是推进京津冀一体化的重要途径。从本质来看，京津冀一体化实质是以城市为突破口破解城市发展难题、突破阻碍发展的瓶颈，是能够纳入到城市范畴从城市发展的角度来重新定位并以城市为载体推进上述领域的协同发展过程，以城市化及其经济发展效应为动力收获城市组合发展收益。

（二）城市化关联基础

从本质来看，辽宁—京津冀一体化协同发展的实质是以城市为突破口破解城市发展难题、突破阻碍发展的"瓶颈"，是能够纳入到城市范畴从城市发展的角度来重新定位并以城市为载体推进上述领域的协同发展过程，以城市化及其经济发展效应为动力收获城市组合发展收益。这主要是因为城市化作为一种关联基础，是具备包含经济、社会、公共服务、市场等其他关联基础在内的综合平台。城市化经济的运行效果、城市化质量、城经济和市经济的发展程度以及城市化模式将影响城市可持续发展、城市基础设施、公共服务、城市共同市场的发展程度从而影响一体化协同发展的速度和质量。城市化经济发展效应的大小和能否顺利传播，在衡量城市间关联程度的同时也将影响城市能否突破行政区划、户籍和公共服务以及对接产业经济发展延迟性限制形成区域之间协同发展的天然格局。因此，京津冀辽一体化应站在城市群的整体高度，将其看成一个"巨型城市带"规划所有所辖城市的"城"和"市"的发展，借助于新型城镇化战略和城市化模式的转型升级促进城市化和一体化相互促进的可持续发展格局。在城市经济学中，一方面城市化关联基础对于经济发展的效应发挥程度能够衡量这种关联基础的效果发挥程度，另一方面如果基于人口城市化的视角，这种城市化关联基础的承载力大小通常用城市化经济的供给来表示。城市化关联基础的容量大小和自身发展优劣，取决于城市化经济的可持续能力。一般而言，城市化经济的供给与需求相对均衡时，其发展质量相对较好，反之则容易出现过度型或者短缺型城市病，继而影响城市化的可持续发展质量。

（三）辽宁—京津冀城市化经济运行状态测度

在城市经济学中，城市化经济具有两层含义：与城市经济不同，城市化经济一方面表现为整个城市所有行业之间的集体集聚经济，这种经济性来源于城市基础设施的共享性效益；另一方面表现为有一定城市功能所支撑的城市经济和社会活动，两层次含义在不同的城市化演进周期中交互式引起、相辅相成。因城市化经济与城市化进程中的诸多经济社会产业部门的发展息息相关，城市化经济运行的均衡状态与非均衡状态也取决于上述城市部门所创造的供给与城市化需求的相互关系，也因城市化进程的演进和最终目标都是为了更好地实现人口的城市化，故本文选用了各层次的城市化人口作为衡量城市化经济供求运行的指标。为简化分析，基于人口城市化角度定义城市化经济的供给，是指各地区在时间段内各行业的非农从业人员所能抚养的广义城市化人口总和，城市化经济的需求是指各地区时间段内对于在享用城市化的生产和生活需要的城市化人口总和，二者的数量关系相等则城市化经济运行处于均衡状态，反之则处于非均衡状态。

其中，城市化经济的供给方所涉及的城市部门包括三次产业的所有在统计部门，这也就包含"城经济"和"市经济"在内的经济和社会要素，非农从业人员及其所创造的成果能够抚养的城市化人口可以认为是在一定城市管理制度和市场工具条件下，一个地理单元的城市化发展程度所能包容的具有一定生产生活各种权利的时点人口最优规模。然而，在快速城市化的过程中，迅速集中在城市中的人口因生产生活的需求尚未达到人口城市化的标准，而偏离这一最优规模，因此尚且不能被称为相应时点上的有效城市化人口。由此，将城市各产业部门分为输出产业、公共服务业、配套产业三个层次，则城市总人口由这三类产业部门的就业人员（城市单位工作人员和城市个体及私营企业工作人员）以及城市非就业人员构成。设输出产业、公共服务业、配套产业及城市非就业人员分别用 B、N_1、N_2、e 表示，又设

$$N_1/B = \alpha, \quad N_2/(B + N_1 + N_2 + e) = \beta,$$
$$\lambda = (1 + \alpha)/(1 - \beta - \beta\gamma), \quad 则 P_t = \lambda(1 + \gamma_t)B_t \quad (5.3)$$

表示不同年份各城市的城市化经济供给规模，也是相对合理的有效城市化规模和时点城市化承载力。[9] 特别的，在采用"区位商"划分输出与非输出产业时，为方便计算，规定所有城市的公共服务业包括电力、燃气及水的生产和供应业，水利、环境和公共设施管理业，居民服务和其他服务业，卫生、社会保障和社会福利业，公共管理和社会组织等五个行业。随着城市经济发展，教育业发展水平迅猛提升并已成为城市的智慧发源地，人力资本输出为产业发展做出极大贡献。因此，倘若教育业的区位商大于一，便将其归入该城市的主导产业，反之则归为该城市的配套产业。由此，城市化的需求为各时点城市所拥有的常住人口 Y(d)，令城市化经济供给 $Y(s) = P_t$，则：Y(s) − Y(d) = ，<，>0，分别表示城市化经济的供给等于、小于或大于需求。特别地，Y(s) − Y(d) = 0 时，令 $\dfrac{Y(d) + Y(s)}{2}$ 为城市化经济运行均衡态，它表示城市化经济运行的目标状态。运用城市乘数效应理论和城市基础部门模型，选取各行业就业人数为主要指标，测算 2004 ~ 2013 年辽宁和京津冀所辖城市的承载力和需求状况。结果如表 5 – 7 所示，辽宁与京津冀两区域所辖地级以上城市的城市化经济运行在时间段内均处于供求不等的非均衡状态，北京、天津、大连、鞍山、盘锦的城市化经济供给大于需求，除此之外的其他城市的城市化经济供给小于需求。这从整体上说明上述城市正处于城市化经济的承载力相对宽裕、城市化经济能够可持续发展的运行区间。具体来看，盘锦、鞍山可能是由于城市化人口迁出或者城市缺乏吸引力形成城市化经济供给大于需求状态，大连、天津和北京则可能是由于城市化发展的质量相对较高，而北京和天津更可能是虽然在城

市发展的空间方面相对紧张，但在城市化功能、城市人口对于城市服务和权利的享有方面相对宽松。因此城市化关联基础的构建应以切实改善城市中人的城市化生产生活质量为方向，如果将辽宁与京津冀所辖城市看成协同实施协同战略的样本城市总体，那么城市化经济供给小于需求的城市向有供给空间的城市转移产业和就业人口将成为辽宁与京津冀城市协同的一个途径。

表5-7 2004~2013年辽宁—京津冀城市化经济的平供给和需求状况

城市	供给	需求	城市	供给	需求	城市	供给	需求
北京	1865.00	1244.96	承德	128.90	369.63	营口	157.58	233.15
天津	1043.21	970.70	沧州	341.68	714.72	阜新	139.77	192.34
石家庄	752.10	967.83	廊坊	181.18	410.01	辽阳	96.15	182.32
唐山	541.36	728.43	沈阳	617.10	713.00	盘锦	228.51	128.55
秦皇岛	152.98	285.34	大连	734.74	580.21	铁岭	170.13	303.91
邯郸	596.51	931.67	鞍山	399.95	350.08	朝阳	136.06	339.96
衡水	138.15	712.96	抚顺	179.48	222.10	葫芦岛	135.07	278.67
邢台	267.57	1244.96	本溪	193.98	155.06	锦州	154.61	308.56
保定	413.10	1136.47	丹东	141.82	241.67	张家口	182.53	460.16

资料来源：根据《中国城市统计年鉴》2005~2014年计算所得。

城市和城市群协同发展，是推进辽宁与京津冀区域一体化协同发展的重要途径。因京津冀区域内一体化协同发展的规划和实行相比于辽宁省而言相对完善，所以在推进城市群协同发展的过程中，辽宁省最先考虑的应该是以怎样的定位和分工参与进去。首先，辽宁所辖城市参与京津冀协同发展应讲求城市融入的次序性。京津冀城市群内部按照城市发展潜力和资源禀赋的现实状况，可以分为发展潜力各不相同的城市集团，京津冀辽大区域以北京和天津为中心城市集团，沈阳、大连、石家庄为次中心城市集团，鞍山、唐山、保定、廊坊、丹东、秦皇岛、营口为再次级中心的城市集团。处于不同层级的中心城市在理论上具有对周边地区更为强大的辐射能力和吸引能力，相比于周边而言发展水平相对较高。因此，辽宁参与京津冀协同发展应有顺序地参与，中心城市沈阳和大连，以及辽中南城市群的相关城市可以根据自身发展的比较优劣势进行在巩固传统优势的基础上以京津冀辽大城市群的视角进行城市分工与定位；处于次中心和相对边缘的城市如果有与京津冀直接对接的个体项目，可以从项目而不是以城市分工定位的角度参与，这些城市在发展方向和参与顺序上应考虑优先接受来自于辽宁省内的协同和自身发展综合实力的提升。其次，辽宁所辖城市参与京津冀协同发展应讲求城市之间的关联性。根据前文分析可知，在京津冀辽大区域的中心—次中心—外围的城市发展空间格局下，处于层级越高的中心城市所具有的辐射能力越强、辐射半径越长；与之相对，具有越强市场潜力的城市越能够吸引来自于上级中心城市的辐射，二者之差在此可以定义为城市的有效吸收能力。城市有效吸引力较大的城市之间一般来讲具有更强的吸引力。因此具体哪些城市之间能够协同发展，也取决于哪些城市之间具有更大的有效吸收能力。再次，城市群的协同发展有赖于各种关联基础的有效组合，特别是城市化关联基础，这就涉及城市化自身的发展水平和承载能力。一般而言，城市化的发展水平越高意味着城市化的承载能力越强。京津冀所辖城市应充分考虑在城市化经济运行状态具有互补性的城市之间、在城经济与市经济具有互补性的城市之间合理配置资源。最后，城市集群之间能够协同发展的有效途径之一是建立适宜的产业集群协同，加快两区域的产业集群建设和协同发展有利于推进城市群的协同。城市群协同的关键在于是否存在利益分享机制或共同利益联结机制，能否形成利益共同体，达到"1+1>2"的整体效应。大城市群内部需要协同发展的领域很多，从国内实践来看，协同的重点主要在交通、产业、市场、公共服务和政策、环境保护等领域，其中交通一体化是基础、市场一体化是核心、产业一体化是关键、公共政策和环保一体化是保障。在产业转移方面，为承接京津产业转移和与河北省展开合作，辽宁省的产业和企业应在财政税收方面对于转出方的企业和产业进行适度分成补贴，并将转出企业实现的成果与原企业进行适度共享，建立共同利益下的永续联系。基础设施协同包括交通、通信、互联网在内的基础设施网络，应积极通过投资主体一体化来推进建设；促进产融结合，建设京津冀辽开发银行和项目基金，重点支持回报期较长的基础设施及其他重大项目。城市群的协同不仅要实现经济领域的协同，还要以推行公共服务均等化为目标，实现社会领域的协同，可运用普惠金融要着力实现医疗、养老、教育等民生领域的公共服务领域均等化，建立生态绿色金融基金，为多地企业联合防治生态污染提供专项的奖惩。将产业密集带作为城市群产业空间分布的主要支撑骨架，驱动产业在城市群地域空间内沿基础设施束呈带状的高度集中分布，并建立合理有效的产业空间组织系统，在地域上形成庞大的空间经济巨系统。

第六章

辽宁—京津冀科技协同（创新）发展分析

　　科技协同创新是增加区域协同发展高度、提升协同发展质量和可持续性的重要途径。从理论上讲，科技协同创新是一个涉及大范围、由多方主体参与的高水平复杂性创新体系，也是自主链接并推进多区域协同发展的重要途径和平台，这一过程因参与主体不同具有多元化的适用单位和实现形式。学术界对于科技协同创新的研究视角主要包括产学研协同创新、区域协同创新和产业集群协同创新，在这几个适用范围中，产业技术创新联盟、产业技术园区、高技术园区成为主要的平台形式，从而使得跨区域的科技协同能够在有效的平台上得以研发、实现和成果转化，又使得区域与产业之间、区域与区域之间、产业与产业之间能够自发地形成关联。当今世界不乏科技协同创新的基本案例，如美国的硅谷、中国台湾的新竹、日本的筑波等。与产业协同、旅游协同和城市群协同有所不同，科技协同在一定程度上既属于无形的协同发展形式，但从另一个角度而言，科技园区、中介、机构、组织的建设和成果的转化、产品的流通又是有形的协同发展形式。辽宁参与京津冀协同发展过程中的科技协同发展既能够推进所辖地理单元经济发展质量的提升，也能够在一定程度上优化产业协同、文化旅游协同和城市群协同发展，构建更为智能化的产业网络共同体、文化智慧旅游、包容智慧城市群。跨区域科技协同发展对于辽宁—京津冀协同发展具有重要的理论和现实意义。

第一节 科技协同创新概念诠释

在国内外宏观经济演进的过程中,推动宏观经济转型升级的重要力量便是科技和人才,科技是第一生产力,科技不断更新和转型升级是一个国家或者地区经济蓬勃发展的重要标志。科技的发展和人才的交流既是地区间通过协作不断提升软实力的重要手段,同时也是转变所在地区经济发展方式的重要驱动力。科技源于拉丁文的科学一词本义是学问或知识,指人类对客观世界具有规律性的认识;源于古希腊语的技术一词指人类在自身生存和发展的过程中、为达到预期目的而根据规律对自然和社会进行调控、改造的知识、技能以及规则等一系列方法的加总和集合。进一步地,在现代市场经济社会中,创新是指日益基于不同经济体间的知识性和技术性互动,这些主体通常包括企业、研究组织和公共机构,一般来讲,科技是相对比较容易激发也容易产生、凝结创新成果的可操作对象或者说创新行为的作用领域。与单一地理单元发展科技的行为相比,地理单元之间的科技协同以及在此基础上对于这种科技协同的不断创新无疑是科技发展的高级化形式。由此定义科技协同创新是一种创新组织形式,这一过程通常是以知识的增值为核心,由用户、企业、政府和知识的生产机构如大学、研究院所、科研机构以及社会中介结构等在产业组织内部和产业之间、区域内部不同城市之间和区域之间为了推进科技创新而大跨度展开的创新组织模式。

在实践中,地区之间的科技协同通常以产业协同为物质基础、以制度协同和机制协同为保障、以科技单位和组织为载体、以共同利益增值为维系可持续性的手段。按照创新实现的路径不同,分为以产业组织本身为主体、依赖组织内要素之间的互动实现的内部协同创新,和包括横向和纵向协同创新在内的外向协同创新,通常以产业组织之间或者产业组织和其他主体之间的互动为表现形式,在现实中横向和纵向的科技协同创新也通常表现为不同产业主体之间和产业链上企业之间的科技协同。科技协同创新的能力和绩效具有阶段性的变化特征。协同创新的能力和绩效之间的关系在磨合期、成长期、成熟期和衰落期会发生微妙的变化。如图6-1所示，主要表现为在磨合期，协同创新的能力初步形成，但绩效因多方协调和相关配置的不成熟而相对较低；在成长时期，协同创新的能力逐步上升，随着创新过程的逐步深入，协同发展的整体绩效也随之上升，二者在成熟时期达到顶峰，并于衰退时期逐步减少。辽宁与京津冀一体化协同发展通过科技协同创新这一渠道来推进具有多层次的实现形式，一方面，在各地区内部和区域之间形成产业协同发展格局的过程中，特别是在形成同一产业内部的跨区域产业链，会有赖于内部创新和外部创新，其中内部创新是基础和内在保障；另一方面，科技协同创新也可以通过跨区域的产学研合作和网络化的形式实现，从而带动区域经济的跨区域协同发展。

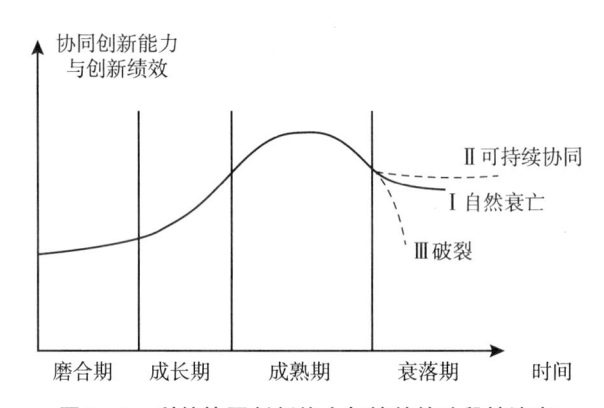

图6-1 科技协同创新能力与绩效的阶段性演变

各种形式的科技协同创新在其演进过程的不同阶段中因所参与的要素不同、所处的经济社会环境不同将会形成不同的发展水平。科技协同创新水平的高低一方面决定着区域中科学技术领域的发达程度和创新水平，另一方面也会决定着区域协同发展中的其他领域能否以更为集约、绿色、高效率的多样化形式或者模式来实现协同发展，科技协同创新的能力和潜力决定着各领域协同的科学性、附加值和发展高度，那么对于影响科技协同创新要素的关注及其整合具有重要的现实意义，也即直接影响着科技协同创新这种推进区域协同发展的不竭动力的动力性发挥程度。如图6-2所示，跨区域之间大范围的科技协同创新通常会受到诸多因素的影响，主要包括资源要素的互补程度、知识的流动与共享，以及制度的规范性。其中，资源要素的互补度是影响区域间科技协同的最重要因素。一般来说，要素资源来自协同主体所具有的知识、技术、人财物以及平台，如果协同主体之间的要素互补程度高，则能够减少资源浪费、提升整体收益。由协同创新所创造出来的有形和无形知识，通过流动由个体传导至整个共同体内部，形成共享。制度的规范性，特别是参与者之间的信任、人才政策、利益分配、矛盾冲突的调整和解决关系到科技协同创新共同体能否相对可持续的发展。因此，京津冀辽构建科技协同创新共同体也应充分关注到上述方面。

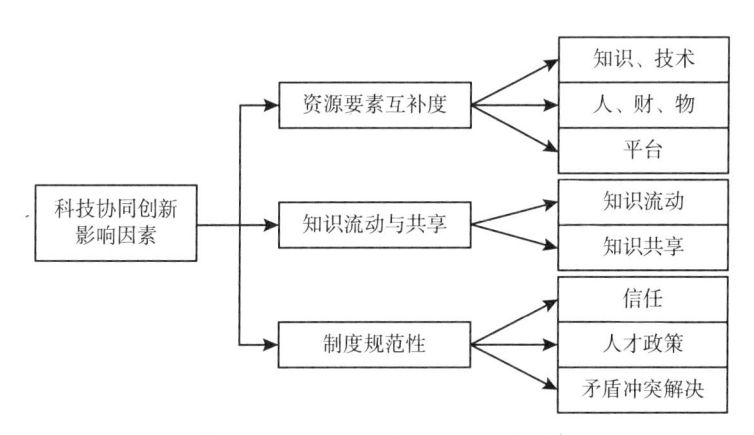

图6-2　科技协同创新能力影响因素

第二节　辽宁—京津冀科技协同创新形式与存在的问题

因科技载体、基础、成果和环境的多样性、参与协同主体禀赋的多元性，科技协同创新具有多种实现形式。不仅包括产业领域的科技协同，还包括在政府、高校、科研院所、产业以及组织平台之间实现的大协同。国内外科技创新的形式基本上包括产学研合作模式、区域协同创新模式和产业集群协同创新。每一种模式都有自身的特点和适用范围，京津冀辽科技协同创新既可能同时运用到上述三种模式，也可能在科技协同体演进的不同阶段运用到哪一种单独模式。

一、产学研合作模式

产学研合作模式是指在不同经济体之间实现科技协同的一种方式，通常以不同的项目为依托，按照不同的组成比例形成产业部门、企业、高校和科研院所的联盟。产业技术创新联盟是一种高效率的产学研合作发展模式，也是各区域和产业推进科技协同创新所广泛采用的模式。该模式以企业为主体，通过建立契约关系来建立起一种能够集合共同投入、共同开发、共享利益和共担风险的合作机制，保障产学研各方所包含的成员能够在实现优势互补的基础上形成更为长期、稳定和紧密的可持续性合作关系。产业技术创新联盟并非简单地产业集群，它通常是由政府牵头组织和保障，由企业作为生产行为主体、由高校和科研院所作为智慧和技术提供的综合体，是科技协同创新中涉及主体相对较多、各区域较为通用的协同发展模式。世界上较为著名的运用产学研一体化模式发展的科技园区是以美国硅谷为代表的高技术产业综合体，其特点在于研究开发与产业发展并重，并且重视主体之间的跨界合作。这种产学研合作模式在我国也得到了较为密切的关注，形成了具有一定规模和实力的组织。我国从1998年建立中国企业联合会数字电视产业联盟开始，到2007年在钢铁、煤化工、农业装备领域建立四个产业技术联盟，再到2012年科技部审核通过39个产业技术联盟作为试点，产业技术创新战略联盟取得了突飞猛进的发展。[1]

自2010年以来，辽宁省也为引进创新资源，围绕着高新技术产业

---

[1] 《中国统计年鉴》。

和特色产业组建了数控机床产业、光伏、海洋水产、煤化工、半导体装备产业、数控机床产业等20多家省级产业技术创新战略联盟试点,为充分调动省内外产学研相关资源提供了政策保障和广阔的参与平台。在辽宁省高校和科研院所参与联盟协同发展的过程中,也存在着一些问题影响了产学研合作的效率发挥。主要表现为参与积极性不高、合作层次较低、缺乏知识产权的保护意识和风险意识、没有从自身的专业优势和特色出发,以及缺乏对联盟不稳定性的认识,缺乏专门管理人员和部门、技术创新成果的归属管理缺位等问题。这些问题集中体现在"学"和"研"的参与效率效率较低方面。与辽宁相比,京津冀具备一系列值得借鉴和借力的优势条件:该区域拥有丰富的科技创新资源,是全国创新集聚区域之一,拥有众多高等院校、科研院所和优质的企事业单位;创新成果丰硕、创新活力强,科研支出、高水平检索率、技术市场成交额分别占全国同类总额的16%、15%和42%;园区、基地、平台等科技载体日益增多;形成高技术、电子、机车、机械制造业为主导的产业集群能够充分支撑科技协同成果的转化。按照比较优势原则,《京津冀协同发展规划纲要》规划京津冀三地分别发展原创技术、专利交易、高端创新服务,研发成果转化、中小型科技企业创新创业示范园区、现代化制造业,推广科技产品及服务、创新成果应用试验、创业孵化转化。但存在着科技协同创新的有效机制缺乏、创新链和产业链对接不完善、创新要素布局多度集中于京津和创新政策梯度差距大、集群效应不显著、要素与投资混合推动等现实问题。

二、产业集群协同创新模式

产业集群创新具有两层含义,一方面,它是科技协同创新的一种表现形式和学者们的研究方向;另一方面,也是产业集群转型升级的一种方式或者途径。按照第一种含义,产业集群也是科技协同创新的重要主体之一,相比于单纯的产业主体而言,产业集群具有更为成熟化的产业组织形态和集聚的地理空间形态,产业集群内部因高度集聚而充分发挥外部性从而降低了产业成本，不同的产业集群之间因各自体系内部具备相对完善的产业链生态系统，也具有相对完整的产学研模式，从而使得产业集群之间的协同创新对于技术水平和协同收益的要求更高，通常共同研发的项目会形成技术园区。技术园区同时也是推进产业集群协同创新的重要中介平台。它们通常会以高技术制造业为重心，并且也专注于研究开发。技术园区以我国台湾新竹为代表。按照第二种含义，产业集群按照发展阶段，分为产业集中分布的初级阶段、产业机制创新和转折的发展阶段，以及具备地区专业性、对外享有知名度的成熟化阶段。产业集群的协同创新多开始于发展阶段，并且协同创新也能在一定程度上推进产业集群的转型升级和群内结构的进一步优化。

辽宁参与京津冀协同发展在两种含义上均有涉及，既包括四个地理单元所拥有的产业集群之间如何通过科技协同创新的形式实现更高效率的高级化集群共同体发展格局，也包括各地如何以产业集群为行为主体，通过建立技术园区的方式将各产业集群的比较优势吸收聚集到一起，推进跨地理区域大范围的科技协同创新。然而，无论基于哪一层含义，都需要明确京津冀辽四个地理单元所包含的产业集群内容、特征和存在的问题，从提升产业集群自身发展水平和潜力的角度推进其带动区域科技协同创新。因为如果各地盲目推进技术园区的建设，一方面，可能因地区间产业集群的内容同构或者水平过低，从而在短时期内还存在产业集群组织内部的低效率同构化和无效竞争，继而导致对于技术园区的各种投入不能有的放矢地实现研发收益、反而成了协调产业集群之间的特殊费用成本；另一方面，也可能形成技术园区内部还是企业低水平集聚的局面，从而使得对于技术园区的建设不仅形成了极大的浪费，还在一定程度上成为没有真正联系产业集群之间形式上技术创新革命的空壳平台。因此要提升两地之间产业集群协同创新的专业性和效率性，必须要了解两地产业集群的种类、经营内容、比较优劣势、发展阶段，并且积极培育两地产业集群的跨区域辐射性和竞争力水平。

现阶段，辽宁省的产业集群在行业分类上主要集中在装备制造业、化工、原材料深加工、农产品加工等传统行业，即主要分布于资源开采加工、装备制造业、高新技术产业三个领域。随着经济发展，一些新兴产业集群如新能源、新医药、新材料、信息和节能环保也正在快速发展。近年来规模较大、发展较好的产业集群包括沿渤海船舶及配套产业集群、沈大机床产业集群、沈阳汽车及零部件产业集群、大连石油化工产业集群、抚顺石油化工产业集群、辽南镁质材料产业集群、鞍本辽钢材深加工产业集群、大连电子信息产品制造产业集群。各地产业集群发展具备自身特色，其中沈阳市依靠专业园区模式构建了铁西新区汽车零部件、沈北新区农产品加工、沈北新区食品和于洪家具四个产业集群年营业收入超过100亿元。大连市依靠龙头企业和高新技术园区带动，如瓦房店轴承厂带动了瓦房店轴承产业集群，中国大杨集团带动普兰店杨树房服装产业集群，大连华信公司带动大连旅顺软件产业集群。与长三角、珠三角等产业集群发达的城市群相比，辽宁省的产业集群存在一系列问题需要优化。例如产业集群的平均规模较小、地区分布不均衡；多数产业集群还停留在企业集中的形式，领导产业发挥的辐射作用不明显；集群内部的企业之间的产业链关联和互动性较差，内部企业存在同构性、相对松散，并且缺乏协调机构和自主研发能力；缺乏政府对产业集群的功能定位和布局的统一规划。与辽宁省相对，京津冀内部特别是京津的产业协同创新处于较为成熟的协作阶段、按照比较优势的分工较为明确，区域内部的产业部门主体之间的关联性较强。比如北京的国家高新区互联网跨界融合创新中关村示范工程，就是中关村移动互联网、丰台轨道交通、亦庄数字电视等相关产业集群的集合开发平台，主导产业明显，并且相关产业并非简单地企业集聚性布局，而是在产业链上具有一定的功能定位。天津则是定位与科技型中小企业，制订"科技小巨人成长计划"通过建设高新区的新能源和北辰高端装备制造业产业集群，使得产业规模不断扩大，已经成为支持京津冀战略性新兴产业发展的重要力量。河北省则积极推进保定新能源与智能电网设备集群、石家庄的药用辅料与制剂集群、卫星导航与位置服务创新型集群、邯郸的现代装备制造创新型产业集群等。由此可见，京津冀城市群内部的产业集群协同创新以北京和天津为较大规模、功能相对完善，河北省内的创新集群基本以城市为单位，相对分散、规模较小，地区联动性和参与度相对较弱，这一点与辽宁省的基本情况有些相似。

三、区域协同创新模式

1992年，区域创新体系的概念最早由英国学者菲利普·库克（Philip Cooke）在《区域创新体系：新欧洲的竞争规则》一文中提出，在此之后区域协同创新便得到了各国学术界和政府的普遍高度重视。区域协同创新可以说是产业集群协同创新的重要载体，其实现的重要环节是明确创新主体的功能定位，与此同时，这种创新模式主要出现在联系紧密并且具有明确的分工定位和比较优劣势的城市群内部；随着城市群之间往来联系的逐步加深和密切，也可能出现在不同城市群之间。在区域创新链的运行过程中，跨区域的技术转移日益成为重要的环节。也就是说在诸多参与区域之间建立一个网络遍布、健全，能够帮助各区域之间及时转移与分享创新技术和信息的中介组织，对于更好的实现区域协同创新至关重要。运行这种技术转移中介组织较为成功的案例是欧盟的创新驿站，作为全球最大的商业服务中心，为跨国中小企业提供商业支持和技术创新。区域协同创新作为一种更为高级化的区域间协调发展机制，通常指为提升区域内中小企业的创新能力，通过政府引导和支持，以研究型大学为主导、技术中介机构为支撑，借鉴创新驿站的经验，包括政府、企业、研究型大学和技术中介机构多主体参与的区域协同发展模式。

辽宁省在区域协同创新方面目前主要依托区域协同创新中心，是以研究型大学牵头、企业集团参参与的产学结合发展模式。而京津冀区域三省市虽然科技创新分工尚未形成、科技资源的共享性不足、创新链与产业链的对接融合尚不充分、区域科技合作机制也没有建立，但是依托于北京和天津的科技优势以及京津冀一体化协同发展的积累，三地正在筹划构建协同创新共同体。作为科技协同创新的高级化形式，辽宁与京津冀都意识到并逐步走上区域协同创新之路，两区域在取得一定成绩的同时，也都存在着缺少较为有效的技术中介机构组织、政府协调参与度较低、协同创新的带动能力限于域内而与域外协同的效应较小等共性问题。因此，辽宁与京津冀的区域协同创新在现阶段而言尚不具备高水平协作的可能性，应考虑建立或者依托于某一较为成熟的中间协调网络。

辽宁参与京津冀科技协同发展，关键在于提升自身实力，吸引人才流动或给予科技成果更好的转化渠道，积极争取来自京津的优势资源辐射。具体应加大对研发中心、工程中心、重点实验室以及科技创业孵化器的资助力度，打造高质量的技术转移与转化、核心技术研发、人才培养和战略新兴产业孵化基地；加快完善技术入股、股权、分红等多种形式的成果研发和转化激励机制，鼓励发明创造；建立企业高校联合培养产业发展所需要的学科和新机制。

第三节 国外科技协同创新案例及借鉴

一、美国科技协同创新及借鉴

（一）美国科技协同的历史演进

美国产学研协同创新的发展是一个不断形成和完善的过程，主要包括萌芽、发展、成熟和繁荣四个阶段。美国的产学研合作萌芽出现在19世纪早期，该时期出现了小范围的学校和企业合作、有限的大学商业化，比如农业和相关工程领域的学院咨询活动。特别是随着《莫雷尔法》的系列赠地法案的颁布以及赠地大学的创办，促进了大学衍生公司的出现。尽管如此，萌芽阶段大学、政府和企业的直接联系还是相对较少。20世纪初至"二战"期间，美国的产学研协同创新进入了发展时期，在政府的直接推动下，产学研的直接性科技协同创新的到加强和发展；进入20世纪后特别是在"二战"期间，因美国经济、社会特别是军事的发展进一步要求大学能够与产业实现更为密切的结合,使得美国产学研合作范围加大、力度加强,从农业发展拓展到国家安全、军事领域,方式从学院咨询扩大到直接承担政府项目、成立公司等。为此,政府先后组建国家国防委员会、科学研究发展局等管理机构,与许多大学、科研院所(麻省理工学院、加州伯克利大学等)签订科研合同,积极协调产学军各方面协同完成多项国家重大军事研究课题,不仅为美国赢得"二战"奠定了基础,还转变了全社会和政府对产学研合作的认识。这时期最典型的案例是"曼哈顿计划",该计划以政府为主导,不同工作由政府、企业、大学、民间研究机构共同完成。这种运作机制沿用至今,是美国政府促成协同创新合作的创举,对产学研协同创新的发展趋势具有重要影响。"二战"后至20世纪70年代,美国产学研协同创新进入成熟时期。这一时期出台了相对明确的科技政策、同时加大了立法和对大学、产业界的投入力度,把科研资助重点转向通信、新材料、航天、电子、生物技术等具有应用前景的研究课题,联邦政府与大学合作关系进一步加强,大学科研成果商业化进程显著加快,形成了美国的科技体制以及产学研合作机制。20世纪80年代至今,美国产学研协同创新走向繁荣。这一时期美国为加强与欧洲、日本的竞争,逐步将科技创新提升到国家发展的战略核心层面并颁布了《拜杜法案》,企业采取开放的创新策略与大学形成研究联盟、进行更深层次和多方位的协同创新。

(二)美国科技协同创新的模式

美国的产学研合作拥有近200年的发展历史,这其中产生了多种组织模式,最具代表性的组织模式主要有企业孵化器、大学科技园、工业—大学合作研究中心及工程研究中心模式等。其中,企业孵化器是扶植创新型、技术密集型小企业诞生与成长的一种有效产学研协同创新模式。通常由政府、大学、科研院所或投资机构向初创企业提供场所、各种配套服务、优惠条件,为新企业管理、技术、融资等方面牵线搭桥,促使新企业迅速成长与发展。科技工业园区模式以信息技术为代表,依托研究型大学、科研机构建立用于科研和商业化活动,为大学和研究机构创设合作关系,鼓励新企业的成长和技术转化,推动技术引领型经济的发展。此模式的科技工业园区主要由大学、企业或者州政府主持兴建,硅谷波士顿128号公路高技术园区、北卡三角研究园等就是该模式下的成功案例。工业—大学合作研究中心及工程研究中心模式。工业—大学合作研究中心(I/UCRC)模式是目前美国规模最大、最健全的一种协同创新模式,起源于20世纪70年代,是在美国政府科技政策的引导下,以大学尤其是研究型大学为基地的一种产学研合作模式,一般包括有组织的研究单位、产业联盟和研发联盟三个联合体。有组织的研究单位是大学设立的一个半自治性研究单位,属于大学但是不属于任何院系,因此,相比于一个院系而言它能跨越不同院系吸纳教师力量,提供平台和鼓励措施,倡导学科互涉、针对性强的研发活动。产业联盟由同一行业内的不同企业或同一产业链上不同环节的跨行业企业组建而成。研发联盟一般由大学、国家重点实验室、大型公司等组成跨部门、跨行业的研发实体。I/UCRC模式构建的思路主要是:由国家科学基金会(NSF)投入种子基金启动I/UCRC项目,培育其创新领域和能力,然而NSF的资助并非无限期的而是不断减少的,最终由企业、大学、州以及其他赞助者全部资助。基本模式是由大学负责牵头,允许企业作为会员或以项目合作形式进行协同创新合作,主要目标是解决产业技术前沿问题和培养交叉学科人才。

二、德国亥姆霍兹国家研究中心联合会科技协同模式

德国亥姆霍兹国家研究中心联合会(The Helm-holtz Association of German Research Centers,缩写 Helmholtz,以下简称"亥姆霍兹联合会")是德国乃至欧洲最大的研究机构,现有18个国际著名的研究中心,雇员超过3万人,年度经费总额达34亿欧元。亥姆霍兹联合会着眼于德国中长期科技发展目标,在6个研究领域(能源、地球与环境、生命科学、关键技术、物质结构、航空航天和交通),依托重大基础研究

设施开展前瞻性的跨学科综合研究，解决涉及社会持续发展的重大问题。

（一）协同科研组织

亥姆霍兹联合会之所以保持世界科研领先地位，与其协同研究的组织形式密切相关。联合会把各种资源集中投入6个重点研究领域中，同时积极争取第三方经费。亥姆霍兹联合会核心经费主要的资助形式是：战略引导项目，即资助符合亥姆霍兹联合会发展战略的计划项目；依托设施项目，即资助依托大型科学装置的研究项目，例如粒子加速器、同步加速器、中子和离子源、研究用船和飞机等；创新协作基金，这是最重要的科研促进手段，该基金可以迅速而灵活地作出反应，但同样需要通过竞争来实现其战略目标。其资助方式有五种：关注未来的研究课题的亥姆霍兹联盟；虚拟研究所，拓展与高校的联系网络；青年科学家提升行动；创新研究支撑框架：促进前沿研究，促进技术转移、机会均等以及科研的国际化；卓越保障行动：推动具有良好前景的研究项目。

（二）虚实结合网络化的协同研究

亥姆霍兹联合会的各研究中心之间及其大学和所在州政府之间存在多种方式的协同研究组织形式，既有实质性的机构合作，也有虚体机构的网络式研究合作，以下列举3种比较典型的合作研究。

1. 强强结合建立新机构

亥姆霍兹联合会的原成员单位卡尔斯鲁厄研究中心与卡尔斯鲁厄大学（德国历史最悠久的理工大学）于2009年10月合并为卡尔斯鲁厄理工学院（KIT），成为目前世界上最大的教学和研究机构之一。KIT开展研究集中在以下几个方面：能源，气候和环境，纳米和微技术，基本粒子物理学和天体物理学，通信和计算，新材料，光学和光子学。卡尔斯鲁厄的核技术在未来欧洲核聚变实验中占据重要地位。KIT与弗朗霍夫协会、马普学会、大学、工业界合作，共同组建"NanoMat"战略联盟，为德国的纳米材料研究搭建了重要的交流平台。KIT不仅瞄准一流研究和卓越教育，还致力于成为一个为科学家和研究人员提供终身教育的基地。

2. 与政府、地方和大学共建虚拟研究机构

由亥姆霍兹联合会感染研究中心（HZI）牵头学术协调，联合多所高校和科研机构成立了多学科合作的虚拟研究机构——"结构系统生物学中心"（CSSB）。2011年4月，德国联邦教育与研究部、汉堡、下萨克森州签署了联邦州政府共建协议，各方将为此投入经费共计5 000万欧元。CSSB的任务是研究在原子水平上追查和消灭病原体，研究中心将建在亥姆霍兹联合会电子同步加速器研究中心的园区内。科教结合的研究组织。

3. 科教结合的研究组织

亥姆霍兹联合会特别重视聚集大学中潜在的优秀科研力量，其重要使命之一就是让大学中优秀的年轻研究人员进入亥姆霍兹联合会，目的是通过建立新的研究伙伴关系，形成规模更大的网络式协同研究的途径，以更好地实现亥姆霍兹联合会战略发展的目的。亥姆霍兹联合会之所以能够成为大学越来越密切的合作伙伴，主要原因：一是为大学贡献了研究型的教学，并将最新的知识带进了大学；二是拥有独特的大型科研设施，为大学跨学科的综合研究提供了条件；三是拥有承担重大项目所需的专业技术和管理支撑资源。近年来，亥姆霍兹联合会用于与大学合作的经费约1亿欧元。利用不多的经费，亥姆霍兹联合会在德国高校，乃至全世界，吸引优秀青年科技人才，与大学建立了紧密的科研合作关系。其中具有特色的形式之一是虚拟研究所，即以亥姆霍兹联合会一个或多个研究中心的关键研究为核心，与一个或多个大学联合研究的组织形式。虚拟研究所可利用各自现有设备，集中优势研究力量和管理能力，建立长期的合作关系，并为形成更大规模的合作做准备。2012年7月网站消息，亥姆霍兹联合会共建立了99个虚拟研究所，其中包括来自德国61所大学的326个合作伙伴。

4. 启示

德国模式对于辽宁参与京津冀科技协同创新的启示是：首先，政府稳定支持、多方投资是协同研究的动力。亥姆霍兹联合会以国家目标任务为核心，在国家稳定持续增加支持的基础上，通过开放协同组织形式，吸引了来自联合会外的合作伙伴和合作资金，这些资金不仅补充和

强化了联合会研究项目经费的资助强度,而且密切了亥姆霍兹联合会与其他研究机构之间的合作与交流,达到双方互利、共同提高的目的。地方政府的重视和支持,使得区域创新得以实现;企业的合作与支持,为建立知识和技术创新的转移渠道、推动企业技术创新提供了条件。至此,亥姆霍兹联合会以竞争计划项目为引导、以开放联合的方式获得多方支持,成为其协同研究的动力。其次,以项目为引导的组织是协同研究的纽带。亥姆霍兹联合会定位明确,在制定中长期发展战略的基础上,采取领域、中心和研究所协同管理的方式,打破机构界限,按照确定任务组织人力和资源。联合会总部根据外聘学术专家评议意见,分配和管理各研究领域和各研究中心项目的经费及年度预算,各研究中心主任负责机构经费的成本控制,并要接受总部组织3年一次的评估,由此实现学术管理与机构管理的互补和监督,并强化项目间的竞争,以达到资助最优秀工作的目的。亥姆霍兹联合会这种以组织项目研究为纽带,集中内部资源,同时开放联合的科研组织方式的核心就是协同研究。再次,稳定和密切的科教结合是协同研究的源泉。亥姆霍兹联合会与大学的协同研究不仅体现在研究项目合作方面,更重要的是其与大学教学和科研密切结合的关系。尽管亥姆霍兹联合会自身支持与大学合作经费有限,但是其无论是建立网络式的虚体研究机构、支持青年科学家小组,还是建立博士生班和博士生研究院,或是与大学共同建设相关教学项目,都促进了亥姆霍兹联合会科教结合的多方协同,从而得以与多个大学建立和发展长期、稳定的合作关系,形成协同研究不断的源泉。

三、日本区域创新体系

以区域集群为手段构建首都圈区域创新体系,形成区域创新网络。日本在《第二个科学技术基本计划》明确提出要建设和发展区域集群,以集群为手段提高区域经济活力。在区域集群内构建人脉网络和合作研究机制,将大学和科研机构的科技创新成果与企业需求结合起来,集中优势力量发展主导产业,提高地方创新能力,形成具有地方特色的区域创新体系。在《第三个科学技术基本计划》中,又提出了要进一步加快和完善区域集群的发展,提出区域集群仅靠产学官合作研发是远远不够的,还需要灵活的融资制度、创业扶持政策、完善的市场环境、通畅的协调网络等。为此日本经济产业省和文部科学省分别在2001年和2002年推出产业集群计划和知识集群计划,计划实施资金由国家拨付,在尊重地方特色和自主性的基础上推动集群建设和区域创新。且从内部结构来看,这两种集群都是区域依存型集群,与区域特性存在密切关系。主张运用产业集群计划激活首都圈区域创新体系。产业集群计划旨在通过广泛的产学官合作网络和优越的创新环境建设具有国际竞争力的产业集群,主要由地方风险企业和中小企业组成,各个集群设有集群合作平台,负责协调各方关系,实施主体是经济产业省下属的各个区域经济产业局以及民间组织,在2001~2010年期间由国家主导建设了37个产业集群。[①]

  这种模式对辽宁参与京津冀科技协同创新的启示是:一是要提升区域内各地区的自主创新能力,均衡区域创新水平。日本区域创新体系的构建是一个提升地方创新能力的过程,是以地方政府为主导、以地方企业、高校和科研院所为主体的,通过提高地方和中小企业的科技创新能力来缩小区域内各个地区的科技创新差距。国家的作用由管制逐渐变为扶持,通过提供优越的区域创新环境构建造血式扶持体系。二要合理调节首都和周边地区的资源配置。东京与北京一样,聚集了大量优势科研资源和高新技术企业,东京对圈内其他地区起到了很好地带动作用,形成了以东京为中心的首都圈区域创新体系。三要加强科技中介组织建设,实现创新资源共享和协同创新。日本首都圈构建起了以财团法人和社团法人为主体的科技中介组织体系,为资源共享和协同创新搭建起平台,实现了区域内优势科研资源向中小企业和薄弱地区的分散和辐射。

---

  ① 郭斌. 京津冀都市圈科技协同创新的机制设计——基于日韩经验的借鉴[J]. 科学学与科学技术管理, 2016 (9): 37-48.

第七章

辽宁参与京津冀协同发展机制与实现路径

通常我们在经济学中所说的机制,原指机器的构造和工作原理,初始在生物学和医学领域通过类比借用此词,指生物机体结构组成部分的相互关系,以及其间发生的各种变化过程的物理、化学性质和相互关系,泛指一个工作系统的组织或部分之间相互作用的过程和方式。在任何一个系统中,机制都起着基础性的、根本性的作用。在理想状态下,构建良好的机制就好比构建了一个良好的生态系统,甚至可以使得一个社会系统接近于一个自适应系统——在外部条件发生不确定变化时,能够相对自动且迅速地做出反应,调整原定的策略和措施以期实现优化目标。按照这一理解,辽宁参与京津冀协同发展的机制也就是京津冀辽大系统的组织或各部分之间相互作用的过程和方式。辽宁参与京津冀协同发展本质上属于区域协同发展问题。区域协同发展因涉及区域之间宏观、中观和微观层次,以及各层次的主客体之间通过中介和平台的关联、政府政策制度环境的构建和保障、市场机制的激励逐步实现由无关联到有关联再到深入关联,由无序到有序、有步骤地协调发展,并通过这一过程提升和扩大组合收益,而受到全球国家和地区区域发展的普遍采用和赞誉。区域协同发展并非简单地区域之间单方面的叠加组合,而是在避免各层面同构性并且不损害任何一个合作方个体利益、最大限度的节约成本的前提下实现"拼接马赛克的艺术"。从这个角度来说,区域协同发展有较低层次和较高层次之分,当然协同发展的效果和对区域经济发展的作用力度也随之呈现出较低水平和较高水平的不同分布特征。区域之间因内部层次和要素存在差异和互补性而产生关联的可能,因关联的自发性深入而提升协同发展的效能。发现关联、缔造平台、保障实施,最重要的是深化协同体内部的关联性至关重要。面对业已形成发展习惯和功能定位,并存在一定路径依赖的各区域而言,建立关联、深化关联的重要推动力便在于协同创新,通过创新来打破行政壁垒、突破传统的自我发展路径依赖,寻求可能协同的领域、优化资源和利益共享分配的机制。可以说协同创新是区域协同发展的最重要且富有生机活力的推动力量。

在协同的领域中,产业协同是关键也是最难设施的部分,这其中的服务业相对于制造业和农业协同而言具有灵活、轻便便于设施的优越性;城市和区域的协同最终会因内部组成的不断集中化而以城市群的形态表现出来并运行下去,因此本书对于产业协同、科技协同、旅游协同、城市群协同这几个方面协同可能性、机制以及实现路径的探索对于京津冀辽构建新型具有内部联系的区域协同综合体具有实际意义,这也是选择分析这几方面的原因所在。然而,京津冀的协同一体化发展尚处于统筹阶段,辽宁因自身结构性原因也处于经济增长的低迷期,两区域的充分融合在现阶段还难以实现,对于各方面的协同发展虽然已经存在一些具体化的行动,但是进一步推进还需要假以时日循序渐进地加以论证。

第一节 产业协同发展机制与路径

产业协同发展是指两个或两个以上的产业从追求各自独立的系统演化向追求产业间的相互促进、共同发展转变,从而成为一种以互惠双赢为动力的新型系统。产业协同发展可以促进协同系统内人、财、物、信息等各种要素的相互补偿、优化配置和高效整合,从而有助于产业间要素耦合效应、技术波及效应、产业关联效应和共生经济效应的发挥。因此，协同发展已经成为促进产业、区域经济及宏观经济发展的有效途径之一。

一、产业协同发展机制

产业协同发展的机制包括三次产业之间的协同发展机制和异次产业的协同发展机制。产业协同发展的一般机制是指在贯穿产业发展的全过程和横跨各个产业的范围都始终起作用的机制；用来描述在产业发展的某些阶段起作用或者特定条件下对某个产业的发展起到重大作用的形式，我们则称它为产业协同发展的特殊机制，两种机制同时存在于协同发展的产业之间。

（一）产业协同发展的一般机制

区域产业的协同发展是在产业部门之间形成的一种区域内部和区域之间的关联，这种关联具有联动性效果。产业协同发展无论在区域内部进行还是在跨区域之间进行，首先都得益于产业发展和相互之间的作用机制，正是产业发展机制发生空间溢出或者产生空间关联才会形成产业协同发展。从理论上来看，一次产业协同发展伴随着多层次或者多次的产业发展阶段，具有跨区域产业发展的多样化特征。

产业发展机制首先表现在产业技术的跃迁机制。我们知道，人类经济和社会每一次重大技术的突破和普及都会对某个或某些产业的发展带来明显的促进作用。例如，蒸汽机的发明与应用和电气化的普及使第二产业成为经济增长和就业的主要载体；铁路网、公路网和电信网的建成带动了运输、批发、零售等流通服务业的快速发展；而计算机的广泛应用不仅催生了各种信息服务和服务外包业，也让金融、对外贸易等服务行业的发展速度到达空前的水平。这种经济和社会发展特征在不同地理区间的分异形成了不同区域对于各次产业发展的多样化载体、推动力、供给和需求；与此同时，产业发展随着经济和社会的变迁不断演进，这种演进可能超越了经济和社会的发展速度和维度而成为引领经济和社会发展的机制，形成跃迁。产业跃迁机制促使产业发展与经济社会发展既紧密相随又存在一定独立性，不同区域之间的产业跃迁机制的差异性形成了区域产业成长速率和质量的差别。当一个区域的产业跃迁需求或供给由另一个区域的产业跃迁弥补，便形成区域间产业技术跃迁的关联，从而形成产业跨区域协同发展的一种形态，当然这一情况也可能发生在同一区域之中。其次，表现为产业之间的拉动机制。产业之间存在着形式多样、纷繁复杂的直接或者间接关联，一个产业的进步既会要求其他产业提供相应的技术配套也会为其他产业带来更多增长的市场空间。例如电气化的普及和钢铁、石化等技术的广泛使用体现了大规模生产的经济性、促使大规模流通网络的形成；文化和教育事业的发展促进了各个产业的发展等。

（二）产业协同发展的特殊机制

如果说一般机制是指各次产业在不同地区内部或者区域之间协同发展的普世性规律，那么不可否认和忽视的是它们还存在着一些个性化发展特征被我们称为特殊机制。第一种特殊机制是产业链条的分化机制。根据波特（1985）的定义，企业内部存在着一条由基本活动和辅助活动共同构成的价值链。跨区域产业的协同发展在一定程度上起因于这条价值链在产业部门之间和地理单元之间的延伸、深化和链接。产业链得以延伸主要是由于产业链条的分化，表现在当产业内的各个企业面临内外部环境变化时，就会将企业内部价值链中所含的部分活动剥离出去，然后由独立的提供商来与留在企业内部的活动进行密切配合，一起为下游客户提供产品。根据所剥离链条的性质不同，产业链条的分化和延伸又会分为三种情况：将销售、售后服务或者物流配送环节分离出去，为满足厂商在资金和管理能力上存在限制但又必须扩大规模，同时应对分散在不同地域零散用户的情况；不设生产车间或者将制造环节剥离出去，交由专事代工或贴牌生产制造；把产品设计、广告及品牌推广、人力资源管理、信息管理或采购等价值链中的辅助活动环节外包给独立经营的外部机构。第二种特殊机制是产业链条的衍生机制,也即产业在既有基础上出现新的垂直链条或者平行链条,而这些链条使得企业经营涉及范围从一个层次产业进入到另一层次产业中去。产业链条的衍生一般会沿着垂直或者平行的方向进行,垂直衍生常发生在农业领域,如某种农产品不再是从田间地头直接运到集市销售,而是开始采取收割采摘后加工成半成品甚至成品进入超市的专柜等方式,由此形成了现代食品工业。在现代经济发展中,工业化早期的产业链条衍生主要表现为此种垂直的形式。随着工业化进程的加快,制造业产能不断扩大但其盈利能力开始持续下降,逐步形成了制造环节处于附加价值最低端的"微笑曲线"现象。从20世纪80年代以来,越来越多的制造型企业为了扭转这种不利处境,加强向两端的研发和品牌环节投入并且进一步向全新的服务领域拓展。制造型企业不再只是向客户销售实物产品,而是销售包括实物产品和服务在内的使用价值包,它其中包含有形产品、无形的服务、支持、自助服务和知识等内容。这种从以产品为主导向以服务为主导的转变过程被称为制造业的服务化。制造业的服务化不仅可以帮助制造型企业扩大附加价值和收入的来源从而提高盈利能力,能够增强客户的黏性或忠诚度从而提高收入的稳定性,也促使制造型企业的价值链的末端链条变得丰富从而形成既并行又延长的衍生现象,生产性服务业的形成就充分体现了这种现象。

(三) 三种机制之间的关系

在这些一般机制和特殊机制的共同或交替作用下,同区域内部或者跨区域的三次产业得以协调发展。这其中,跃迁机制和拉动机制的互补是产业发展内在协调的宏观层面保证。当某个产业由于重大技术应用成功而取得快速增长时,将会对相关的产业起到一定的拉动作用;如果阻止了相关产业的配套能力提升,那么拉动机制会受到抑制、跃迁机制的效果也会受限。在辽宁参与京津冀产业协同发展过程中,两区域四地具有各具特征的产业演进跃迁机制,但因区域之间交通和市场的逐步发达,跃迁和拉动越来越体现于产业跨区域发展之间。具有绝对优势并且处于后工业化时代的北京，已处于三次产业跃迁的顶层高度，如果这种变迁不能获得拉动机制的互补效应，将会降低跃迁的高度和速度。分化机制和衍生机制的存在是三次产业协调发展的微观基础。分化机制的动力来自对产业成本竞争力的追逐，而衍生机制则提供了收益来源扩充和收益稳定性提高的可能。在经济的动态发展中，处于不利地位的产业如果缺少了分化或衍生的条件，则会加剧产业结构的失衡从而影响整体的增长。而且，缺少了分化和衍生的支持，跃迁和拉动机制的作用也会受限。因为企业若不能在组织的内外边界和价值链活动上进行灵活调整，势必会影响整个产业对技术进步的适应性。此外，产业能否协同发展也取决于以上各种机制是否能按各个阶段的特点充分发挥作用。如果能做到这一点，则既能够强有力促进经济增长，又能够保证三次产业的平衡发展。即使是第三产业暂时的落后制约了第一和第二产业的发展，也可以通过拉动机制、分化机制和衍生机制突破第三产业的"瓶颈"；或者通过拉动机制、分化机制和衍生机制主动或被动带动地区产业链重构和整合。

（四）产城融合十分重要

产城融合是指以城市为基础、承载产业空间和发展产业经济，以产业为保障、驱动城市更新和完善服务配套，进而促进产业与城市相互融合、达到产业、城市、资源要素之间有活力地持续向上可持续发展的重要模式。城市是产业发展至关重要的载体，如果产业发展与所在城市发展的耦合协同程度较高，则意味着通过跨区域产业协同发展网络的建立能够更大程度地代表和带动城市和城市群之间的协同发展。

1. 以产业链为内核的城市群带动区域经济协同

产业集群与城市群互动带动区域经济协同有赖于以跨区域产业链为内核形成的新型城市群。产业协同作为区域经济协同的基础，在形成区域产业协同发展的过程中，往往伴随着由产业集群在次区域内部形成、到产业集群跨越次区域内部向次区域外部溢出、再到次区域外部区域排斥或吸收、在吸收的次区域中融合产生新的分支或成为原有产业体系中的一个环节、被排斥的原有溢出返回出发地重新组合形成新的集群抑或因产能过剩被淘汰抑或向其他次区域再次溢出等升级循环的动态演化过程，最终吸收初次产业集群溢出的次区域与发出区域之间或者这些次区域之间形成跨区域的产业链并逐步成长为产业集群链。在这一过程中，从静态角度来看，始发区域与吸收区域之间建立了区域经济协同发展的关联，而与排斥区域之间尚未建立关联；从动态的角度来看，随着产业集群空间溢出对于吸收与排斥区域的不断探索、引导与试错，不同的次区域产业集群网络不断缔结和形成，也就不断形成不同区域范围的经济协同发展。在跨区域产业集群网络形成演化的过程中，不同类型的各次产业集群牵动着相关城市在经济发展内容上不断吸引和互补，从而形成跨越行政区界限的城市群，城市群内部的所辖城市之间将会以在产业群链中的分工定位来形成一定的功能性关联和次第性排列的中心外围空间结构；城市群也将为产业群链的发展提供相应的配套运营环境。在这种理性机制的作用下，区域经济系统发展将更大程度地避免行政性、增强自发市场融合性，产业集群在城市群发展过程中的根植性越强，越能够加深区域协同载体紧密度。

2. 产业结构和城市群功能的调整带动区域经济协同

与一般意义上地理空间相邻的城市群所不同，通过产业集群带动形成的城市群内部存在以产业链集群为主要内容的更为紧密的关联，因此这类城市群可能并非在地理上紧邻而在市场上相互关联，并因城市群规模的逐步壮大或因产业链集群的类别变化而发生功能定位的转换、多样化或形成对业务关联城市群的空间溢出，并受到抑或吸收抑或排斥的反馈，从而形成产业集群带动下的城市群形态动态演变。

从静态角度观瞻，产业集群和城市群的形成与崛起在不同的区域范围内或时间段内可能出现不同的次序。例如，在欠发达区域，产业集群的崛起可能在初始时期先于城市群的形成，反之在发达区域，城市群的形成可能因行政配给较为充分而先于产业形成形式上的集群；当产业集群发展到一定程度，空间正外部性促进范围经济、规模经济和城市化经济逐步完善，第一产业和第二产业集群的发展可能促进"城经济"的繁荣和"城"发展，第三产业集群的崛起可能促进"市经济"的繁荣和"市"的发展，三次产业结构的次第性转型升级可能会促进城市群的结构由以基础设施和公共服务供求为主要内容的"城型"转化成以市场和产业发展为主要内容的"市型"，从而使得城市群的行政性逐步向市场性转型升级；与此同时，在城市群功能重新定位和市场化逐步加深的过程中，更需要类型多样化的产业集群作为推动力与之相配，也会反过来带动产业集群结构的转型升级。从动态的角度来看，城市群和产业集群的这种互动不断演进，二者的集聚正外部性不断互相促进和发挥，随着城市群与产业集群互动程度的不断加深，二者之间逐步形成耦合，这种高质量的融合状态一方面表明产业协同视角下的城市群功能定位越发明确和集中、城市协同视角下的产业分工更加成熟和完善，另一方面也表明城市层次的区域经济协同发展程度在加深，这一过程中逐渐形成的产业链经由价值链演化为城市链和城市群链是推进区域经济协同发展的重要动力机制。当产业集群和城市群高度协调形成城市集聚区时，便可能成为区域经济的增长极和发动机。由此可见，如果产业集群与城市群的协调程度较高，便可能避免出现分散的企业和产业空洞化的城市，避免产业和城市的无序与无度发展，提升资源、环境、社会的综合承载力和协同发展程度；通过产业网络和城市网络，把区域中心城市和主导产业的能量辐射到更广大的腹地，构筑起组团式的城镇结构从而更好地为区域提供经济支撑、提升区域协同发展的竞争力，更好地实现"产城融合"。

二、辽宁参与京津冀产业协同实现路径

（一）产业共同体概念界定

所谓共同体，就是指存在于社会中的因在主观和客观上具有种族、

观念、地位、遭遇、任务、身份等共同特征而组成的团体或者组织，既包括小规模的社区自发组织，也可以指高层次的政治组织甚至国家和民族这一最高层次的总体。产业共同体是跨区域产业合作的高级化阶段，是指同一地区或不同地区的同次或者不同次产业为寻求共同利益、加强技术、人才、市场等资源互惠互动从而提升配置效率，在不同的产业领域所展开的包含政府、园区、行业、企业、高校和科研院所等多层次主体参与的全方位合作产业组织形式。从某种程度而言，产业共同体是产业合作的高级形式，可以理解为产业联盟或者产业基地。相比于单个产业或者不同产业在城市中独立发展而言，跨越行政区划的产业共同体更为注重产业的互补、合作、互动以及产业链条的构建、延伸和横纵向深化与拓展，从而提升了产业运行质量、使得不同产业在各自生命周期内的发展更具有耦合性和理顺性。由此，产业共同体的细胞是不同企业、经络是产业链、基本条件是产业的互补性、联动机制是产生合作、保障是市场共同体、政策共同体、交通共同体、服务共同体的建立，运行质量的检验标准是产业组合收益的提升。一个成熟产业共同体的形成可能需要经历产业互补—产业合作—产业链形成—产业网络形成这样几个相互关联的阶段，也可能在各个阶段形成相应类型的产业共同体，或者跨越某阶段形成产业共同体。从这一角度来理解，产业共同体依据所形成的阶段，在理论上可以分为极为不同的有形和无形表现形式。在通常情况下临近区域或者在产业共同体形成的初级阶段，产业共同体可能表现为企业集群、机构、园区、中介公司、设立总部和分属部门等，在发展到高级阶段或者距离相对遥远、特别是在现代交通、网络覆盖面、物联网和物流业足够强大的情况下，可能出现无形的产业共同体，将线下成本相对较高的企业形式线上化和市场化，通过构建网络总部或者宽松的网络化组织，形成无形但效率较高、形式相对灵活的产业共同体。但究竟哪个区域适合于哪种形式的产业共同体不可一概而论、而应该因地制宜，综合考虑构建产业共同体的市场收益和成本。

　　理论和实践表明，实现产业的协同发展并非一蹴而就，而是随着来自于资源禀赋各异的城市单元和产业领域的要素跨界流动，逐步经历由低级到高级的几个阶段，因产业形态和所处发展阶段存在诸多不同，这几个阶段中的每一个阶段又可以作为一个独立的节点，与比它高级或低级或同级的节点相结合，形成新的产业发展网络。例如，所处于初级发展阶段的网络产业、物流产业和战略性新兴产业、生产性服务业等产业行业可以与发展相对成熟并处于相对高级发展阶段的制造业、金融业产业行业结合，开发出制造型服务业、互联网金融行业、现代高技术制造业等全新并且具有生命力的跨产业行业模式。这种结合和联合发展既可能发生在同一个区域的同一或不同产业中，也可能发生于不同区域之间的产业和行业部门中。因此，按照相互结合的产业行业所处地理单元、发展阶段、产业门类以及所追求的发展目标等综合考虑和总结，可以划分为：以增强某产业综合实力为目标的基础产业的互补性融合、中高端产业的互补性横向融合；以重塑产业链为目标的高、中低产业纵向融合；以提升产业链质量为目标的创新性改组外向融合，以及以创建产业多元化网络为目标的综合复杂性多向融合。

（二）打造辽宁—京津冀产业共同体

辽宁产业融入京津冀协同发展的关键在于最终形成类型多元化多层次的跨区域产业共同体。然而现阶段正处于京津冀一体化占主体、辽宁融入占次要的整体运行阶段，并且京津冀与辽宁大区域内部产业发展质量、所处阶段都体现出京津具有绝对优势而河北和辽宁整体略弱的格局，因此构建产业共同体在现阶段的实现重点，应着眼于构建以企业共同体为基本单元、产业链为内部链接、产业链共同体和产业园区共同体为主要形式，产学研相互结合。同时争取政策、服务、技术、核心竞争力、利益、市场等共同体的建立。因辽宁地处京津冀都市圈外部，并且与之存在一定的地理距离，因此打造产业共同体的着眼点在现阶段应该放在同一总部产业部门在辽宁省内或者辽宁省内的产业部门总部在京津冀设立分支机构、产业园区或者京津冀辽在产学研和技术转型、产品销售等方面合理化分工上。具体来看，目前，辽宁与天津已有一些对接项目，应抓住机遇继续创建产业共同体。例如，辽宁工业大学机械学院与天津利华塑料有限公司共建产学研合作基地；朝阳与天津科技大学的农业园区；打造沈阳与天津的机器人等智能装备制造业共同体，加强机电设备、机械设备、海洋工程和智能机器等具有优势的装备制造业与天津交流合作，争取向高端化、环保化、国际化迈进。金融业方面大商所、互联网金融、融资租赁等应发挥大连区域性金融中心的优势，积极研发合作产品，积极参与以跨省域中小银行合作为主体的环渤海银银合作平台。在天津与北京深度融合的过程中争取机会共融。例如整车和核心技术、高新技术产业可以由北京设计和研发、由天津制造核心主板、由辽宁组装和提供零部件，在京津深度合作过程中寻找生产链构建上的机遇。通过港口的过度接受来自天津的制造业辐射，将辽宁的航空航天产业、航母、汽车零部件制造和整车组装、高铁生产线以及化工业进行整合，可以先处于产业链的低端，借力于天津的产业集群溢出效应较为适合辽宁省现实的制造业发展。

因此，第一，辽宁—京津冀产业共同体现阶段更大程度以项目共同体带动，构建依照各城市产业部门互补性和比较优劣势合理化分工定位的跨区域项目共同体是现阶段的当务之急。以项目共同体这种相对灵活和简单易行的形式代替产业园区等形式具有成本节约和易于协商的优势。目前构建项目应朝着从以两城市之间项目组合为起点向多城市参与的项目发展，并在这一过程中让多个节点项目形成具有产业关联的项目网络，以此带动城市由节点向组合再向网络发展。第二，相比于行政性的强制打造产业共同体而言，自发性通过市场吸引所产生的产业共同体显然更具有效率并且能够可持续存续和发展。以市场为导向促进项目共同体的形成最为需要的两大要素就是信息便利和市场体系的完善。其中，信息的便利和信息网络的形成，是现代经济科技化发展的主要标志，也是形成跨区域无形的产业共同体的重要基础；跨区域市场的一体化协同发展也是区域经济发展长期以来一直追求的重要目标。第三，无论主动还是被动、形成有形还是无形的产业共同体，所有参与企业之间的利益问题都必须得到合理化的协调。可以通过总部企业在其他地区设立分布企业，优先形成同一产业部门内部容易协调利益关系的跨地区企业共同体。第四，辽宁省还可以考虑将一些优质的具有发展潜力的中小民营企业和高新技术企业在新三板上市、支持像"北京辽宁企业商会"这样的协调性机构平台。并通过核心技术和部件研发和制造，借助北京的市场和信息优势进行推广和宣传，争取与德国、日本等发达国家的技术合作。第五，打造产业共同体的关键在于通过产业承接和合作，自发形成产业链共同体。如果说产业链共同体是物质基础，那么利益共同体是精神基础、市场共同体是实现平台、信息共同体是推进手段。如图7-1所示，在产业共同体基础上打造区域产业带。按照地跨行政区域空间尺度的不同，可将区域产业带分为跨省级行政区的区域产业带、省级行政区内跨次级行政区的区域产业带等多种类型。如沿长江干流产业带即为跨省级行政区的区域产业带；江苏沿沪宁铁路产业密集带、湖北十堰—襄樊—随州—孝感--武汉汽车产业带即为省级行政区内跨次级行政区的区域产业带。

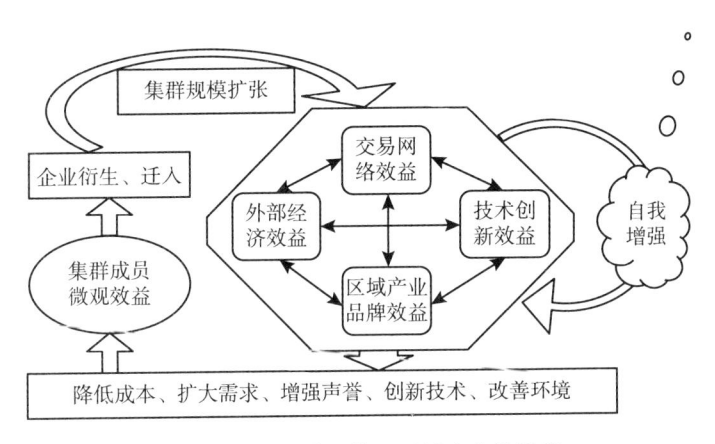

图7-1 产业共同体、区域产业带示意

跨区域产业协同可以指跨区域同次产业之间的协同，也可以指跨区域异次产业之间的协同。在三次产业之中，第一产业所受到的时空发展限制最大，第二产业其次，因此这两次产业在跨区域协同方面所消耗的成本较多，还可能在短期之内进展缓慢、收效较少，对于协同发展的带动作用在短时期之内难以发挥出来，但是国家政策层面因行政原因和发展主导的需求，一直在鼓励区域产业协同的方面、特别是北方区域因发展禀赋所致在产业协同方面多从第二产业的协同着手。显然，第二产业是国民经济发展的基础，对于第二产业跨区域协同的推进虽然缓慢但有利于再造传统优势，为全新的跨区域产业链条的构建打下坚实的基础。因此，第一、二产业跨区域协同发展多以行政力量推进和保障，在传统思路上通过转移总部和产业生产部门、横向纵向分工合作、结合区域功能定位和禀赋的比较优劣势，打造跨区域的具有内部分工和联系的产业链条，这一过程主要基于产业部门之间存在的梯度和比较优劣势、寻找承接、对接、合作的机会这一基本现实经验；在新时期发展所需要的创新思路上，这两次产业的创新协同的高级化形式便是打造跨区域的产业联盟和产业共同体，通过产业平移、既有链条的延伸和衍生、新发链条的萌发和创建形成由点到线再到面的产业集群创新网络，结合物联网、互联网和大数据技术使得产业共同体的日常运营智能化、人性化、社会化、专业化，最终摆脱传统发展和地区性行政的束缚，提升产业跨区域协同的深度融合性和综合实力。与之相对，第三产业部门的发展因受到时空限制较少，经营灵活，例如旅游、金融等服务业便于遵循市场化规则、逐利性地跨区域流动和配置，因此跨区域整合所消耗的成本和打造智能化产业联盟共同体的可能性大大缩小，这也成为产业跨区域融合较为快速实现的领域。近年来，为了快速实现第二产业的跨区域融合，制造业服务化的趋势在全球范围内也不断加强，诸多规模和宏大的传统制造业部门通过运营内容的服务业务比重增加，优化传统制造业的收益，为推进区域融合和传统转型创造机遇、带来生机。例如，作为中国民营企业代表的华为公司，就通过公司员工持股的方式迅速在全球范围内设立分支机构，通过协同创新不断升级和占有核心技术，使得同产业共同体不断提升竞争力，这些都是产业跨区域整合的宝贵经验，值得我们分析和借鉴。

  辽宁和京津冀两区域具有发展程度和类型各不相同的产业部门，存在若干的个性和共性问题，其中较为突出的共性问题是产业集群的专业性、辐射性、内部企业关联性普遍较差，缺乏深层次的产业协作和分工；从京津冀辽大区域而言，作为中心和次中心的北京和天津虽然分别在第三产业和第二产业方面具有比较优势，但是产业集聚辐射的范围大多数并不在京津冀辽大区域内，并且这两方面比较优势的形成初始并非是由于自发原因，特别是北京，更是由于首都政治发展的需要，人为计划性地为本地带来诸多项目、政策和发展机遇；辽宁老工业基地形成初期也是因国家发展需要而大力发展重工业，大区域内部的市场性发展水平和要素配置水平相对较低、也存在着区域之间的隔阂，这显然不利于产业跨区域协同发展。由此，推进辽宁—京津冀的产业协同发展应重点关注于两区域共建跨区域的产业链来加深产业部门之间的协作和分工，转型升级产业集群。在产业分工定位上，应以国家利益为重，形成辽宁和河北在承接转移的同时也不停止向京津输出的良性运转，但同时也应明确北京和天津在区际产业链中的中高端地位，河北和辽宁处于资源供应和生产制造的中低端位置。理论和现实表明，自主性可持续的区域之间产业链空间分工主要是通过技术转移和创新溢出、利益共享等效应建立有机联系。京津冀辽的产业之间能否建立起有效的产业链分工，要看各地相关产业自身的发展情况和技术差异。在产业内在发展方面，辽宁省具有自然比较劣势的产业部门持续追赶京津具有比较优势产业部门的技术前沿，是不断缩小与先进的差距从而实现产业内部一体化的途径之一。在跨区域产业之间，通过统一规划基础设施的发展空间，是增强内在产业联系的重要途径之一。在现阶段，辽宁京津冀产业协同发展最为重要步骤是按照各地区的比较优劣势促进产业项目融合，并在此基础上增强跨区域产业部门之间的联系、明确产业分工定位，构建跨区域产业链条。各区域在原有比较优势的基础上继续深化发展产业集群，从而形成以产业集群为主体的跨区域产业链，即产业集群链，进一步在此基础上形成跨区域的产业网络。在这一过程中，建立产业共同发展基金，关注各城市内部和城市之间的产融结合和产城融合至关重要。这一过程如图 7-2 所示。

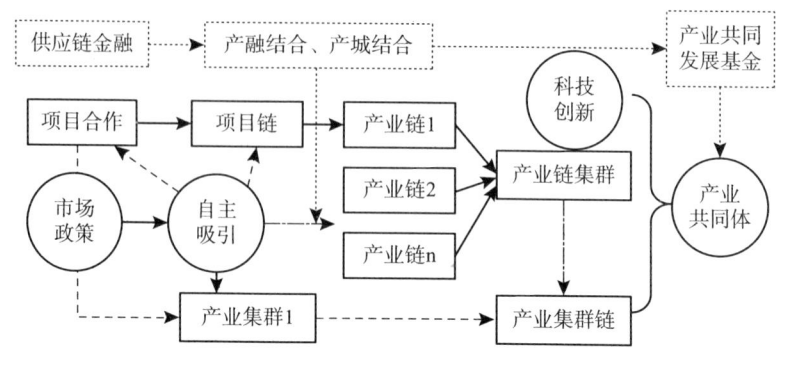

图 7-2　京津冀辽产业协同发展机制

现如今的产业发展已经步入了无边界的时代，特别是伴随着区域经济的发展遇到诸多机遇和挑战，产业组织结构、空间结构的转型升级势在必行。企业是产业部门的组成细胞，产业结构的转型在基础单元层次更为表现为企业自身的做大做强、核心竞争力的掌握和提升、企业链条构建。这就涉及传统企业的转型升级，在这一过程中最为现实的问题就是企业是否需要跨领域找到转型方向，或者跨到哪些领域中是更为适合的方向。因辽宁省围绕着老工业基地职能定位设计的产业部门和分工体系已经出现诸多结构性问题而亟待调整，所以这一现实问题在辽宁省内表现得更为突出，尤其表现在辽宁第二产业与京津对接合作成为产业链上的一环上。具有比较优势的辽宁省第二产业部门国企大面积面对传统陈旧的技术、厂房、零部件、机器甚至管理模式和人才结构，面临产业转型的创新冲击会存在一定的主客观延时性。而从可持续发展的角度而言，企业转型甚至跨领域转型应依照提升在产业链中分工效率的最终目标。这就需要这部分企业不要盲目寻找转型方向，而是最好能够先从所在的产业链中寻找，大企业要注重技术创新和人才引进，争取打造难以替代的核心竞争力和商业模式，与其他企业之间特别是京津冀相关对接企业之间形成一种"嵌入式"的商业模式，让企业自身成为模块性、集成性和嵌入型的平台，让企业彼此之间的义务、项目相互嵌入对方；而对于正处于成长期或者实力相对较弱的中小微企业，则不易轻易扩张，应做好自身产品链和业务链上的每一个环节，争创一流。

第二节 旅游文化协同发展机制与路径

作为第三产业中为经济增长贡献日益增大的产业部门，旅游业的发展日益蓬勃并且逐步得到各区域政府部门的重视。旅游业具有"无烟产业"和"永远的朝阳产业"的美称，它已经和石油业、汽车业并列为世界三大产业。据联合国世界旅游组织测算，2016年中国旅游业对GDP的综合贡献率达到11%，对社会就业的综合贡献率超过10.26%，几乎与世界平均水平持平，持续保持世界第一大出境旅游客源国和第四大入境接待国地位，尤其突出的是，民营旅游投资积极性高涨，在旅游投资总额中占比超过半壁江山。[①] 宏观经济步入新常态结构转型期，旅游业无疑是最具有发展潜力和发展实力的内外需同时扩容型经济动力和全新的经济增长点。这种经济增长的动力性特别体现在旅游业的灵活性和产业联动性，通过旅游业所涉及的要素资源流动，能够牵动诸多产业部门形成参与网络；通过旅游业的转型升级，也就能够优化存量产业部门和增量产业部门的相关结构，旅游业是社会经济产业发展链中的重要节点。所以，对于辽宁参与京津冀旅游文化协同发展机制的探索，既属于对于产业协同发展内容的特例化延伸，也属于对于这一问题的补充。

一、旅游文化协同发展机制的设计必要性

旅游文化协同发展具有双重内涵：首先，旅游发展依托于文化、以文化为灵魂、为发展的物质基础，脱离广义文化的旅游是不可持续的，这里所说的文化具有抽象性和广义性，可以理解为是由经济、社会、环境、地理单元多位一体运行带来的综合性意识形态。既包括传统文化、

---

① 《中国统计年鉴》。

内生文化、地域特色文化，也包括地域中由产业运行与形态演变形成的产业文化、经济发展文化、城市文化，由高科技、信息化大数据带来的高科技文化，以及由地理单元与国内外开放联通形成的外来文化、市场文化、交通文化等，可以看出旅游的文化载体来自地理单元及经济、社会、环境多方面。其次，旅游也是一种文化，旅游文化存在于广义的文化形态之中，对于文化的创新发展能够对旅游的创新发展带来启发。那么旅游文化的协同发展一方面是指延续旅游与文化的上述内部关联，另一方面也意味着跨区域之间形成旅游文化体系的外部关联。通常来讲，这种外部关联的集合体既包括广义旅游资源层次的关联，也包括广义文化层次的关联，这便向我们提供了推进旅游协同发展的一些思路：我们可以这样认为，当有些区域之间因地理空间距离原因和行政阻隔原因而无法在较短的时间内形成广义旅游资源方面的协同发展时，促进广义文化的协同发展同样是带动旅游协同发展的一个重要途径。

  旅游业一般分为国际旅游业和国内旅游业。国内旅游业是为国内旅游者服务的一系列相关的行业，它关系到国内游客、旅行方式、膳宿供应设施和其他各种事物，改革开放以来，我国的旅游业有了非常迅速的发展，但是比较而言，国内旅游业发展的广度深度都远远不能适应经济发展和人民生活水平提高的需要。随着市场经济的发展和人民收入水平的进一步提高，人民对旅游消费的需求将进一步上升，国内旅游业在国民经济中的地位和作用越来越重要。旅游资源的种类多样、实现形式多元化，既反映了人们不断增长的物质文化需要，又反映出旅游资源所在地不断完善的经济发展软实力。这既是旅游业发展的优点，也是客观存在的缺点，因为时下发展的旅游业多基于传统有形旅游资源为主，并且旅游资源赋存的空间差异性巨大，地区旅游经济发展也不平衡；与此同时，地方保护主义严重，区域旅游市场难以建立，地区利益难协调，旅游产品趋同现象普遍，地区旅游资源的比较优势难以发挥，传统的发展思路、发展格局要想在不断变换的宏观环境中站稳脚跟必须要进行转变。在推进辽宁与京津冀产业对接的过程中，旅游业和其带来的文化信息传播相比于其他产业部门而言更加具有高效的流动性和配置能力，相对较少地涉及经济细胞的真正融合,因此能够打造成为区域之间协同发展的重要推进路径。辽宁与京津冀地区均具有种类多样化的旅游资源,因旅游资源在具有地理位置固定性的同时,还具有由旅游人员携带而产生的文化传播性;旅游产品和精品路线的联合开发能够很大程度地开拓不同地理单元的旅游市场,因此,旅游文化协同发展也称为京津冀辽一体化协同发展的重要渠道。

二、协同机制设计

在一般意义上,区域旅游协同发展首先要以"地方利益为基础,协同发展为目标",在此基础上以"市场交易为协同方式,政府机制为协同保障"。"以市场交易为协同方式"主要包括旅游企业联营、促销联合、信息资源共享、系统网络共建、客源市场共享等方面的内容;"以政府为协同保障"主要包括制度一体化、会展一体化、生态环境一体化、基础设施一体化、统筹管理一体化等方面的内容,发挥协同区域内各旅游区的比较优势,最终实现区域旅游协同发展目标,即区域旅游协同发展三大效益的全面实现,也即推进旅游协同,政府、市场、交通合作机制必不可少。

由于京津冀辽所辖旅游资源的地理空间跨度相对较大、所属行政区划明显,联合开发旅游产品和精品路线便需要通过一系列机构的充分协调予以保障旅游人口的顺利旅行。如图7-2所示,主要包括旅游景点内核心吸引物的完善,涉及住宿饮食、交通运输、旅游代理服务、娱乐休闲和文化传播应围绕着旅游资源本身进行协调化配置。这就需要建立与旅游产业相配套的一体化金融通讯、基础设施、文化宣传标志物、建筑房地产、医疗卫生、大众传媒等有利参与。在这一过程中,最重要的是各地政府、旅游协会、治理和监督机构等对于各部门建设和参与的协调,以及各类培训机构、旅游集群组织对于旅游服务相关常识的及时组织和培训。旅游服务、交通运输和精品路线的创新研发是旅游文化协同的关键环节。这其中,旅游服务和精品路线开发明显比交通运输的协同性更为迅速。但对于精品路线的设计并非易事，这需要通过充分分析所辖地理单元旅游资源的类型、性质和比较优劣势，需要实地调研、体验、通过问卷分析为消费者做体验回访，积极发现存在的问题；与此同时，还需要对地理单元的旅游资源效率和优化方向进一步明确、避免同构和浪费；需要分析地理单元之间的旅游品牌效应，观察哪些城市之间更适合联通构建共同品牌；在交通方面多给予旅行社税收优惠和支持，使其推出多款可供选择的打折出行产品，并通过跨地区联合建设旅游信息网站来扩大宣传面、提升宣传效率。当然，为避免机制设计的盲目性，如前文所述的了解各区域的资源比较优劣势、旅游潜力、构建协同品牌发展战略十分必要。

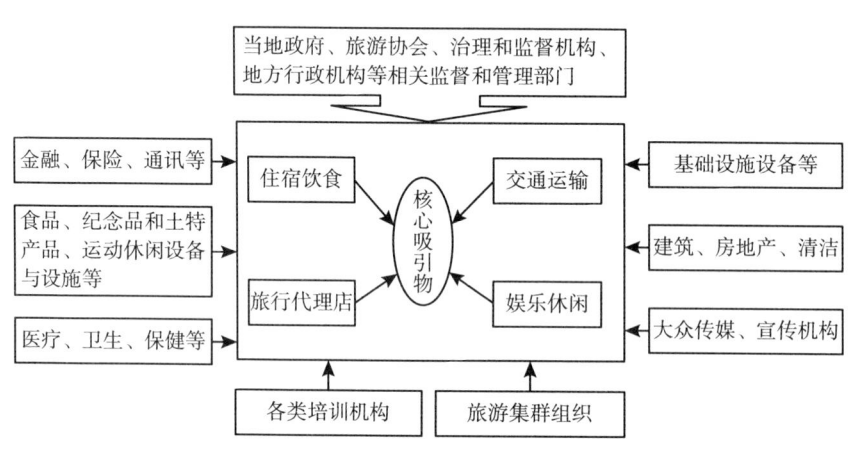

图 7-3 京津冀辽旅游文化协同发展机制

除此之外，旅游与文化、与经济社会发展、与城市和区域转型、与产业转型升级息息相关，旅游的发展离不开分化的传播、相关配套产业的支撑、社会经济的宽容环境和市场的开放。旅游的协同发展应不仅依托于有形旅游资源的品牌和精品路线的整合，还应有赖各区域文化软实力的建设、互联网大数据平台的信息共享、广告传媒的传播，并且为突破旅游传统协同模式即路线协同和品牌协同所存在的一些弊端，依附于所在区域的传统产业和创新产业来巩固存量、发展增量至关重要，而应尽量避免有些区域看到旅游对于国民京津冀发展的带动性路线，忽视基础产业建设、孤立发展旅游业，造成舍本逐末的不可持续性后果。

三、实现路径

旅游协同发展机制保障性作用的充分发挥需要依托于可靠高效的旅游协同发展模式，可以说协同模式是形成协同发展格局、贯彻协同发展机制的具体载体和路径。目前国内外比较流行的旅游协同协同开发模式有旅游小镇、旅游社区、文化创新产业园区等，它们具有对协同机制不同特点和组合形态的贯彻特征。

旅游小镇是指以开发当地具有价值的自然或人文景观或在此基础上开展旅游服务的小城镇，它通常具有一般小城镇所不具备的特征。在经济特征方面，旅游是支柱产业，旅游业对于小镇经济具有强大的带动作用；在规模特征方面，体现精致性；在功能特征方面，从传统的单纯观光型旅游转向休闲度假体验型；在文化上，旅游小镇所拥有的特色文化能够转化为其独特的形象特征，例如，徽州地区的众多古村落就是文化生成小镇形象符号的典型代表；在商业上，旅游小镇形成了商业模式，例如，中国束河模式是典型的企业参与旅游小城镇开发模式，由镇政府出让经营权给昆明鼎业集团，同时企业运行必须由政府引导和监督、不损害与当地居民利益和后代利益；当地居民成为开发参与者，通过家庭客栈、庭院商店、家庭茶吧等项目带领居民参与到旅游开发中来、共享利益；企业积极投资城镇基础设施建设和城市化发展；例如，迪士尼效应，以大项目驱动旅游小镇发展模式、形成迪士尼产业链；再如，农业环保模式、对接大都市模式、生态宜居模式等。使我们体会到发展旅游业不仅是政府支持和参与、更是引导和组织人民、企业参与的过程，地区经济发展不应仅仅看到旅游业能够带来的巨大潜在收益，还应看到起连锁性带动作用，将旅游发展与城市化发展、产业发展结合起来，在调研和规划的基础上以全新的商业模式吸引投资者和投资组织的介入，政府应该域旅游业相应充足的发展时间和空间。

第三节 城市群协同发展机制与路径

城市群是一国工业化、城市化发展到一定时期的产物,是进入成熟经济阶段的空间组织形态,也是世界各国参与国际竞争的重要地域单元。现代区域经济发展在载体上越来越表现为城市和城市群的协同,而后者是涉及经济、政治、社会、环境多位一体协同发展的多维化复杂工程。当前我国大城市群存在着"大而散""大而不强"的问题,根源于大城市群内部缺乏"协同效应",协同的障碍主要在于内部差异性大、行政区划分割及级别不对等、财税分灶体制等。

一、城市群协同发展机制

自法国地理经济学家戈特曼 1957 年提出"大都市经济圈(带)"的概念以来,城市群的发展成为衡量一个国家或地区发展水平的重要标准之一,城市群理论也逐步向多元化、深层次发展。戈特曼依据人口规模和人口密度划型,认为世界上有六大城市群。半个世纪以来,世界六大城市群在协调发展模式,特别是在管理体制和运行机制方面积累了丰富的实际经验。

英国以伦敦为核心的城市群采用行政架构协调模式,直接运用中央政府的行政力量,着眼于城市群全局和长远发展战略的一体化协调。组织管理方面,1964 年创立大伦敦议会,20 世纪 80 年代大伦敦市综合协调上交中央政府,1994 年设立伦敦政府办公室和专门区域发展机构,2000 年成立大伦敦市政权,对大伦敦地区 32 个自治区和伦敦开发公司整体统辖。该城市群起步早,认识超前,注重规划法案的制定和出台,英国议会于 1944 年、1946 年和 1985 年分别制定出台了《绿带法》《新城法》和《地方政府法案》,对英国以伦敦为核心的城市群发展战略规划和区域协调发展进行约束。欧洲西北部城市群采用市(镇)联合体一体化协调模式,主要是在20世纪60年代起自发自愿地组成联合协调机构——市镇联合体框架内进行区域协调。从具体的规划法案看,该城市群以巴黎为核心,先后颁布出台《巴黎地区整治规划管理纲要》《巴黎大区总体规划》《城市(市镇)联合体法》等,并于2009年实施"大巴黎计划"。市(镇)联合体一体化协调模式的特点在于明确了政府不干预规划的具体内容,联合协调机构可以对基础设施、产业发展、城镇规划、环境保护以及科教文卫等一系列活动进行一体化协调。日本太平洋沿岸城市群采用核心城市(东京)主导,企业、非政府组织、公民等多元主体共同参与的混合协调模式。以上海为中心的长江三角洲城市群采用区域一体化自协调模式,自上海经济区协调办公室撤销后,到目前为止还没有一个专门的、具有规划决策权和投资决策权的权威的法人协调机构存在。2003年起相继签订南通等《长江三角洲地区城市合作协议》,各省市政府部门之间在交通、科技、旅游、金融等30多个专业部门建立对口联系协调机制。上述城市(群)协同发展的成功典范给予我们一些重要的启示。[①]

  首先,城市群的协同发展涉及产业协同、城市规划、公共服务、城市化、城市环境治理、城市文化和价值观统筹等方面。城市(群)之间要形成协同发展的格局,就要着力从基础设施、要素市场、产业分工、公共服务、生态环保等方面积极推进内部一体化。其次,协调机构要注重完整性和规范性,明确发挥市场主体功能这一"核心",重视社会组织力量和民众的监督参与,建立具有完善组织制度的跨区域协调第三方组织。例如,西方城市群发展中出现的三种模式即中央政府特设机构主导协调模式、地方联合组织主导协调模式、以民间组织为主、政府为辅的联合协调模式,应充分体现在区域协同发展的不同阶段和发展禀赋不同的区域之中。其中,中央政府主导特设机构协调通常出现在区域之间搭建关系平台初始或者运行中遇到重大利益性问题时,地方联合组

---

① 高建新. 区域协同创新的形成机理及影响因素研究 [J]. 科技管理研究, 2013 (10): 74–78.

织出现在具体合作领域和项目的谈判磋商阶段，而民间组织出现在形成一定的协同发展框架和规模后进行实际性的沟通、监督和推进。对于辽宁参与京津冀协同发展现阶段应建立地方政府之间的席会议制度、充分利用民间组织的自发优势。再次，协调机制的层次性和互补性。对照城市群协调机构和组织管理三种主要模式，政府、企业、非政府组织、公民等多元主体共同参与实现一体化协调是理顺城市群协调机制的基础。在充分了解城市各领域发展比较优劣势的基础上，通过城市群内市长对话、城市发展协调会、部门协调会、民间组织合作等形式，建立起上下打通、左右连接的协调网络，制定不同行政区之间在区域发展、产业、基础设施、交通、信息、环境保护等方面的某些具体措施和协调机制。最后，注重规划法案的协调性和适时性，在协同创新机制设计上建立利益共享和利益补偿机制。陆续出台各相关领域协同发展的战略性措施和保障性措施至关重要，尤其是资金保障。

辽宁和京津冀两区域协同发展以城市协同发展为初始基础，以城市群的协同发展为高级化阶段和终极目标。因城市和城市群的地理位置和空间格局相对固定，所以推进城市和城市群协同发展的关键在于寻找并培育适合的关联基础。在现阶段而言，辽宁参与京津冀协同发展以产业、旅游文化、科技创新、城市化作为关联基础较为适合。特别是通过跨区域产业链和产业集群链的建设、新型城镇化的建设。在城市化关联基础方面，由于京津冀辽存在地域性的城市差异，因此从理论上说，统筹规划存在很大的难度。这就需要进一步寻找和建立跨区域的载体。在以城市基础设施、城市土地和城市公共服务为主要内容的"城"方面，应逐步建立通达的交通体系和社会公共服务系统；在以城市私人经济和市场为主要内容的"市"方面，通过建立产业联盟和产业集群联盟推进。辽宁、京津冀的协同发展最终将以城市群协同发展的形式表现出来，但这一城市群并非规模越大越好，这只会因简单叠加而形成同构和不必要的浪费。高水平的城市群协同发展需要城市之间建立极为紧密的内在关联，而不是以某某城市群为名头形成简单无序的扩张式发展，最终形成城市群内部的城市化严重病患。这就需要在寻找关联基础如城市化关联基础的条件下，充分考虑和兼顾城市群内规模不同和处于不同发展阶段的城市之间如何建立关联、在城市之间能量有进有出的情况下怎样保持各城市在承载力允许的情况下能够高质量的可持续发展。这就需要持续性地考察城市可持续发展的承载力状况，大中小城市之间的关联建立和效应发挥情况，以及城市群的成长和运行情况，同时在政府层面对于税收分成机制和地方政府 GDP 考核机制予以共享性优化。在辽宁融入京津冀协同发展的过程中，在充分考虑上述的基础之上，还应该考虑到辽宁省内按照城市发展水平和与京津冀城市的互补关联关系形成逐步参与、融合的格局。在京津冀辽大区域推进整体化的"城"与整体化的"市"的协调与协同发展，以期提升可持续发展的效率。根据国内外城市群发展经验，如纽约曼哈顿中心商务区、日本涩谷中心商务区，京津冀辽也应充分注重培育核心区域的中心商务区建设，使其形成协同发展中最基本但最具有辐射力的小极核，并通过核心城市这些小极核在服务行业方面的业务往来和融合打通城市协同发展的脉络，再由城市的协同发展带动区域和城市群的协同发展，如图 7-4 所示。

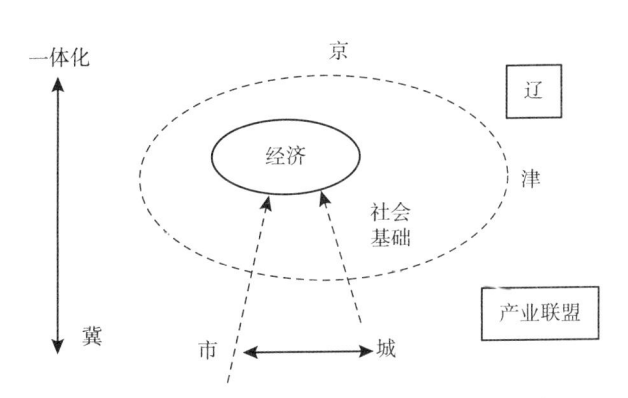

图 7-4　城市化关联基础作用于一体化协同发展机理

二、辽宁—参与京津冀城市（群）协同发展的推进路径

推进路径是关联相关机制和现实发展的通路，也是解决相关问题的可行性方向；推进路径的形成具有动态性、演变性和探讨性，一个问题

或者其中的一个机制可能具有多条实现路径，因此对于路径的选择要基于现实错综复杂的关联性，以更宽广的视角探讨。城市（群）协同发展是一项复杂性系统工程，在协同机制保障的情况下具有多种推进路径。这些路径的反映了我国区域经济发展的现状和未来趋势，也是区域发展中的热点问题。

（一）交通融合、高铁经济带动城市群协同

城市交通体系包括城市交通基础设施和城市交通工具，是包括公路、铁路、航运、水运等交通形式在内的综合体系。交通是城市发展到一定阶段的特殊产物，也是推进抑或制约城市发展的重要变量，交通体系的通达程度、规模经济程度和交通经济效应的发挥程度不仅改变着地理单元的空间格局、地理单元之间的空间关系，还影响着地理单元的经济社会发展水平。可以说交通基础设施是推进区域经济增长的重要因素之一，新经济地理学中的"经济分布效应"认为，区域之间交通基础设施的改善在促进经济增长的同时也会引发经济要素的空间转移，改变区域经济的空间分布格局。

交通网络的建设、交通经济效应的提升和跨区域间交通的协同发展是城市和城市群协同发展的重要影响因素。这主要是因为交通对于要素配置、产业分工和地理布局、城市分工和职能继而区域发展形态、区域发展战略具有塑造作用，一方面，区域间交通基础设施的改善会加速周边地理单元要素向中心城市转移、增强区域中心城市对周边城市的经济集聚，抑制相邻区域的经济增长；另一方面，交通基础设施的网络属性推动区域经济一体化进程，强化了区域中心城市向周边城市的扩散效应，促进周边城市的经济增长。上述在国内外城市群的实际发展经验中可以得到验证。例如，美国城市群和国家分工体系的形成主要是由于相对广阔的平原地势和较小的人口密度、资源禀赋和初始产业的地理分布格局使得生产原材料要跨越较为广阔的国土面积进行运输，从而造就了极为发达的国内铁路运输网络、形成了产业国家分工、城市群较多但大城市占比明显小于中小城市占比的城市和城市群发展格局，交通网络的

建立密切了城市（群）之间的关系，因此美国城市经济和社会发展水平相差不大、协同性和协调性相对较高。与之相对，具有国土面积和平原面积较小的日本，国内轨道交通新干线网络极为发达，是世界上发达高铁网络的典型代表，新干线途经大的节点城市形成了站城一体化的发展格局，每一个这样的站城发展格局又形成了相对独立的产业结构和分工体系，使得日本东京、大阪和神户三大城市群之间的产业关联相对较小、而城市群内部协同程度高、关联紧密的城市（群）极化空间特征和发展格局，国土境内体现为大城市首位度高、城市群相对较少的发展格局。

随着现代交通的发展和现代交通网络的建立，我国已经迎来了高铁网络密布、高铁经济发挥效用的崭新时代。京津冀区域和辽宁省高铁密布，并且两区域之间的主要城市互通高铁，形成了相对完善的高铁网络，诸多主要城市成为高铁线路上的节点城市。那么辽宁参与京津冀协同发展如何发挥这种高铁网经济的协同效应值得我们思考。两区域之间的跨区域轨道交通应与相应的跨区域高速公路、地下轨道交通同时规划，但这种规划不应建立在资源浪费的基础上。轨道交通与节点城市的融合如果能够最大限度地体现为与其产业发展的融合，无疑将推进跨区域产业网络和市场网络的建设。

（二）经济区划带动城市群协同

行政区划特点强于经济区划特点导致我国城市（群）发展之间形成了特有的区域行政化发展结构，经济和社会发展一体化加深了区域及城市之间的空间联系，并由于短期内不可调整的行政区划无法应对这一趋势而形成了诸多区域协同发展之间的障碍因素。因此，重构城市和区域空间，超越行政边界、基于经济活动择机重新组合城市管理空间对于推进区域协同发展战略至关重要。首先，都市经济区通常以经济活动范围界定其发展边界，并寻求行政区划和经济一体化趋势向协调，是辅助城市管理的有效手段之一；其次，都市经济区作为非行政单元，是经济要素在空间上的自组织行为，可以及时反映经济转型和城市化过程中人口空间、经济空间和社会空间的分布结构，因此可以作为一种辅助的统计单元，丰富中国目前以行政区统计为主要构成部分的城市统计体系，增强国际可比性。

目前我国也拥有一批经济区域，为促进区域协同发展发挥着重要的作用，但这批区域的批准或者划分原则还是存在行政性规划大于市场性规划的固有弊端。截至2017年4月，我国共有7个经济特区、19个国家级新区、11个自贸试验区、219个国家级经济技术开发区、156个国家级高新技术产业开发区、12个国家综合配套改革试验区、5个国家级综合改革试验区。在这些经济区域中，从属于京津冀和辽宁省的包括天津滨海新区、大连金普新区、河北雄安新区、天津自贸区、辽宁自贸区、北京经济技术开发区、天津经济技术开发区、天津子牙经济技术开发区、大连经济技术开发区、营口经济技术开发区、沈阳经济技术开发区、大连长兴岛经济技术开发区、锦州经济技术开发区、盘锦经济技术开发区、盘锦辽滨沿海经济技术开发区、沈阳辉山经济技术开发区、铁岭经济技术开发区、旅顺经济技术开发区，中关村国家自主创新示范区、天津滨海高新技术产业开发区、石家庄高新技术产业开发区、保定国家高新技术产业开发区、唐山高新技术产业开发区、燕郊高新技术产业开发区、承德高新技术产业开发区，沈阳、大连、鞍山、营口、辽阳、本溪、阜新、锦州高新技术产业开发区等。可以看出在新区方面辽宁、天津、河北数量势均力敌；在自贸区方面辽宁和天津各一；在经济技术开发区方面，辽宁省拥有个数明显多于京津冀；在高新技术产业开发区方面，辽宁与京津冀数目总和匹敌。由此可见，从经济区域的总体规模和数量上来看，辽宁省具有较强的优势，但这些经济区域却因种种原因发挥相对较少的区域联动效应，区域内部的经济区域规模相对较小、发展水平相对较差，有些经济区域甚至存在产城不同的低效率景象。这就说明以经济区域代替形成区域推进地辽宁参与京津冀协同发展已经具备了一定的初始化条件和禀赋基础，下一步应力争开发经济区域之间的关联、利用彼此之间的优势，形成存在于行政区域之中却凌驾于其之上的跨区域协同经济区网络，通过经济区网络的搭建与运行带动城市或城市群联动协同发展。这其中最突出的便是河北雄安新区、大连金普新区和天津滨海新区的联动，天津自贸、辽宁自贸的联动，以及北京中关村、天津滨海高新技术开发区和辽宁省高新技术开发区的三体系联动。这种联动既包括各节点经济区域内经济、社会、环境发展"小体系"之间的联动，更包括各层次经济政策和信息的共享平台建设。将经济区域看成行政区域内"小而全"的全新发展个体、政策高地、全新引领增长极，对于传统行政区划下的城市群协同发展是一种全新尝试，在一定程度上符合城市（群）协同发展过程中参与城市的逐步加入性。

（三）基础设施、公共服务带动城市群协同

基础设施系统是城市赖以生存和发展的物质基础，是实现城市综合服务功能的物质载体，也是城市现代化水平高低的一个重要标志；与城市基础设施的公共物品或准公共物品属性相对，以城市基础设施为载体的公共服务是城市化过程包容化、现代化的重要衡量标准之一。区际基础设施和公共服务的完善和区域基础设施之间的协同发展有利于带动城市群协同。基础设施创造出一个城市的承载能力，各次产业基础设施、环境基础设施、生活基础设施、交通基础设施等承载着经济、社会、环境等各方面形成和演进的需求，与城市发展步伐相协调的基础设施供给能够适应城市演进的多元化需求。在这里，我们所说的基础设施协同包括以下几层含义：城市基础设施体系所包含的能源类、交通类、环境类、生活类等基础设施在所在城市基础设施总量中所占的比例相对协调适当；城市基础设施与相应服务配套设施发展相对协调；城市基础设施与城市发展相互协调；城市基础设施的供求相对协调；城市基础设施建设的投融资相对协调；城市基础设施在地区间的分布相对平衡等。上述对于城市基础设施协同发展的含义设定共同体现了其在区域内部以及区域之间配置的一种经济性。

通过前文分析可知，辽宁参与京津冀协同发展有赖于产业协同、旅游协同、城市群协同等路径，实质上就是落实在基础设施协同，尤其落实在提升基础设施的多样性、承载力和地区均衡性，简言之就是城市与乡村之间、一线城市与二线城市之间不应在基础设施方面，特别是基础设施的资金获取方面存在较大的差距，否则将成为影响城市协同发展的重要制约因素。提升区域内基础设施的承载力和多样性一方面有利于本地存量发展需要，另一方面更有利于适应具有跨区域流动性的增量发展需要，但这并不意味着存量和增量的发展总和超过基础设施的综合承载力，后者应与城市化进程和城市发展保持动态的平衡，既不能过快导致浪费，也不能过慢导致不足，重点在于提升基础设施和公共服务的城市化承载力。基础设施多是公共产品，对于基础设施承载能力和发展潜力的建设离不开对于公共产品投融资的讨论。在我国，城市公共产品的供给多由政府投资建设，这便在一方面导致因投资主体缺乏竞争而影响了基础设施的质量和建设效率，另一方面也导致政府背负了巨额的资金压力和应对不断变化新需求的巨大压力，影响了政府工作效率和基础设施的供给效率。因此，以一种引入市场性经济体参与建设和投资的方式经营，无疑是克服城市基础设施存在问题、提升基础设施运营质量的重要渠道之一，因此在经营渠道方面采用PPP模式逐步得到社会各界重视。

PPP模式作为公私合作的基础设施经营管理模式，使公共部门与私营部门在建设中互利双赢、优势互补，从而实现两者在公共建设中参与程度的帕累托最优。目前，PPP模式已被多国广泛应用于轨道交通、污水治理、桥梁建设等多个领域，而我国对于PPP模式的研究与应用尚处于探索阶段。PPP模式的本质在于公共部门和私营部门间实现优势互补的过程，同时也是基础设施建设中公共部门与私营部门相对参与程度实现帕累托最优的过程。公私部门两者各有优势与不足：公共部门具有绝对的社会协调与组织能力及权威，但欠缺资金、技术与建设经验；私营部门具有较强的筹资能力与技术经验，但缺乏土地租用和公共建设的权利与信誉。而PPP模式为公共部门和私营部门的优势互补创造条件，使公共部门的社会权威、信誉与私营部门的资金、技术缜密结合，实现基础设施建设的帕累托最优。

(四) 政府协同治理带动城市群协同

政府是区域发展中具有引领作用的重要经济体，地区政府之间有博弈地协同发展是推进城市（群）协同的重要力量，特别是在行政区划强于市场经济区划的我国更是如此。政府协同是利益和责任以整体化思维重新分配的过程。在整体性治理思维下，棘手难题与碎片化成为政府协同治理的目标对象。政府组织的总体改革路径是，不断探寻微观层面多层次、多功能整合与适用式组织架构的创设规律，并重视整体合作的公共服务组织文化与精神特质的培育。整体性治理对于健全我国政府协同运作机制有着重要的借鉴意义。20世纪90年代中后期以来，整体性治理在西方已逐渐成为系统化与理论化的政府改革理念与实践模式，具备内在的科学性与外在的可实施性。整体政府、协同政府、水平政府、网络化政府等不同概念从不同角度体现着部分发达国家宏观政府改革战略的新整体主义思维。整体性治理的关键理论内核在于破解主体单一、组织结构分割、功能重叠与服务真空等碎片化问题，注重多元主体的参与、机构边界的调整、职能权责的整合、运行机制的再造优化、无缝隙服务的优质高效、公民多元需求的充分满足等。在西方发达国家整体政府构建过程中，机构重组、协调整合机构的设立、职员的调动与交流可以有效促进政府协同的执行；部委可通过设立专门联系办公室以及与其他部门进行职员的暂时调动与交换来促进协调。行政服务中心、一站式服务超市、网络化虚拟服务组织、网格化管理组织的构建目的，在于综合全面、回应及时、便捷高效地满足公民多元化、深层次、全程式需求。维多利亚整体政府改革背景下，国家级与地区级项目治理过程中的机构重组与协调整合机构的设置也可提供一定借鉴。在大部分国家级整合项目中，新的治理结构已经被确立。这些结构通常是多层次的，包括以下基本要素：一个由领导与相关部长组成的协作团队或论坛；一个高层级的领导团体或者跨部门委员会；相关联的工作团队与项目小组；区域与地方层级的协调支持性结构。而地区层级项目治理结构在规模上较小，成员多注重调动社会关系资源，角色以项目的实施执行为主。由此可以得知，政府协同执行项目过程中应视不同具体事项的内容层次、影响范围、价值次序、资源条件、目标效果等基本条件灵活确定相应机构设置、团体构建及权责分配。此外，尤为需要重视的是塑造支持协作与整合性改革措施的公共服务组织文化与精神特质。整体政府精神特质与思想意识不断增长，越来越多的公务员则会习惯性地以整体政府角度思考，以整体政府的责任与使命为出发点，而非仅关注于部门利益、服务目标与短期结果。

第四节 建立科技协同创新网络机制与路径

科技是经济发展的重要驱动力量，科技协同创新是经济和社会发展到一定程度的必然结果，也是推进经济和社会协同的重要渠道，特别是在宏观经济新常态化运行的大背景下，推进区域协同发展需要突破和革新诸多障碍和束缚，这必将也已经逐步地有赖于区域协同创新过程；在区域协同发展所亟待突破的非协同领域，必须具备也往往同时孕育着科技协同创新的诸多契机。国际上不乏科技协同创新的成功案例，如制度型传统区域创新系统巴登符腾堡、美国生物技术集群，新经济协同创新的硅谷，其创新人才引进、园区建设、中介协调组织构建、金融风险机构引进以及政策保障机制都值得我们借鉴。在区域协同发展过程中，不光包括科技协同创新，与之相关的环境、交通、产业、公共服务等领域都存在着协同创新的机会和必要性，只是我们普遍认为科技协同创新是各领域协同创新的基本活化细胞所在。理论和实践表明，科技协同创新在形成网络的条件下更有利于通过区域内外、行业内外的分工和协作提升创新效率。科技协同创新网络的形成需要战略决策系统、政策保障系统和主体支持系统三位一体的协同、协调发展。如图7-5所示，应积极建立以大学、企业和科研机构为主体的产学研联通模式。

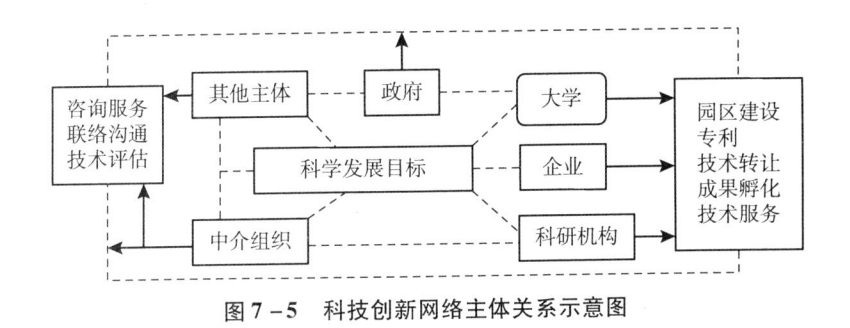

第七章 辽宁参与京津冀协同发展机制与实现路径

图 7-5 科技创新网络主体关系示意图

辽宁融入京津冀协同发展的相关硬件措施的实现需要相对较长的时间，并且优势资源的培育和市场需求的获得并非能够一蹴而就，因此辽宁省应更多地集中优势资源，借助于现代科技创新、大数据云子算和互联网金融平台建设，通过科技参与和协同，搭建能够进一步为实体协同服务的虚拟科技创新网络平台。建立信息化协同系统，通过计算机网络和大数据云计算技术建设信息基础设施，用来统筹各个实体发展领域的协同；构建智能交通系统，建立完善的交通体系，实现省内公路交通数字化，对于公交和客车出行信息和路况进行实时通报，提升交通运行效率，为京津冀前来旅游和办理公务事宜的人员提供出行便利；全面普及智慧医疗和教育，建立电子会诊和电子病历，医保社保多地互通，大学和科研院所网络授课、普及网络学院和网络会议，使得京津冀优势医疗资源和教育人才资源惠及辽宁省民生；联合开发新型的 IT 技术和太阳能生物学发电、垃圾焚烧发电技术，利用城市未利用能源，构筑和整合建筑物的能源管理系统，从而使得发电和耗电可视化，联合开发智能垃圾分类和处理系统，从而实现全面的绿色环保和节能；建立电子商务和电子政务网，促进市场协同和政府协同的便捷化，通过电子物流调配产业和企业进行协同发展的成本、原材料和产品销售信息，较少传统人力寻找市场供求匹配度低所造成的不必要浪费；对于一些小型项目，发动互联网金融的力量进行筹资和利益分配，保证资金在多地之间的顺畅流动。

结　　语

　　本书集中分析了处于老工业基地再振兴阶段的辽宁省与一体化协调发展阶段的京津冀两个国家级政策热点区域、四个所属三个级别的地理行政区域之间，在形成跨区域一体化协同发展方面的相关问题。主要包括协同发展的可能性，相关理论，涉及的主要领域包括产业协同、旅游文化协同、城市和城市群协同、科技协同以及相关的协同机制。众所周知，辽宁与京津冀区域所处于不同的经济发展阶段、拥有不同的经济特色类型，遵循着不同的发展路径。因此，两区域的协同发展因以京津冀协同发展在先、辽宁省参与在后，前者又已经形成了一定的规模和体制机制运行策略，在这种情况下，对于辽宁省参与带来最多的是站在自我完善基础上的挑战；思考最多的问题应该是如何通过协同发展获得再振兴的机遇，而不是在损耗自身的情况之下舍本逐末的一味参与，对于参与协同和自身可持续发展、对于协同收益和自身成本、对于与其他地区市场政府的利益交锋与本地经济发展的绩效考核、对于自身优劣势与对方优劣势的度量，这些问题都是现阶段辽宁省应该做到心中有数、心中明确的关键点。参与京津冀协同发展的行动正在逐步展开，在上述背景作用下的现阶段，本报告应本着站在现在放眼未来的思考，更大程度上基于现状和过去的分析为未来的发展做出相对理性的探讨，而并非做出具体哪些层级单元主体应该怎么做的规划，也正是基于如此，本报告在现阶段相对静态分析这一基础起点下，将迎来后续动态性关注辽宁参与京津冀协同发展的序列研究，这既是两区域发展时期所限制下的本报告的研究不足，也是后续研究展开的基础和动力，希望在日后的研究中、也希望在辽宁参与京津冀具有更多实质性进展的未来时期中，笔者能够更加完善对于这一课题追踪性的思索、探讨和论证。

参考文献

[1] 钟家雨、柳思维：《基于协同理论的湖南省旅游小城镇发展对策》，载于《经济地理》2012年第7期，第159~164页。

[2] 王泽强：《区域冲突、区域合作与中部崛起》，载于《当代经济管理》2008年第8期，第51~54页。

[3] 柳庆刚：《过度宏观调控、区域竞争与经济结构失衡》，载于《贵州财经大学学报》2012年第4期，第9~15页。

[4] 宋巨盛：《长江三角洲区域经济一体化研究》，载于《当代财经》2003年第2期，第111~113页。

[5] 朱耀人：《长江三角洲区域经济一体化发展思路》，载于《探索与争鸣》2003第1期，第26~28页。

[6] 陆玉麟、董平：《区域竞合论——区域关系分析的新视角》，载于《经济地理》2013年第9期，第1~5页。

[7] 沈丽珍、罗震东、陈浩：《区域流动空间的关系测度与整合——以湖北省为例》，载于《城市问题》2011年第12期，第30~35页。

[8] 曹子威、罗震东、耿磊：《基于信息流的城市—区域关系比较研究——以马鞍山和芜湖为例》，载于《经济地理》2013年第5期，第47~52页。

[9] 汪礼俊、张宇、阮平南：《信息化对京津冀协同发展的作用研究——基于世界五大城市群的经验》，载于《中国软科学增刊（下）》2015年第12期，第110~118页。

[10] 王金萍、杨连生：《美国科技协同创新网络的发展实践及其

现实启示》，载于《经济体制改革》2016年第1期，第167~171页。

[11] 孙久文、原倩：《京津冀协同发展战略的比较和演进重点》，载于《经济社会体制比较》2014年第9期，第1~11页。

[12] 刘敏、王海平：《京津冀协同发展体制机制研究——基于世界六大城市群的经验借鉴》，载于《现代管理科学》2014年第12期，第67~69页。

[13] 齐昕：《我国资源型城市的城市化经济运行状态分析》，载于《经济问题探索》2013年第1期，第46~51页。

[14] 李树坤：《辽宁融入京津冀协同发展的极点思考》，载于《辽宁经济》2015年第9期，第36~40页。

[15] 许峰：《城市旅游品牌区域结构与协同发展研究——以山东省为例》，载于《财贸经济》2010年第10期，第128~132页。

[16] 王兴明：《产业发展的协同体系分析——基于集成的观点》，载于《经济体制改革》2013年第5期，第102~105页。

[17] 吕典玮、张琦：《京津地区区域一体化程度分析》，载于《中国人口·资源与环境》2010年第3期，第162~167页。

[18] 陈红霞、李国平：《1985~2007年京津冀区域市场一体化水平侧度与过程分析》，载于《经济地理》2009年第6期，第1476~1483页。

[19] 祝尔娟：《京津冀一体化中的产业升级与整合》，载于《经济地理》2009年第6期，第881~886页。

[20] 赵黎明、张莉：《京津冀产业一体化动力基础研究》，载于《天津师范大学学报（社会科学版）》2011年第6期，第11~16页。

[21] 张文汇：《推进京津冀经济金融一体化》，载于《中国金融》2010年第12期，第50~51页。

[22] 李卫锋：《京津冀区域信息化空间差异与协同发展研究》，载于《河北经贸大学报》2010年第6期，第52~54页。

[23] 朱桃杏等：《京津冀区域铁路交通网络结构评价》，载于《经济地理》2011年第4期，第561~572页。

[24] 李惠茹、贾志影：《京津冀服务贸易协同发展的定位与可行

性分析》，载于《河北学刊》2012年第11期，第221~224页。

[25] 王雅莉、齐昕：《中国城市化的经济发展效应研究》，载于《经济学家》2013年第8期，第102~104页。

[26] 齐昕、王雅莉：《城市化经济发展效应的实证研究》，载于《城市问题》2013年第9期，第8~13页。

[27] LeSage, Pace. Introduction to Spatial Econometrics. BocaRaton, US: CRC Press Taylor & Francis Group, 2009.

[28] 齐昕：《京津冀一体化的城市化关联基础研究》，载于《现代财经》2015年第12期，第3~12页。

[29] 王得新：《我国区域协同发展的协同学分析——兼论京津冀协同发展》，载于《河北经贸大学学报》2016年第3期，第96~101页。

[30] 徐永慧、周立群：《区域协同发展的新纽带、新载体——京津冀产业联盟的发展现状与合作机制》，载于《河北联合大学学报（社会科学版）》2016年第3期，第10~14页。

[31] 张志强、鲁达非：《前沿技术、吸收能力与中国区域产业的协同发展》，载于《经济理论与经济管理》2015年第7期，第74~86页。

[32] 孙久文、张红梅：《京津冀一体化中的产业协同发展研究》，载于《河北工业大学学报（社会科学版）》2014年第3期，第1~7页。

[33] 许彩侠：《区域协同创新机制研究——基于创新驿站的在思考》，载于《科研管理》2012年第5期，第19~25页。

[34] 高建新：《区域协同创新的形成机理及影响因素研究》，载于《科技管理研究》2013年第10期，第74~78页。

[35] 沈蕾、王思璐：《基于产业生命周期的区域协同发展理论框架——以京津冀医药制造业为例》，载于《求索》2016年第1期，第79~83页。

[36] 祝佳：《创新驱动与金融支持的区域协同发展研究——基于产业机构差异视角》，载于《中国软科学》2015年第9期，第106~116页。

[37] 郭斌：《京津冀都市圈科技协同创新的机制设计——基于日

韩经验的借鉴》，载于《科学学与科学技术管理》2016 年第 9 期，第 37~48 页。

[38] 赵哲：《高校与企业、科研院所协同创新的现状与对策——以辽宁高校为例》，载于《现代教育管理》2013 年第 6 期，第 31~36 页。

[39] 李宇、李安民：《高技术产业集群的模式演化及发展研究——以辽宁省为例》，载于《东北财经大学学报》2015 年第 6 期，第 34~40 页。

[40] 陈劲、杨银娟：《协同创新的驱动机理》，载于《技术经济》2012 年第 8 期，第 6~11 页。

[41] 胡新丽、吴开松：《光谷与硅谷：科技金融模式创新借鉴及路径选择》，载于《科技进步与对策》2014 年第 9 期，第 15~18 页。

[42] 范斐等：《基于能力结构关系模型的区域协同创新研究》，载于《地理科学》2015 年第 1 期，第 66~74 页。

[43] 姚艳红、杜梦华：《科技协同创新演进规律及影响因素分析》，载于《湖南大学学报（社会科学版）》2013 年第 5 期，第 37~41 页。

[44] 陈建军等：《新经济地理学视角下的生产性服务业集聚及其影响因素研究——来自中国 222 个城市的经验证据》，载于《管理世界》2009 年第 4 期，第 83~95 页。

[45] 孙军、高彦彦：《"中心—外围"模式的形成及融合——以江苏省为例》，载于《经济体制改革》2011 年第 4 期，第 48~52 页。

[46] 文魁、祝尔娟：《京津冀协同发展报告 2015——协同创新研究》，载于《社会科学文献出版社》2015 年。

[47] 连玉明：《京津冀协同发展的共赢之路》，载于《当代中国出版社》2015 年。

致　　谢

诚挚感谢长江学者、辽宁大学经济学院博士生导师林木西教授对于书稿选题和构架的战略性把握、对于相关材料的无私提供、写作过程的悉心指导和书稿出版的热切关怀。